古典文獻研究輯刊

十六編

潘美月・杜潔祥 主編

第 19 冊

《史記》校勘研究

王華寶 著

國家圖書館出版品預行編目資料

《史記》校勘研究／王華寶　著 — 初版 — 新北市：花木蘭文
化出版社，2013〔民102〕
目 2+172 面；19×26 公分
（古典文獻研究輯刊 十六編；第 19 冊）
ISBN：978-986-322-170-8（精裝）
1. 史記　2. 研究考訂
011.08　　　　　　　　　　　　　　　　　102002358

ISBN-978-986-322-170-8

9 789863 221708

古典文獻研究輯刊
十六編　第十九冊　　　　　　　ISBN：978-986-322-170-8

《史記》校勘研究

作　　者　王華寶
主　　編　潘美月　杜潔祥
總 編 輯　杜潔祥
企劃出版　北京大學文化資源研究中心
出　　版　花木蘭文化出版社
發 行 所　花木蘭文化出版社
發 行 人　高小娟
聯絡地址　235 新北市中和區中安街七二號十三樓
　　　　　電話：02-2923-1455／傳真：02-2923-1452
網　　址　http://www.huamulan.tw 信箱 sut81518@gmail.com
印　　刷　普羅文化出版廣告事業
初　　版　2013 年 3 月
定　　價　十六編 30 冊（精裝）新台幣 50,000 元　　版權所有·請勿翻印

史記校勘研究　徐復

《史記》校勘研究

王華寶　著

作者簡介

王華寶，1965 年 7 月生。江蘇揚州人。文學博士。畢業於南京師範大學中國古典文獻學專業，師從徐復、錢玄、吳金華、趙生群等先生。原為鳳凰出版社（原江蘇古籍出版社）編審，現為東南大學人文學院教授。社會兼職主要有：中國訓詁學研究會理事，中國史記研究會理事，江蘇省語言學會副會長兼秘書長，「清學和段王之學學術研究諮詢委員會」副主任等。從事古籍編輯工作二十多年，所編圖書三十多次獲得省部級和國家級圖書獎。學術研究方面，出版個人學術論文集《古文獻問學叢稿》（中華書局），獨立整理《四書集注》《近思錄》《戰國策》等多種，參與或合作整理《冊府元龜》（校訂本，周勛初主編，獲首屆中國出版政府獎）、《說文解字校訂本》（三人合作，獲江蘇省哲學社會科學優秀成果獎）等多種，在《文史》《古籍整理研究學刊》《古籍研究》等刊物上發表論文數十篇。現正參與「二十四史暨《清史稿》修訂工程」的《史記》修訂工作（趙生群主持）、《宋人軼事匯編》（周勛初主編）、主持《王念孫集》整理等。

提　　要

《史記》校勘研究是《史記》文獻學的重要內容之一，也是「史記學」的一項重要的基礎性工作。該文以享有「集千餘年來學術研究之大成的善本，在《史記》版本校勘學研究發展史上，是一個重要的里程碑」之美譽的中華書局校點本《史記》為中心，從古文獻學的角度，綜合運用校勘學、版本學、漢語史和文化史等方面的知識，參考相關資料，進行較為系統的校勘研究。

《緒論》部分闡述了《史記》校勘研究的意義、歷史和現狀，研究的方法和原則，對《史記》校勘研究的幾點認識。正文四章，第一章在分析校點本所依據的底本金陵書局本局限的基礎上，通過與金陵書局本的重新覆校，在校點本與局本 400 多條異文的基礎上，指出校點本的排印錯誤和徑改之類的古籍整理失範之處。第二章通過對校點本所依附的主要校勘材料張文虎《札記》8957 條校記（包括新增部分）的逐條分析，探討校點本對張文虎《札記》具體的採擇情況，特別是當擇而未擇與不當擇而擇的問題。第三章通過版本異文校勘、對前人校勘成果的吸收不足以及校點本產生以來的一些科研成果的分析，舉例探討校點本存在的校勘問題。第四章從專名、書名號、與引號相關的標點符號、語詞等角度，列舉時賢及作者本人發現的校點本部分標點符號可商之處，供大家討論。

該文認為，校點本存在著底本校對不精，某些文字處理不合古籍整理規範，漏校、誤校不少，已有研究成果吸收不夠，標點可商之處不少等一系列問題。因此，有必要在古文獻校勘理論和科學方法的指導下，充分吸收學術新成果，對《史記》文本重新進行較全面而系統的宏觀考察和微觀剖析，這是新世紀《史記》整理研究工作向縱深發展並爭取獲得突破性進展的需要，也是豐富古文獻學基礎理論特別是完善校勘學理論的需要。21 世紀也需要更能體現當代史記學研究水準的《史記》新文本。

該文通過對《史記》版本及其他文獻異文，對《史記》語言文化等的研究，認為《史記》金陵書局本與許多晚出的文本一樣，優點是明顯的，缺點是隱而不顯的；校點本是在特定的時代出版的，她不可能不帶有那個時代的局限——底本對校、整理的指導思想、觀念、方法、材料及研究水準，等等；張文虎《札記》不能作為校點本的校勘記，校點本應當有自己的校勘記。《史記》研究總體而言取得了可喜的成就，而校勘仍是薄弱環節。同時指出，忽略了版本問題，難免失校；忽略了語言文化的研究，難免誤校。在新的歷史條件下，推進古文獻的校勘水準，必須特別關注上述兩個方面。

該文不僅梳理了《史記》整理研究的歷史和現狀，為《史記》整理研究和語言研究提供了數百條可參考的具體意見；同時，也為新的歷史條件下多角度探討古文獻校勘的理論問題，提供了一些看法。對《史記》整理、語言研究和古文獻研究等有一定的參考價值。

目次

緒　論 ……………………………………………………… 1
　第一節　《史記》校勘研究的意義 …………………… 3
　第二節　《史記》校勘研究的歷史和現狀 ………… 6
　　一、《史記》的流佈與刊刻概貌 …………………… 6
　　二、《史記》校勘研究的歷史 ……………………… 17
　　三、《史記》校勘研究的現狀 ……………………… 26
　第三節　關於研究的方法 …………………………… 36
　第四節　對《史記》校勘研究的幾點認識 ………… 42
第一章　校點本與金陵書局本對校研究 …………… 49
　第一節　金陵書局本及其不足 ……………………… 49
　第二節　校點本與金陵書局本對校研究 ………… 53
　　一、排印錯誤 ………………………………………… 54
　　二、關於古籍整理規範 …………………………… 78
　　三、局本與《札記》不一致的問題 ……………… 88
　　四、局本存在的其他問題 ………………………… 89
第二章　校點本與張文虎《札記》對比研究 ……… 93
　第一節　張文虎《札記》研究 ……………………… 93

第二節　校點本與《札記》關係的基本判斷 ………… 98
第三節　校點本對《札記》具體採擇的研究 ……… 100
　　一、《札記》之說宜參者 ………………………… 100
　　二、校改可商者 ………………………………… 108
　　三、二說取一說或校改不全者 ………………… 110
　　四、與《札記》之說不一者 …………………… 111
　　五、《札記》之說未當而不可取者 …………… 111
第三章　校點本校勘問題舉隅 …………………… 115
　第一節　《史記》版本異文校勘 ………………… 116
　第二節　校點本校勘問題舉隅 ………………… 124
第四章　校點本標點問題舉隅 …………………… 143
　第一節　校點本標點問題舉隅 ………………… 144
　　一、專名問題 …………………………………… 144
　　二、書名號問題 ………………………………… 147
　　三、與引號相關的問題 ………………………… 148
　　四、與語詞相關的問題 ………………………… 150
　　五、其他問題 …………………………………… 152
　第二節　標點致誤的原因分析 ………………… 153
餘　論 ………………………………………………… 157
參考文獻 …………………………………………… 161
後　記 ……………………………………………… 169

緒　論

　　中華書局 1959 年初版、1982 年再版的校點本《史記》，以清同治年間（同治五年至九年，1866～1870）唐仁壽〔註1〕、張文虎〔註2〕等校勘的金陵書局本《史記集解索隱正義合刻本》爲底本，參考明淩稚隆《史記評林》〔註3〕、清吳見思《史記論文》〔註4〕、張裕釗校刊的歸（有光）方（苞）評點本和吳汝綸的點勘本等的句讀〔註5〕，依據張文虎《校刊史記集解索隱正義札記》

〔註1〕唐仁壽（1829～1876），字端甫，號鏡香，浙江海寧人。家饒於財，購書累數萬卷，多秘笈珍本。究心於六書音韻之學，喜讎校經史，藏書蕩於兵火。後爲曾國藩招致金陵書局，生平所爲書均未就，獨有詩若干卷藏於家。

〔註2〕張文虎（1808～1885），字孟彪，號嘯山。南匯縣周浦鎮（今屬上海）人，清後期著名學者。同治二年（1863），張文虎赴安慶入曾國藩幕。三年（1864）入金陵書局。陳大康《張文虎日記·前言》（上海書店出版社，2001 年版）説：「校勘《史記》諸書，前後長達十年。同治十二年（1873）冬，張文虎以衰老辭歸，後主講於南菁書院，卒於光緒十一年（1885），終年七十八歲。」有《舒藝室隨筆》、《續筆》、《餘筆》、《覆瓿集》等著述及日記四冊存世。

〔註3〕《史記評林》一百三十卷，明浙江淩稚隆輯校，重要版本有明萬曆四年（1576）淩氏刊本，五年刊本；明萬曆間建陽熊氏種德堂刊本、熊氏宏遠堂刊本，雲林本立堂刊本（此三種皆爲李光縉增補本）；清同治十三年（1874）、清光緒十七年（1891）長沙養翮書屋校刻本；清光緒十年（1884）湖南劉鴻年翻刻本等。

〔註4〕《史記論文》一百三十卷，清康熙年間江蘇武進人吳見思（1621～1680）著，有清康熙二十五年（1686）尺木堂刊本、清光緒二十二年（1896）桂垣書局刊本、1936 年廣益書局刊本、1986 年東北師範大學出版社版陸永品點校整理本等。

〔註5〕歸震川評點史記一百三十卷附方苞評點史記四卷，明歸有光（1507～1571）評點，有清光緒二年（1876）武昌張裕釗（1823～1894）刊本，1915 年上海同文圖書館影印本，1918 年交通圖書館石印本。桐城吳先生點勘史記讀本一

等，進行全新的分段、標點、校理，對部分古字、異體字進行處理〔註6〕。學術界公認其兩大特點，即「分段精善」、「技術處理合理」。校點本《史記》被譽爲「是學術界繼唐代三家注定本以來最精善的一次整理，集千餘年來學術研究之大成的善本，在《史記》版本校勘學研究發展史上，是一個重要的里程碑」，「爲我國古籍整理做出了有典範意義的重要貢獻」〔註7〕。《史記》校勘研究是《史記》文獻學的重要內容之一，也是「史記學」的一項重要的基礎性工作。

　　本書以中華書局校點本爲中心，參考相關資料，進行《史記》校勘研究。緒論部分，闡述《史記》校勘研究的意義、歷史和現狀，研究方法和原則，對《史記》校勘研究的幾點認識等。正文四章，第一章「校點本與金陵書局本對校研究」，在分析局本局限的基礎上，通過對校點本所依據的底本金陵書局本的重新覆校，在校點本與局本 400 多條異文的基礎上，指出校點本眾多的排印錯誤和徑改之類的古籍整理失範之處。第二章「校點本與張文虎《札記》對比研究」，通過校點本所依附的主要校勘材料張文虎《札記》8957 條校記（包括新增部分）的綜合分析，探討校點本對張文虎《札記》具體的吸收情況，特別是當擇而未擇與不當擇而擇的問題。第三章「校點本校勘問題舉隅」，通過版本異文校勘、對前人校勘成果的吸收不足以及校點本產生以來的一些科研成果的分析，舉例探討校點本存在的校勘問題。第四章「校點本標點問題舉隅」，從專名、書名號、與引號相關的標點符號、語詞等角度，列舉時賢及自己發現的校點本部分標點符號可商之處，供大家討論。餘論則主要闡述本書的價值、解決的問題，以及有待開拓的領域等，以引起讀者的進一步思考。

　　本書力求在對《史記》重要版本、新見《史記》文獻研究資料（包括出土文獻等）、學術成果等進行較全面梳理的基礎上，對校點本誤校者試辨正之，校點本漏校者試補正之，前人雖有卓見或致疑而未爲校點本所用者試申正之。筆者認爲，校點本存在著底本校對不精，某些文字處理不合古籍整

　　　百三十卷，清桐城吳汝綸（1840～1903）點勘，吳闓生編錄，有清宣統元年（1909）南宮邢氏刊本，清宣統二年（1910）桐城吳先生群書點勘本，1930年南宮邢氏刊本。
〔註6〕詳參中華書局 1959 年版《史記》的《出版說明》、《點校後記》等。
〔註7〕安平秋、張大可、俞樟華主編：《史記教程》，華文出版社，2002 年版，第 476頁。

理規範，漏校、誤校不少，已有研究成果吸收不夠，標點可商之處不少等一系列問題。因此，有必要在科學的方法指導下，充分吸收學術新成果，對《史記》文本重新進行較全面而系統的宏觀考察和微觀剖析，推出新的《史記》整理本。這是新世紀《史記》整理研究工作向縱深發展並爭取獲得突破性進展的需要。21 世紀也需要更能體現當代史記學研究水準的《史記》新文本。

筆者 2001 至 2004 年在南京師範大學讀書學習期間，在趙生群教授指導下完成了博士學位論文《〈史記〉校勘研究》。本書正是在論文基礎上修改後的一個階段性的結果。爲論文所做的數十萬字的校勘資料長編，一是仍需進一步梳理比勘，並進一步參考相關研究成果；二是爲減少篇幅，本書暫付闕如，以待時日。在本書行文中，對於所引用的文獻，一般保留規範繁體字，涉及版本差異、校勘、標音等問題，酌情使用一些古體字、異體字。

第一節　《史記》校勘研究的意義

司馬遷《史記》以「究天人之際、通古今之變、成一家之言」爲宗旨，上溯黃帝，下論漢武，熔三千年歷史於一爐；以「厥協六經異傳，整齊百家之語」的氣概，創構五體，包羅萬象，匯百科性知識於一編。《史記》無愧於「史家之絕唱，無韻之《離騷》」（魯迅《漢文學史綱要》語）的美譽，是中國文化史上一部體大思精的百科全書式的經典巨著，也是世界文化寶庫中的一顆璀璨明珠。它在史學、文學和其他領域所取得的巨大成就，一直受到學術界的高度推崇。對於司馬遷及其《史記》的研究已歷時二千多年，一門新的學科——「史記學」逐漸形成〔註8〕。包括《史記》目錄、版本、校勘、輯佚、辨僞等內容的《史記》文獻學，應當是構成「史記學」的重要的基本內容。《史記》校勘研究則是《史記》文獻學的重要內容之一，也是「史記學」的一項重要的基礎性工作。

〔註 8〕 陝西師範大學張新科教授所著《史記學概論》，初步爲「史記學」建構了一個理論框架。全書分範疇、價值、源流、本質、方法、生存、主體七論，共十七章，闡述了有史以來司馬遷和《史記》研究的主要成就，並將之概括爲 35 門 278 目，既有宏觀概述，又有微觀透視，可以參閱。商務印書館，2003 年版。

　　本書的研究對象，是中華書局校點本《史記》（以下簡稱「校點本」）以及相關的論著。由於時代的變遷、舊本不易得到等因素，校點本《史記》早已成爲人們學習和研究《史記》的首選之本。該本以清同治年間唐仁壽、張文虎等校刊的金陵書局本《史記集解索隱正義合刻本》（以下簡稱「局本」）爲底本，參考明淩稚隆的《史記評林》、清吳見思的《史記論文》、清張裕釗校刊的歸方評點本和吳汝綸的點勘本等的句讀，依據張文虎《校刊史記集解索隱正義札記》（以下簡稱「張文虎《札記》」，清同治十一年刻本）等，對《史記》正文及三家注進行了全新的分段、標點、校理，對部分古字、異體字進行處理，做出了前所未有的成績，被譽爲「是學術界繼唐代三家注定本以來最精善的一次整理，集千餘年來學術研究之大成的善本，在《史記》版本校勘學研究發展史上，是一個重要的里程碑」。這個眉目清楚、閱讀便利的新校點本已印行 50 多萬冊，是人們學習和開展《史記》研究工作最常用的、權威的文本。校點本《史記》也就成了人們開展《史記》校勘研究的一個新的起點。而校點本《史記》是在特定的時代出版的，校點本未能、也不可能不帶有那個時代的局限——整理的指導思想、觀念、方法、材料及研究水準。〔註9〕時至今日，我們有條件、也有必要在現代學術水準、新理論的指導、眾

〔註 9〕 關於二十四史的整理，參加《宋史》整理的裴汝成在《心中始終裝著作者讀者》一文中說：「在校勘方面又遇到了思想認識和實際問題。當時的一個關於整理二十四史的檔上說：校勘以版本對校爲主；又說：校勘要避免繁瑣考證。大家對這兩條的理解和掌握頗不相同。」見中華書局編輯部編《我與中華書局》，中華書局，2002 年版，第 185 頁。關於《史記》的整理，謝方在《改造 定位 創業——記 1950～1965 年的中華書局》一文中說：「《史記》的點校原由顧頡剛負責，他因老病在身，由他的助手賀次君代做，但問題很多，金燦然很不滿意，就請宋雲彬在顧先生的基礎上重新再點。這是 1959 年國慶的獻禮書，所以他的工作繁重而緊迫。」見中華書局編輯部編《我與中華書局》，第 387 頁。此條資料承周勛初先生惠示，特此鳴謝。宋雲彬先生的日記《冷眼紅塵》有相關且詳細的記載，可參閱。關於二十四史的整理情況，已出現多篇介紹文章，如《趙守儼文存》所收趙守儼寫於 1986 年的《風風雨雨二十年——「二十四史」始末記略》（又見《回憶中華書局》，中華書局，1987 年版），《書品》1997 年第 4 期所收蔡美彪《二十四史校點緣起存件》。關於《史記》的情況，謝方爲中山大學歷史系畢業、於 1957 年 9 月進入中華書局的首批大學生，在《史記》編輯出版時正與宋雲彬同室辦公，所言較可信。又，筆者看到一份落款爲「中華書局編輯部 1961 年 7 月」的《史記勘誤表》，稱：「我局標點本《史記》，於 1959 年 9 月發行第一版後，經檢查發見了若干標點的錯誤及錯字。除於再版時改正外，特列勘誤表，印發給持有第一版的讀者。」經統計，總共有 436 條，其中涉及文字改動的有 20 條。436 條已不算

多新發現的資料和科技高度發達等的基礎上，進行深入的研究，以期獲得新的進展。

　　關於校勘與校勘學的性質和功用，陳垣在《通鑑胡注表微‧校勘篇》中曾說：「校勘爲讀史先務，日讀誤書而不知，未爲善學也。」錢玄先生認爲：「校勘，是指用精密的方法、確鑿的證據，校正古書中由於抄寫或翻刻等原因而產生的字句、篇章等錯誤。」「校勘學應該屬於文獻學的一門學科，因爲它是以古文獻爲研究對象的。它跟文字學、訓詁學、音韻學等都有密切的關係，校勘需要綜合運用這些學科的知識、理論來進行工作，所以校勘學是一門綜合的、應用性的學科。」〔註10〕程千帆、徐有富先生認爲：「校勘工作是從事學術研究，特別是古代典籍研究的起點。而且審愼精密的校勘成果往往可以防止和杜絕許多望文生義的無稽之談，爲獲得正確的結論準備了條件。」〔註11〕可以認爲，在現代意義上，校勘是指對某種古籍進行校讀勘定，使之復原存眞，爲閱讀或研究提供一種接近作者原作的文本的學術工作。

　　準此指導思想，本書以中華書局校點本《史記》（第二版）〔註12〕爲中心，從古文獻學的角度，綜合運用校勘學、版本學、漢語史和文化史等方面的知識，採用窮盡性的方法等，研究面廣量大的《史記》校勘材料及相關資料。研究的目的，一方面是通過對當今權威的《史記》版本校點本進行較充分的考察和鑒定，探討其中存在的底本、校勘、古籍整理失範、標點等各種問題，爲今後編纂《史記》新整理本做一些基礎性的工作，爲今後開展全面的《史記》專書研究積纍材料，爲「史記學」打造更好的學術平臺；另一方面，可以使我們更好地理解《史記》，把握這部巨著的精神內涵。這不僅是新世紀《史記》整理研究工作向縱深發展並爭取獲得突破性進展的需要，而且也是豐富古文獻學基礎理論特別是完善校勘學理論的需要。

　　　　少，但仍有未見於此表的。
〔註10〕錢玄：《校勘學》，江蘇古籍出版社，1988年版，第1頁。
〔註11〕程千帆、徐有富：《校讎廣義‧校勘編》，齊魯書社，1998年版，第33頁。
〔註12〕此指1982年11月第2版的1985年10月北京第9次印刷本。實際上，1977年8月中華書局出版的張文虎《校刊史記集解索隱正義札記》賀次君點校本，已有初版、再版的概念，如「中華本初版改之，再版改正」（第236頁）。當指某次印刷本，與目前學術界使用的版次概念有所不同。又，校點本《史記》的歷次重印本、線裝本，多有小異，宜區別對待。

第二節　《史記》校勘研究的歷史和現狀

　　《史記》校勘研究與《史記》的流佈和版本，與古籍校勘史、古籍出版史和學術發展史等密切相關。因爲在流佈過程中，由於傳抄、刊刻等的不同，產生了不同的版本。版本的不同，就可能存在文字上的差異。我們在考察《史記》校勘研究的歷史和現狀時，必然要關注《史記》的原始版本及流佈情況，關注各個時代古籍校勘的特點等。在《史記》研究的領域中，對於《史記》校勘的研究可以說是最具基礎性和挑戰性的研究。也可以說，《史記》研究的進步是伴隨著《史記》版本校勘研究的進步而前進的。長期以來，學術界對於這一基礎性難題，不斷進行深入的探討，取得了一系列令人矚目的成果。這些輝煌的成就正是今日《史記》校勘研究的新起點，因而對前代學者與時賢研究中的成就與不足，做一個較全面的回顧和總結，有利於我們進一步深入研究，從而爲在新的歷史時期進一步開拓《史記》研究的新局面，爲校點本《史記》修訂工作創造條件。基於此目的，本節首先力圖對古代的《史記》版本特別是《史記》校勘研究做一個較系統的介紹和簡要的評述。

一、《史記》的流佈與刊刻概貌

　　《史記》成書之時，正是漢武帝「罷黜百家，獨尊儒術」的思想確立之際，在正統思想家眼中，《史記》有「謗書」之嫌，其流佈受到了限制。〔註13〕《太史公自序》稱「藏之名山，副在京師，俟後世聖人君子」。據現代研究成果，認爲「藏之名山」，指所謂正本；「副在京師」，指所謂副本。副本流佈在先，正本流佈在後。據《漢書·司馬遷傳》載：「遷既死後，其書稍出。宣帝時，遷外孫平通侯楊惲，祖述其書，遂宣佈焉。」《漢書·楊敞傳》後附《楊惲傳》載：「惲母，司馬遷女也，惲始讀外祖《太史公記》，頗爲《春秋》，以材能稱。」《史記》先以單篇的形式流傳，自西漢末宣帝時，司馬遷外孫平通侯楊惲宣佈後，整體爲世人所知，流佈民間。正、副本均爲後世各本之祖本。楊惲應是《史記》的第一個傳播者。

　　漢代桓寬《鹽鐵論·毀學》記載桑弘羊在鹽鐵會議上爲自己的「興利」政策辯護時引用《貨殖列傳》中的一些資料「司馬子言『天下嚷嚷，皆爲利

〔註13〕安平秋、張大可、俞樟華主編：《史記教程》第十一章「《史記》流傳」稱「兩漢是史記學的厄困時期」，第 410 頁。

往』」，以此來反對儒生們「重義輕財」的觀念，並尊稱司馬遷爲「司馬子」。楊海錚指出：「據所能看到的史料記載，最早引用《史記》的人是桑弘羊。」〔註14〕時間約在漢宣帝時代，開節括引用《史記》文章之先。

　　《史記》產生異本、文字歧異應該是在西漢末劉向、劉歆父子等續補《史記》之後。〔註15〕袁傳璋推斷，《史記》正本「藏之名山」，傳於其女，秘存華陰，後由其外孫楊惲免官家居時「宣佈」，自此民間始有《史記》抄本流播；「副在京師」，進呈御府後，不僅慘遭砍削，「十篇缺，有錄無書」，而且嚴禁外傳，唯班斿蒙賜御書之副。以後班彪在安陵評《史記》、作《後傳》，班固在洛都蘭臺奉詔撰《漢書》，皆據此副本又副本。太史公手錄的《史記》正本佚於楊惲蒙難；副本毀於王莽之亂；副本又副本亡於董卓移都。東漢流佈之一百三十篇《史記》，當係正、副本兩大系統抄本配補而成，已失太史公手定正、副本舊貌。〔註16〕袁先生之論雖多推測，有待相關材料的佐證，然言之成理，可備一說。

　　《史記》流佈史上，亡缺與續補竄附問題，一直是聚訟紛紜的重大課題，至今無定論，有識者歸爲「《史記》疑案」，張大可《史記殘缺與補竄考辨》、《史記斷限考略》〔註17〕、趙生群《〈史記〉斷限辨疑》、《〈史記〉亡缺與續補考》等文〔註18〕，是當代較爲重要的相關成果。班彪云：「（司馬遷）作本紀、世家、列傳、書、表凡百三十篇，而十篇缺焉。」（《後漢書·班彪傳》引《略論》）《漢書·藝文志》：「《太史公》百三十篇。十篇有錄無書。」《漢書·司馬遷傳》：「凡百三十篇，五十二萬六千五百字，爲《太史公書》。……遷之自序云爾。而十篇缺，有錄無書。」《漢書·藝文志》根據劉向、劉歆父子所著《別錄》、《七略》節縮而成，凡有部類調整、篇目增省，無不一一注明。據以上所引資料可知，《史記》在西漢末年至東漢初年已缺十篇。班彪「家有賜書」，有《太史公》秘書之副本，劉向、劉歆、班固則都曾典校秘書，他們認定《史記》十篇有錄無書，應屬可信。第一個列出《史記》亡書篇目的

〔註14〕　《漢唐〈史記〉研究論稿》，齊魯書社，2003 年 6 月版，第 19 頁。
〔註15〕　參張玉春：《〈史記〉版本研究》，商務印書館，2001 年版，第 9～13 頁。
〔註16〕　袁傳璋：《太初·麟止·於茲——〈史記〉敘事起訖與主題演變考論》，中國史記研究會第一屆學術討論會論文，2002 年 2 月於重慶。該文收入安平秋、閻崇東主編的《史記論叢》，陝西人民出版社，2004 年 8 月版。
〔註17〕　兩文分見《蘭州大學學報》，1982 年第 2 期、《西北大學學報》，1983 年第 3 期；又收入氏著《史記研究》，華文出版社，2002 年版。
〔註18〕　兩文均收入《〈史記〉文獻學叢稿》，江蘇古籍出版社，2000 年版。

是張晏〔註19〕，他說：「遷沒之後，亡《景紀》、《武紀》、《禮書》、《樂書》、《兵書》、《漢興以來將相年表》、《日者列傳》、《三王世家》、《龜策列傳》、《傅靳列傳》。元、成之間，褚先生補缺，作《武帝紀》、《三王世家》、《龜策》、《日者傳》，言辭鄙陋，非遷本意也。」對於張晏列的十篇亡書，不少學者有不同看法。爲此，余嘉錫《太史公書亡篇考》詳加考辨，證成其說，提出了不少精闢的見解，可參看。趙生群先生認爲，從《史記》的版本、體例、內容三個方面綜合考察，不難知道今本《史記》雖然十篇篇目俱在，但已不是史公原作。

三國魏張晏曾說，《史記》十篇既亡，「元、成之間，褚先生補缺，作《武帝紀》、《三王世家》、《龜策》、《日者傳》」。〔註20〕褚少孫續補篇目有明文可考者共六篇：《三代世表》、《建元以來侯者年表》、《外戚世家》、《梁孝王世家》、《田叔列傳》、《滑稽列傳》。褚少孫續史六篇加上補亡之作四篇，總計褚氏續補《史記》達十篇之多。趙生群先生認爲，褚少孫續補《史記》，有兩個顯著的特點：一是全部標明「褚先生曰」，而且往往明言材料來源及作文目的，絕無魚目混珠之嫌。後人把沒有標明「褚先生曰」的續補文字一起歸到褚氏名下，明顯欠妥。二是褚氏續補的文字一開始就依附於《史記》而行。此外，《漢書・藝文志》「《太史公》百三十篇」之後，有「馮商所續《太史公》七篇」。據趙生群先生研究，兩漢時眞正續補《史記》的，只有褚少孫、馮商二人，其他人都只是續而沒有補。

唐劉知幾《史通・古今正史》云：「《史記》所書，年止漢武，太初已後，闕而不錄。其後劉向、向子歆及諸好事者若馮商、衛衡、揚雄、史岑、梁審、肆仁、晉馮、段肅、金丹、馮衍、韋融、蕭奮、劉恂等相次撰續，迄於哀、平間，猶名《史記》。至建武中，司徒掾班彪以爲其言鄙俗，不足以踵前史。又雄、歆褒美僞新，誤後惑眾，不當垂之後代者也。於是採其舊事，旁貫異聞，作《後傳》六十五篇。其子固以父所撰未盡一家，乃起元高皇，終乎王莽，十有二世，二百三十年，綜其行事，上下通洽，爲《漢書》紀、表、志、傳百篇。」《史通》所舉各家，除馮商外，其餘都是續載太初以後事。諸家續書多鄙俗，且零星不成系統，班彪採其事作《後傳》六十五篇，班固在此基礎上撰成《漢書》，各家續書自然也就失去了存在的價值，故《漢志》均未著錄。

〔註19〕張晏，生卒年不詳，三國時魏中山人，著有《漢書音釋》四十卷，已佚。
〔註20〕《漢書・司馬遷傳》顏師古注引。《史記・太史公自序》集解、索隱略同。

　　而與流佈相關的另一問題，即刪減問題，也應給予一定的重視。胡寶國
認爲：「比兩漢之際發端的經學刪減運動稍後，史學領域中也出現了刪減之
風。」〔註 21〕對《史記》而言，就有多次刪減。如《隋書・經籍志》史部雜
史類：「《史要》十卷。」注：「漢代桂陽太守衛颯撰。約《史記》要言，以類
相從。」《後漢書》卷八四《楊終傳》：「（楊終）後受詔刪《太史公書》爲十
餘萬言。」同卷《應奉傳》注引袁山松書說：「奉又刪《史記》、《漢書》及《漢
記》三百六十餘年，自漢興至其時，凡十七卷，名曰《漢事》。」衛颯、楊終、
應奉等對《史記》的刪減，無論出於什麼目的，對《史記》的流佈終究會產
生一定的影響，造成亡缺，或產生異文等。因文獻的缺失，具體的情況我們
難以詳悉，但在相關問題的研究中，宜有《史記》流佈過程中曾經過「刪減
運動」那麼一種意識。

　　東漢中期以前因受到當政者的嫉恨和當時文化氛圍的限制，《史記》流傳
不廣。《西京雜記》說：「司馬遷作《景帝本紀》極言其短，及武帝之過，帝
恨，削而去之。」班固《典引》記載漢明帝曾說：「司馬遷著書，成一家之言，
揚名後世，至以身陷刑之故，反微文刺譏，貶損當世，非誼士也。」因此，
當政者多方阻撓《史記》的傳播。另外，當時的文人學士，多崇尚鋪張揚厲、
對偶工整、語言華麗的辭賦，不能理解《史記》自由奔放、參差不齊的散體
長短句的風格，正如唐代司馬貞《史記索隱序》所言：《史記》「比於班《書》，
微爲古質，故漢晉名賢未知見重，所以魏文侯聽古樂則唯恐臥，良有以也。」
《史記索隱後序》又言：「夫太史公紀事，上始軒轅，下訖天漢，雖博采古文
及傳記諸子，其間殘闕蓋多，或旁搜異聞以成其說，然其人好奇而詞省，故
事覈而文微，是以後之學者多所未究。」加之當時史學仍作爲經學的附庸而
列入《春秋》類中，未取得應有的獨立地位，種種因素都影響了《史記》的
傳佈和研究，《史記》只是在上層極小的範圍內流傳。

　　東漢中期以後，《史記》儘管仍未獲得較高的評價和應有的重視，但已開
始得以較廣泛的傳佈，東漢桓、靈時代，《太史公書》已正式稱爲《史記》
〔註 22〕，清人梁玉繩《史記志疑》稱：「《史記》之名，當起叔皮父子。觀

〔註 21〕　《漢唐間史學的發展》，商務印書館，2003 年 11 月版，第 85 頁。
〔註 22〕　楊明照《〈太史公書〉稱〈史記〉考》，載《燕京學報》第 26 期，舉五條例證
　　　　　來論證《史記》書名始於東漢靈、獻之際。陳直《太史公名稱考》，載《文史
　　　　　哲》，1956 年第 6 期，舉九條例證來論證《史記》書名始於東漢桓、靈之際。
　　　　　此說已爲學術界多數人接受。

《漢·五行志》及《後書·班彪傳》可見。蓋取古《史記》之名以名遷之書，尊之也。」王叔岷《史記斠證導論》補充說：「梁氏據《五行志》，以爲遷書名《史記》起於班氏，是也。惟據《後漢書·班彪傳》而云然，則非。蓋班彪仍稱遷書爲《太史公書》。」對以「太史公」命名的原因，錢穆《太史公考釋》解釋說：「《太史公》則司馬遷一家之私書，當與孔子《春秋》齊類，不當與魯《春秋》、晉《乘》、楚《檮杌》相例。故其書稱《太史公》，猶孟軻自稱孟子，其書因亦稱《孟子》，荀況自號荀子，故其書亦稱《荀子》云耳。」又稱：「太史公書者，猶云諸子書，孟子老子書，若正名以稱，則應曰《孟子》《老子》。《太史公》，不得加書字。至曰記曰傳，則舉一偏以概，更非其書之本稱。」〔註 23〕胡寶國說：「我以爲這個解釋是很合理的，因爲根據《七略》而來的《漢書·藝文志》列舉書名時就是只稱《太史公》而無『書』字。《藝文志》應該是涉及書名最正式的場合。」〔註 24〕而《史記》學界的觀點，有所不同，如楊海錚認爲：「從各種文獻記載來分析，兩漢之際，《史記》通稱『太史公書』而有細微差別，最初司馬遷自題其書爲《太史公書》，其含義爲『太史公所著記之書』，因『書』與『記』意義大致相同，所以有時又被稱爲《太史公記》，由《太史公書》、《太史公記》並稱，逐漸簡稱爲《太史公》、《太史記》，再進一步簡稱爲《史記》，其中是有一定的脈絡可尋的。到東漢末，原來作爲史書通名的『史記』就成爲專名之《史記》了。對《史記》書名的由來及其演變過程，陳直在《太史公名稱考》中有詳細的考證和論述。」〔註 25〕書名的變化，反映了人們對《史記》評價的初步改變。

流傳至今的《史記》抄本「以吐魯番發現之《仲尼弟子列傳》殘簡及羅振玉影印《流沙墜簡》中所收《淳于髡傳》殘簡爲最早，殆後漢至魏、晉間物」。〔註 26〕魏晉時期《史記》得以廣泛流佈，因相互傳抄，文字錯訛，產生了眾多異本。現代《史記》版本研究的成果告訴我們，現存宋代以前的抄本有 17 件〔註 27〕，全部是《史記集解》本，沒有白文本，可分爲四類：第一

〔註 23〕《中國學術思想史論叢（三）》，東大圖書公司，1985 年版，第 20 頁。
〔註 24〕《漢唐間史學的發展》，第 10 頁。
〔註 25〕《漢唐〈史記〉研究論稿》，齊魯書社，2003 年 6 月版，第 18 頁。
〔註 26〕見楊家駱 1965 年撰《記史纂閣所藏張氏史記新校注稿二百六十六卷》，原載《華岡學報》第二期；又載《史記新校注稿》前，中國學典館復館籌備處 1967 年 10 月版。
〔註 27〕羅振玉影印《流沙墜簡》有漢代抄本《淳于髡傳》31 字，未統計在內。

類是六朝抄本。有二件。一是《史記集解張丞相列傳》的殘卷，張玉春據以與宋景祐本對校，發現「此卷與今本文字差異較大，計五十處（其中注十處）」〔註28〕。二是《史記集解酈生陸賈列傳》一卷，張玉春認為「此卷對《史記》版本研究有重要價值。與今本相校，有異文 113 處。經考證，多以此卷為是，故可證今本之訛」〔註29〕。第二類是敦煌唐抄卷子本。有三件。一是《史記集解燕召公世家》殘卷。二是《史記集解管蔡世家》殘卷。三是《史記集解伯夷列傳》殘卷。第三類是唐抄本。有六件，其中五件是卷子本。一是《史記集解夏本紀》一卷。二是《史記集解殷本紀》一卷。三是《史記集解周本紀》一卷。四是《史記集解秦本紀》一卷。五是《史記集解高祖本紀》一卷。六是《史記集解河渠書》一卷。第四類是藏於日本的抄本。有六件。一是《五帝本紀》殘卷。二是《呂后本紀》殘卷。三是《文帝本紀》殘卷。四是《景帝本紀》殘卷。五是《孝武本紀》殘卷。六是《范雎蔡澤列傳》殘卷。唐代抄本具有較高的校勘價值。

　　由上述情況可知，早期《史記》無注之時，是以白文本的形式流傳的。「縱觀《史記》版本的過程，知在六朝時《集解》已附正文而行，並逐漸取代白文無注本《史記》。據《舊唐書・經籍志》、《新唐書・藝文志》，唐代尚存白文無注本《史記》，而至《宋史・藝文志》則未著錄白文本《史記》，知至宋朝再不見白文無注本流傳。流傳至今的六朝、唐代寫本亦皆為《集解》本，從未發現白文本，可證《集解》本是唐宋時期《史記》版本的主體。」〔註30〕唐代司馬貞《史記索隱》則是特例，它不載《史記》原文，只是標字列注，由諸宋本所載《索隱》異文可知，宋代有多個《索隱》本行世。

　　關於六朝抄本、唐抄本與宋本之間的關係，張玉春認為，「唐抄本與六朝抄本是現今能見到的最早的《史記》寫本。唐抄本與六朝本相隔時間不甚久遠，二者無論在體例上還是在文字上均無明顯差異。」充分肯定了六朝抄本與唐抄本之間差異不大。「而唐本與宋本的文字差異比較大，反映了《史記》傳本由六朝至唐的相對穩定性。而自唐至宋，經歷了由寫本向刻本的轉變，體例有所變化，文字差異增加。」根據這些現象，張玉春進一步指出：「至唐代，《史記》傳抄是在自然狀態下進行，無人有意識對其作以改動，雖然在傳

〔註28〕張玉春：《〈史記〉版本研究》，第 62 頁。
〔註29〕今本指宋本。張玉春：《〈史記〉版本研究》，第 63 頁。
〔註30〕張玉春：《〈史記〉版本研究》，第 223～224 頁。

抄過程中也出現脫誤，但與有意改竄不同。因此，唐本更近《史記》原貌，為勘正今本《史記》的訛誤提供了可信的依據。唐寫本異於宋本，以其與其他典籍相參校，亦反映出二者版本系統的差異。」〔註31〕釐清了寫本與刻本在版本系統方面的差異。

當然，唐寫本《史記》也並非完全一致，僅篇次相異的本子就有三種，如《伯夷列傳》與《老子列傳》誰居列傳第一，《衛將軍驃騎列傳》、《平津侯主父列傳》與《匈奴列傳》的先後次序，各本間有所不同，〔註32〕讀者宜加注意。

宋代是雕版印刷興盛時期，《史記》產生了刻本。由《史記集解》單刻本、《史記集解索隱》二家注本到《史記集解索隱正義》三家注本，並發展到三家注本成為《史記》版本的主流版本。一般認為，《史記》最初刊刻始於北宋太宗淳化五年（994）。「從淳化五年至至道元年，歷時四年，產生了第一部刻本《史記》」，即後世所稱的淳化本《史記》。「自此以後，寫本《史記》逐漸亡佚。」此本為《史記》刻本之源，標誌《史記》版本開始定型。淳化本已失傳，而其修補本即景祐本、衍生的杏雨藏本流傳至今。〔註33〕

關於現存最早的《史記》版本，學術界一直都有爭議。1917 年傅增湘先生在舊書肆發現購買而收藏的景祐本《史記》被學界確認為《史記》最早的版本之一。後又據沈曾植、曹元忠等研究〔註34〕，最後認定此本為北宋景祐本。張玉春經過研究，認為此本可分為原刻、補刻，皆是北宋時所刊行。由此可知，此本是現存世《史記》版本中最早的版本之一。此本後來在 1946 年為中央研究院歷史語言研究所購得，1957 年臺灣二十五史編刊館收入仁壽本二十五史刊行。學界公認最早的《史記》版本公之於世，對《史記》版本研究的推動極大。

史明文將宋代校勘《史記》的工作分為兩大系統，即中央政府對《史記》的校勘和私人對《史記》的校勘。前者「據汝企和先生統計，宋代館閣共校勘過 21 次史書，其中對《史記》的校勘有 3 次。第一次是在宋太宗淳化五年。

〔註31〕張玉春：《〈史記〉版本研究》，第 82 頁。

〔註32〕張玉春：《〈史記〉版本研究》，第 94 頁。

〔註33〕參張玉春：《〈史記〉版本研究》第四章「《史記》北宋刻本研究」、第五章「《史記》南宋刻本研究」。全書「結語」概述說：「就各本特點而言，以景祐本與杏雨藏本刊刻質量高於它本，而對後世本的影響，以杏雨藏本為大，南宋諸本多承其緒，然經校改，非覆刻，故各有其自身特點。」見第 339 頁。

〔註34〕參《藏園訂補郘亭知見傳本書目》，卷 4 第 5 頁，又見《增訂中國訪書志》，第 626 頁、《藏園群書經眼錄》，第 160 頁。

太宗下詔校勘《史記》和《前漢書》與《後漢書》。據《玉海》、《麟臺故事》、《宋會要輯稿》、《續資治通鑑》等書記載，參加這次校勘的有崇文院檢討兼秘閣校理杜鎬，秘閣校理舒雅、吳淑，直秘閣潘愼修、朱昂等人。這次校勘先由杜鎬、舒雅、吳淑、潘愼修初校，再由朱昂復校，校完後即送杭州刊刻。〔註35〕第二次是在宋眞宗咸平至景德年間對《史記》的校勘。宋眞宗認爲宋太宗時期對《史記》的校勘仍有錯誤，需要重新校正，於是就命直史館陳堯佐、周起，直集賢院孫僅、丁遜、任隨等人復校《史記》。值得注意的是這次校勘形成了《史記》『刊誤文字五卷』，也就是校勘記。〔註36〕第三次是宋仁宗景祐年間對《史記》的校勘。景祐元年，余靖認爲《史記》、《漢書》現存版本訛誤較多，請求重新校訂，九月，仁宗下詔校正《史記》等書籍，命余靖、王洙、張觀、李淑、宋郊等人負責。此次校勘歷時一年多，並形成了校勘記彙編《三史刊誤》四十五卷。《三史刊誤》是《史記》、《前漢書》、《後漢書》的校勘記彙編合刊，而流傳於世者僅有《漢書刊誤》三十卷。」對於後者，史明文認爲：「宋代私人對《史記》的校勘沒有專門著作流傳下來，其成果主要保留在各家文集及眾多的筆記中，沒有形成系統，很零亂，但有不少眞知灼見。王觀國的《學林》、洪邁的《容齋隨筆》、吳曾的《能改齋漫錄》等宋人筆記中載有很多對《史記》校勘的內容；黃震的《黃氏日鈔》、葉適的《習學記言》、王應麟的《困學紀聞》等著作中都有對《史記》的專門研究，其中就含有校勘的內容；此外，倪思的《班馬異同》、干若虛的《史記辨惑》等研究著作中也有對《史記》的校勘。」〔註37〕

關於宋刻本的來源，張玉春認爲：「今本（主要是宋本）《史記》所依據的祖本並不是分別來自唐本，而是經過對某一唐本整理後作爲定本流傳下來。而今本《史記》間的文字差異則是在宋以後產生的。」〔註38〕

〔註35〕李更認爲：「此次校勘爲前三史同時進行。又據《宋史‧王禹偁傳》，王禹偁『與夏侯嘉正、羅處約、杜鎬表請同校三史，多所釐正』。其事亦見《邵氏聞見記》卷七。實際參加人員不止於《宋會要輯稿》與《麟臺故事》所載。」見《宋代館閣校勘研究》，鳳凰出版社，2006 年 3 月版，第 249 頁。

〔註36〕李更認爲：「但由於淳化中定本已刻板，這次校勘改定之處雖然不少，卻沒有對刻板做全面刊改。」同上，第 119 頁。可能有少量改動，因「刊誤文字五卷」已散佚，具體情況難以查考。

〔註37〕史明文《〈史記〉在宋代時期的校勘與著錄》，載安平秋、閻崇東主編《史記論叢》，陝西人民出版社，2004 年 8 月版，第 86～87 頁。

〔註38〕張玉春：《〈史記〉版本研究》，第 72 頁。

　　關於三家注本的形成的原因，日本學者尾崎康先生在論及黃善夫本的刊刻時指出：「毋庸贅言此本的最大特徵是在《集解》、《索隱》之上增加了《正義》，就現存本而言，大概是基於追求利潤的目的所刊行者。」〔註39〕也就是說，三家注本《史記》的出現，是基於書賈求利的目的。考察《史記》刊刻史，我們感到尾崎康先生之說頗有見地。由於北宋承襲五代的做法，曾禁止民間刊行「正經正史」，所以最初的《史記》刻本，也就是《史記集解》本多由官方刊行。此後，隨著宋代文化事業的發展，特別是科舉制度的興起，使得刻書業開始產業化。印刷史研究專家劉國鈞先生指出：「由於科舉制度的確立，使得讀書人對教科書（經典）和參考書（各種類書及應試用書）的需要更加迫切，這就使得出版事業有商業化的可能，引起一些人願意在出版方面投資而逐漸促進出版業的發展。」〔註40〕宋代刻本的三大系統，即官刻本、家刻本、坊刻本三大系統開始形成。南宋時主要以地方刻書為主，而民間刻書更加發達。民間刊刻《史記》成為可能，而且力求出新便讀，即將一些在當時比較流行的《史記》注家和《史記》正文一起刊刻。南宋刊刻的《史記》二家注本共四種，即南宋杭州刊本（又稱無述贊本）、南宋乾道七年（1171）建安蔡夢弼刊本、南宋淳熙三年（1176）張杅桐川郡齋刊本、南宋淳熙八年（1181）澄江耿秉據張杅本重修本。杭州本刊行者不明；蔡、耿二人皆無為官的記載；有官職者僅張杅一人，為桐川郡守，且張杅本以官員身份家刻的成分更重一些。可以推測是民間刻書家為了便於閱讀、獲取商業利潤，最早把當時社會認為是「奇書」〔註41〕的《史記》注家刻入新刊行的《史記》版本中，而最早形成了《史記》的二家注本。同樣的原因，南宋慶元年間，黃善夫把《正義》與《史記》正文及《集解》、《索隱》合刻，最終形成了《史記》的三家注本。〔註42〕而從牌記和序跋情況分析，在刊行時做過一些版本校勘

〔註39〕《正史宋元版の研究》，第 221 頁。

〔註40〕《中國書史簡編》，劉國鈞著，鄭如斯訂補，第 65 頁。

〔註41〕張杅在其書卷首目錄後跋文中說：「惟小司馬氏用新意撰《索隱》，所得為多，至有不可解者，引援開釋明白。每恨其書單行，於批閱殊未便。比得蜀本，並與其本書集而刊之，意欲垂模與南方學者，其未暇也」。認為小司馬的《索隱》有新意。董浦在蒙古中統二年（1261）段子成刊本的序中說：「《史記索隱》，近代號為奇書。」

〔註42〕三家注本起自何時，學術界還無定論，《四庫全書總目》認為開始於北宋元豐年間，近現代學者多不認同這種觀點，賀次君《史記書錄》（第 96 頁）認為：「以此本（引者注：指黃善夫本）『老子』與『伯夷』同傳而言，則自北宋末期始。」

工作。如蔡夢弼刊本有「建安蔡夢弼傅卿謹案京／蜀諸本校理實梓於東塾」等四處牌記，說明以「京蜀諸本校理」；張杅本序文說：「然其間刪削是正者，不可不書。」耿秉本跋文稱：「其訛謬重脫，因爲是正，凡一千九百九字。」可見校勘量之大。

金代天德三年（1151），國子監刻印《史記集解》，頒行學校。金世宗大定四年（1164），又下詔用女眞字翻譯《史記》，六年始成，頒行全國，這可能是《史記》被翻譯到少數民族中間的最早譯本。蒙古忽必烈中統二年（1261），平陽道參幕段子成主持刊刻《史記集解索隱》一百三十卷，安平秋先生認爲此本所據底本爲南宋本，且據宋刻本多加校勘，又與南宋蔡夢弼本、張杅本、黃善夫本不盡一致，獨樹一幟，可正他本之誤處甚多。元代至元二十五年（1288），安福彭寅翁崇道精舍刊印《史記集解索隱正義》問世，張玉春認爲，此本是繼黃善夫本後第一部《史記》三家注本，並指出此本的底本是黃善夫本。張興吉第一次系統全面地研究彭本的學術價值，著重指出彭本的版本價值和在《史記》版本流變中承前啓後的作用，支持張玉春的觀點，而又探索了彭本對後世版本的作用，認爲彭本是日本刊《史記》古活字本的底本等，通過大量細緻紮實的校勘工作，積纍了大量的版本資料，豐富了《史記》版本和校勘研究。〔註43〕大德十年（1306），平江、饒州等九路又刊刻《史記集解索隱》。這些刻本擴大了《史記》流傳的範圍和影響。

明代的《史記》版本很多，有近三十種。而其中含有三家注的本子有16種，可以稱得上三家注合刻本的有 9 種〔註44〕。三家注本以正德十二年（1517）廖鎧本、「嘉靖三刻」和南、北監本影響最大。關於它們的起源，學界多年來一直有爭論。上世紀二三十年代王重民先生著《史記板本和參考書》、趙澄先生著《史記板本考》對此皆有所討論。王氏認爲，「嘉靖三刻」中的秦藩本來源於南宋慶元刊建安黃氏本（即黃善夫本）〔註45〕。趙氏認爲：「嘉靖三刻」中的王延喆本、柯維熊本來源於元刊彭寅翁本〔註46〕。張元濟先生據黃善夫本影印百衲本史記，將黃本與王本進行了比較，又查驗了秦

〔註43〕張興吉《元刻〈史記〉彭寅翁本研究》，鳳凰出版社，2006 年 1 月版，可參閱。

〔註44〕含有三家注的本子，是指包含《史記》三家注及其他注釋的本子；三家注合刻本，是指只有三家注的本子。

〔註45〕《史記板本和參考書》，《圖書館季刊》第 1 卷第 4 期，1926 年 12 月出版。

〔註46〕《史記板本考》附表，《史學年報》第 1 卷第 3 期，1931 年 8 月。

藩本、柯本。張氏認為：王本、秦本為黃本的覆刻；「尚有莆田柯維熊本，行款相同，或謂其亦出黃氏」〔註47〕。即他認為柯本與黃本有關聯。後來出版的《中國版刻圖錄》則認為：廖鎧、「嘉靖三刻」四本皆來自於黃善夫本。據張玉春等人的研究，廖、王、柯本皆祖黃善夫本，而秦藩本據王本翻刻。南、北監本四種，其中最早的嘉靖九年（1530）南京國子監本是據宋、元舊版拼湊而成，其他三種則大致和前本是一個體系，只是稍有修訂而已。明代三家注本已形成了以黃善夫本為原本和以明嘉靖九年南監本為原本的兩大版本系統。

明代後期刊行的淩稚隆《史記評林》，以柯維熊本為底本，雖以評點為主，然參校眾本，有一定的版本價值，且又為學者常用，影響廣大。明末刻本陳仁錫（1581～1636）《陳太史評閱史記》，每卷末均有《考證》，包括部分校勘內容，且明確指出所據版本，具有一定的校勘水平。可見，《評林》本的校勘價值還應加以重視。

清代有多種《史記》版本流行，而以殿本影響為大。清代乾隆四年校刻《史記》，以明北監本《史記》劉葉秋本為底本，校以明刻王延喆本等，世稱武英殿本。殿本的校勘的力度很大，對後世的影響也是巨大的，此點從後世多有翻刻即可證明〔註48〕，但是此本雖然號稱是善本，由於所據底本多有不足，未參校非常重要的版本黃善夫本、彭寅翁本等，三家注脫誤也不少，當代學者一般不認為殿本是善本。張元濟《校史隨筆》第四頁指出：「然以王本校之，殿本《正義》全脫者尚有五十二條，不全者四十二條。館臣既知《正義》獨賴王本之存，何以不悉數採錄？殊不可解。」清末有唐仁壽、張文虎校刊的金陵書局本《史記集解索隱正義合刻本》，代表了清代《史記》校勘研究的最高成就，也開闢了《史記》版本的一個新時代。

宋至清代，由單刻到二家注合刻、三家注合刻，白文無注本，百衲本等，傳本極多。並且，寫本、刻本的差異甚大，即使是寫本與寫本、刻本與刻本之間也存在差異。安平秋先生曾總結說：「到今天為止，我們所能見到的《史記》刻本，據不完全的統計，有六十種左右。其中明代刻本最多，約占總數

〔註47〕《涉園序跋集錄》，第 37 頁。

〔註48〕殿本《史記》在清代就不斷有人進行翻刻及影印，形成了一個龐大的殿本《史記》體系，據張興吉《元刻〈史記〉彭寅翁本研究》的統計，清代殿本有四個翻刻本，影印本中與原本版式一致者有三種，版式雖有變化，文本內容未變者有 6 種。

的二分之一，粗略統計爲二十九種；宋代刻本次之，約占總數的四分之一強，大體有十六種；遼金元時期刻本最少。」並認爲版本的承傳關係複雜，難以理清。

「五四」以來印刷技術有長足的進步，古籍印刷的種類和印數都有很大的增加。翻刻、石印、排印的《史記》版本多達近百種，宋、明、清幾代有名的《史記》版本幾乎都有再版。但有重大影響的本子不多，影響較大的有1936 年北平研究院排印的顧頡剛、徐文珊標點本（該本以清末湖北崇文書局刊仿明王延喆本爲底本，僅有《史記》正文。此書因是《史記》的第一個標點本，而且有不少校勘，在《史記》發展史上佔有一定的地位），1967 年臺灣中國學典館復館籌備處出版的張森楷校注《史記新校注稿》二百六十六卷（全 12 冊），日本人瀧川資言所編《史記會注考證》及水澤利忠《史記會注考證校補》〔註49〕，1959 年中華書局出版的校點本（以金陵書局本《史記》三家注爲底本，不主一本，擇善而從）等。以黃善夫本、殿本、金陵書局本爲底本，參考中華書局校點本，新出的《史記》整理本、選本、注本、譯本、譯注本、校本等，有數十種，爲《史記》的普及起到很大作用，亦不乏精當之見。〔註50〕

二、《史記》校勘研究的歷史

從校勘學的角度大規模地考訂《史記》的異文，前修時賢曾做過大量的工作，有的有專著行世，有的只是單篇文章甚或片言隻語存世，總的來說，成果不少。下面我們簡要勾勒一下《史記》校勘研究的歷史。

〔註49〕1986 年上海古籍出版社出版的《史記會注考證附校補》（全 2 冊）（日）瀧川資言考證；（日）水澤利忠校補。此書將原書 4 面合爲 1 面，並將《史記會注考證校補》各卷分散附於《史記會注考證》各卷之下，合二書爲一書。對《校補》部分内容有刪節。

〔註50〕上述内容，可參安平秋《〈史記〉版本述要》（載《古籍整理與研究》，1987年第 1 期）、張玉春《〈史記〉版本研究》等論著。張興吉《元刻〈史記〉彭寅翁本研究》附錄二《〈史記〉版本存世目錄》，「大致分爲兩個部分，一是古寫本、刻本部分；一是影印本、排印本部分。排列次序仿賀次君先生的體例，每部分以朝代劃分，以『集解』、『集解索隱』、『集解索隱正義』爲序，個別白文本、題評本等單獨分列，隨年代劃分，同一類書籍則按刊行年代爲序。此目錄以著錄刻本爲主，考慮到版本之間的流變及影響，故也涉及重要的抄本，如四庫本及其它民間抄本等。又建國後影印民國時期版本者，一般也單獨列出，以期更加清楚地反映建國以後出版《史記》的情況。」比較詳細，爲最新成果，可以參閱。

　　最早批評《史記》的學者是西漢末年的揚雄。他的「太史公記六國，歷楚漢，迄麟止，不與聖人同，是非頗謬於經」〔註51〕的指責，實開班彪、班固父子批評《史記》之先河。東漢後期，《史記》逐漸流傳，但不太受重視，僅有兩部音注書問世，即延篤《史記音義》一卷〔註52〕，無名氏《史記音隱》五卷。與《漢書》漢晉時期有二十多家注相比〔註53〕，《史記》頗受冷落。有意識地進行《史記》校勘研究的工作尚未正式開始。楊海崢認爲：「直至漢末，史家注史都不外是對音義、名物、地理及典故的解釋，魏晉南北朝時期的史注，與前代相比有很大發展，除從音韻、訓詁方面進行注釋外，還增補事實、條列異同、考辨史料、發表評論，這些都開拓了史注的範圍，擴大了史注的內容。」「其間出現的譙周（200～270）《古史考》、皇甫謐（215～282）《帝王世紀》、司馬彪《續漢書》中都有對《史記》的考證，而晉朝徐廣的《史記音義》，南朝宋裴駰的《史記集解》對後代《史記》注釋都產生了深遠的影響。」〔註54〕

　　追溯《史記》考證，一般認爲第一人是三國時的譙周。據《晉書·司馬彪傳》載：「譙周以司馬遷《史記》書周秦以上，或采俗語百家之言，不專據正經，周於是作《古史考》二十五篇，皆憑舊典，以糾遷之謬誤。」《古史考》今已不存，其遺說部分見於《史記》三家注引文中。唐代劉知幾肯定《古史考》在史學史上的價值，說這部書「今與《史記》並行」。《古史考》用經典所述的古史事實對《史記》進行考辨，楊海崢認爲主要包括五個方面，即考證人名、地名，考證和補充史實，考證名物制度，以《春秋》、《左傳》、《國

〔註51〕 班固：《漢書·揚雄傳》。
〔註52〕 《後漢書》卷六四《延篤傳》：「少從潁川唐溪典受《左氏傳》……又從馬融受業，博通經傳及百家之言。」延篤爲古文家，曾參與《東觀漢記》的修撰，其注釋的內容，周一良《魏晉南北朝史學著作的幾個問題》一文認爲「這些音義注解，大約與漢儒解經相同，多重在訓詁名物方面。」載《魏晉南北朝史論學續編》，北京大學出版社，1991年版，第89頁。延篤（？～167）的《史記音義》，可能是注釋《史記》的第一部專著。
〔註53〕 顏師古《漢書敘例》開列22家，但所列名單及說明稍有不妥之處，如荀悅依《左傳》體改編《漢書》爲《漢紀》，並未作注，似不宜列入。
〔註54〕 楊海崢：《漢唐〈史記〉研究論稿》，齊魯書社，2003年版，第110～111頁。筆者認爲裴駰以後的注家，對《漢書》的關注仍然超過《史記》，到司馬貞、張守節注出現後始有改觀，可參《隋書》卷三三《經籍志二》：「梁時，明《漢書》有劉顯、韋棱，陳時有姚察，隋代有包愷、蕭該，並爲名家。《史記》傳者甚微。」《史記索隱後序》：「然古今爲注解者絕省……古史微文遂由數賢秘寶，故其學殆絕。」

語》、《世本》等書爲證來考辨《史記》，指出各傳本的不同。而黃懷信認爲，譙周是我國三國時期的「通才達學」，所撰《古史考》乃通考古史，而非專糾《史記》之謬；除考史之外，還多考古制，並兼雜考。其對《史記》的考辨，除糾史之外，還對部分記載不詳的地方有解釋性的補充與說明，對地名有所考究，對太史公論贊亦有糾駁。〔註55〕

皇甫謐在《帝王世紀》一書中，以當時所見的前代典籍和傳說等來疏解和補正《史記》的內容，據三家注引文可知，多爲對人物身世、姓名、事蹟等的考證。

據《晉書‧司馬彪傳》載：司馬彪以爲「漢氏中興，訖於建安，忠臣義士亦以昭著，而時無良史，記述煩雜。譙周雖已刪除，然猶未盡」，於是他「討論眾書，綴其所聞……通綜上下，旁貫庶事，爲紀、志、傳凡八十篇，號曰《續漢書》」。又記載：「初，譙周以司馬遷《史記》書周秦以上，或採俗語百家之言，不專據正經，周於是作《古史考》二十五篇，皆憑舊典，以糾遷之謬誤。彪復以周爲未盡善也，條《古史考》中凡百二十二事爲不當，多據《汲冢紀年》之義，亦行於世。」據楊海崢研究，「從《集解》、《索隱》所引用的二十幾條來看，《續漢書》主要是對《史記》中提到的典制和地名、人名作進一步闡釋和糾謬。」〔註56〕裘錫圭曾說：「西晉時代的有些學者在汲郡（今河南汲縣）戰國古塚的竹書發現後不久，就用其中的一種編年史，即所謂《竹書紀年》，來糾正《史記》的錯誤。」〔註57〕指此。

晉末徐廣，生卒年不詳，字野民，東莞姑幕人。《宋書》卷五十五本傳說其「家世好學，至廣尤精，百家數術，無不研覽，劉宋元嘉二年（425）卒，時年七十四歲。著有《晉紀》四十六卷，並有《禮答問》」，但未載其著《史記音義》，《宋書》謂「蓋偶然漏略，諸傳沿襲不補」。考徐廣卒於劉宋初年，其《史記音義》當著於東晉末，所記《史記》諸本應是流傳於魏晉時期的抄本。徐廣《史記音義》「研核諸本」「具列異同」，是目前所存資料較多的、最早的《史記》注本，今裴駰《史記集解》收徐廣注語計2216條，而列諸本異同者達1035條，占近百分之五十，對研究六朝時期的《史記》版本狀況具有重要作用，也是寶貴的校勘資料。朱東潤《史記徐廣本異文考證》稱：「蓋校

〔註55〕黃懷信：《譙周與〈古史考〉》，《古籍整理研究學刊》，2001年第5期。
〔註56〕楊海崢：《漢唐〈史記〉研究論稿》，第114頁。
〔註57〕裘錫圭：《古代文史研究新探》，江蘇古籍出版社，1992年版，第61頁。

勘《史記》之作，興於此矣。」〔註58〕可以說，徐廣《史記音義》重在比較《史記》各本異同，詳於校勘而略於注釋，是有意識地系統記述《史記》異文的第一人，對《史記》校勘研究具有開創之功。楊海崢評價說：「詳於校勘是其主要特點和價值所在。」〔註59〕張玉春認為：「在徐廣作《史記音義》之前，無人對《史記》進行過校理，故不可能有據《漢書》而改《史記》之事。」〔註60〕

北齊顏之推（531～？）撰寫《顏氏家訓》，其《書證篇》對《史記》的個別字句有所考證。有一例以出土金石文物的刻辭「丞相隗狀」糾正《史記·始皇本紀》（校點本 247 頁）中「丞相隗林」的文字錯誤。今人評價說：「在顏之推之前，還沒有人重視金石文字對校勘的重要作用，這種以出土文物的刻辭來進行他校的方法，雖僅此一例，但首開一端，實際上為校勘資料開拓了非常重要的領域，對後代學者影響很大，使校勘學的發展突破了經籍文字材料的束縛，更具實踐性。」〔註61〕

集漢魏兩晉時期《史記》注釋之大成的裴駰《史記集解》，與後來的唐司馬貞《史記索隱》、張守節《史記正義》並稱「《史記》三家注」〔註62〕。《史記》三家注是漢唐時代「史記學」集大成之作，共一萬多條，與《史記》正文珠聯璧合，是辨析《史記》文字音義的主要依據，是研究《史記》不可或缺的著作。以此為標誌，專門的「史記學」基本形成。楊海崢認為：「追本溯源，裴駰可算是系統注釋《史記》的第一位功臣。」〔註63〕裴駰據徐廣校本隨文作注，合本文與注釋為八十卷，《史記》自此有全注本，而今本《史記》的文本亦自此大體確定。《史記索隱》與《史記正義》在考訂史事、解釋地理變遷等之外，兼列諸本異同、字句校勘，在一定程度上反映了唐代的《史記》版本狀況，對研究唐代《史記》校勘工作大有幫助。關於三家注的共同特點，安平秋概括為五點：(1)注重對字、詞的訓釋；(2)注重對句義、段義的解說

〔註58〕載《史記考索》，華東師範大學出版社，1996 年版，第 106 頁。
〔註59〕楊海崢：《漢唐〈史記〉研究論稿》，第 114 頁。
〔註60〕張玉春：《〈史記〉徐廣注研究》，《暨南學報》，2002 年第 3 期。
〔註61〕姬孟昭：《〈顏氏家訓·書證篇〉校勘類例》，《古籍研究》，2003 年第 4 期。
〔註62〕應三玉在安平秋指導下撰寫博士論文《史記三家注研究》，收入《史記研究集成》第十二卷《史記版本及三家注研究》，華文出版社，2005 年版。該文分為「《史記》三家注研究綜述」、「《史記》注家佚著考索」、「《史記集解》考釋」、「《史記索隱》考釋」、「《史記正義》考釋」五章。
〔註63〕楊海崢：《漢唐〈史記〉研究論稿》，第 122 頁。

和前後關係的交待；(3)留意於不同字句的校勘；(4)注意字的讀音，給以適當的注音；(5)對地名作了注釋。〔註64〕三家注各有所長，也各有所失，在文字訓釋、史事考訂、專名注解、標點斷句等方面存在可商之處，並有自身前後不一、相互之間解釋不一等矛盾之處，仍有待學術界深入研究。此外，安平秋關於三家注的兩點意見，即「第一，是三家作注時，所據本子不同，但各自都根據什麼本子，已無法查考（當時《史記》尚無刻本）；第二，『三家注』從單行到合刻（合爲二家注，合爲三家注），文字上有刪改或變異，有多大程度的刪改和變異，我們已無法準確說出，但可以說，總的看來刪改和變異的程度並不嚴重。」值得研究者給予關注。應三玉所著《〈史記〉三家注研究》，對三家注的注釋內容、注釋形式、注釋特點、注家狀況、三家注之間的關係、三家注存在的問題等，進行系統研究，安平秋《序》稱「這是從《史記》產生以來唯一的一部全面、系統地研究《史記》三家注的專著」。〔註65〕張玉春《〈史記〉版本研究》（第45頁）認爲「唐本《史記》應是承該本而來」。所說的「該本」，指徐廣所據本，即六朝時的通行本。

　　宋代是雕版興盛時期，《史記》產生了刻本，並產生了便於閱讀比較的三家注合刻本，爲《史記》的廣泛流佈創造了條件。《史記》校勘研究有了一定的發展。張玉春《〈史記〉版本研究》總結說：「本書通過對唐及唐以前《史記》寫本狀況的考察，得出在魏晉時期《史記》就已產生眾多異本，雖未形成系統，但已做了一定的整理工作。唐代沿承其緒，是爲《史記》的寫本階段。在這一階段，《史記》主要處在自然傳抄狀態，尚未進行有意識的校改。至宋代，對《史記》寫本進行了綜合校理，由寫本過渡到刻本。可以說刻本對寫本的繼承是整體上的繼承，寫本與刻本間無不同系統的區別。」〔註66〕

　　宋代考辨之學興盛，歐陽修、程頤倡之於前，朱熹、程大昌、王應麟等繼之於後。宋人以疑古精神讀《史記》，對《史記》所載歷史人物事件不輕易相信，因疑而辨，做了一些考辨工作。這應是可取的治學態度。程大昌（1123～1195）著有《考古編》十卷、《演繁露》十六卷，對《史記》史實、年號或字音等進行考證，有可取之處。如果疑古過度，刻意苛求，或否定一切，那

〔註64〕安平秋《〈史記〉三家注簡論》，載安平秋、閻崇東主編《史記論叢》，陝西人民出版社，2004年8月版，第43～47頁。
〔註65〕鳳凰出版社，2008年版。
〔註66〕張玉春：《〈史記〉版本研究》，第335頁。

就不可取了。金人王若虛（1174～1243）《史記辨惑》十一卷最有代表性。王氏以疑古精神，對《史記》在採摭、取捨、議論、體例、文字、文章等方面的問題，分爲十類，發難辯駁，嚴屬指責。王氏評論頗受後世重視，但多偏激之詞，今人有糾正文章。〔註67〕此外，南宋永嘉學派的葉適（1150～1223），作《習學記言》，有《史記》評語二卷，其重在評論史事，善於獨抒己見，有可取之處，但也有一些苛求、不當之處。如指責《黃帝紀》取長老傳聞，「不擇義而務廣意，亦爲學之患」；甚至於否定一切，苛評《史記》「如刻偶人，形質具而神明不存矣。書完而義鮮，道德性命蓋以散微，學者無所統紀，其勢不得不從事於無用之空文」。明人葉道戩反批評葉適說：「不細推其所以然之故而發明之，而務以我爲是，而古人胥受裁焉，此宋人之大病也。」對《史記》的評論，雖代不乏人，但人數有限，留下的文獻不多。而宋人已有意識地評論《史記》，人數之多，涉及之廣，材料之富，爲前此無法相比，因此稱「宋人始開評論《史記》之風」，並不爲過。廣評《史記》，也在一定程度上推動了《史記》校勘研究的發展。

班馬異同研究也是此期的一個重要內容。馬班優劣說起源於漢代王充的《論衡》，至晉人張輔（？～約306）《班馬優劣論》揚馬抑班說出，馬班異同已成爲《史記》研究的一個重要課題。開展《史記》校勘研究也必然要重視這一課題。宋人倪思（1147～1220）《班馬異同》三十五卷，爲第一部系統研究《史記》、《漢書》異同的論著。劉辰翁（1234～1297）據之作《班馬異同評》，重點品評班固刪改《史記》的得失。此書全書《史記》原文用大字，《漢書》增加的文字用細筆小寫；凡爲《漢書》所刪文字，即在旁加一墨線；凡爲《漢書》移動之處，即注明「《漢書》上連某文，下連某文」；如某文爲《漢書》移至他處，即注明「《漢書》見某傳」。倪思、劉辰翁的評語，一一列於眉端。二書同異長短，一目了然，便於研究。婁機（1133～1211）《班馬字類》二卷，採摘《史記》、《漢書》二書的古字、僻字、通假字等，分四聲編次，考證訓詁，辨別聲音，於訓詁校勘頗多可參之處。

〔註67〕 顏克述：《王若虛〈史記辨惑〉質疑》（上、下），連載於《中國歷史文獻研究集刊》第二、第三集，嶽麓書社，1981年、1983年版。該文質疑達98條。關於王若虛書的條目總數，顏氏稱「共286條（而、於是等詞以一例爲一條）」，楊燕起、俞樟華《史記研究資料索引和論文、專著提要》第494頁以及楊海峥《王若虛的〈史記辨惑〉》均稱「總計252條」，可能是統計方式有異，導致總數不同。

　　關於宋人校勘《史記》的特點，史明文概括爲四點：(1)形成了獨立的校勘記彙編；(2)校勘成果成爲了評價的論據；(3)宋人勤於校勘；(4)此外，官府校勘多和刊刻相伴隨，而私人校勘多屬讀書筆記性質。〔註68〕這裡最應關注的是「形成了獨立的校勘記彙編」。因爲此前無論是徐廣的《史記音義》，還是《史記》三家注，雖然其中不乏校勘成果，但校勘仍未脫注釋之附屬地位，而程俱所撰《麟臺故事》卷二中記載，宋眞宗時校刊《史記》，產生了「《史記》刊誤文字五卷」，〔註69〕這標誌著《史記》校勘記的獨立，可以認爲是《史記》校勘史上的一個重要標誌。

　　明代多評點，以淩稚隆《史記評林》爲代表；考證論著不多，只有柯維騏（1497～1574）《史記考要》、郝敬（1558～1639）《史記愚按》等少數考證專著。柯維騏《史記考要》十卷，楊燕起、俞樟華評價該書說：「對《史記》所載史事、議論以及某些字句詞義有所考釋，廣引經傳諸子及漢至宋代文籍，以資商榷，用功頗深，其書明代幾種《史記評林》及日人瀧川資言《史記會注考證》均詳爲著錄。」〔註70〕應當看到，淩稚隆《史記評林》雖是通俗讀本，但在校勘、輯佚等方面的價值，有待學術界的進一步發掘。如關於《正義》刪脫的問題。據有關資料，金陵書局本中的《正義》來自於明嘉靖三刻中王延喆本中的《正義》。而現在學術界比較一致的意見是明刻王延喆本是南宋黃善夫本的翻刻本。由此可知，今本中的《正義》其本原，皆來自於南宋黃善夫本。而金陵書局本多出的，在黃本、彭本中所沒有的《正義》來自何處，張興吉認爲《史記評林》值得關注〔註71〕。如卷 27《天官書》史文「紫宮、房心、權衡、咸池、虛危」（四／1350），在「咸池」下，黃本、彭本無《正義》「西宮也」三字。「紫宮、房心、權衡、咸池、虛危」是論述五星之位，所謂「中、東、南、西、北宮」，黃本缺「西宮也」，是缺一項，是當然的漏刻，彭本因襲致誤。水澤先生說：「正　西宮也　○ 慶 彭 無此注三字 札記 王柯脫此三字」〔註72〕。張文虎《札記》也稱王、柯脫此注。金陵書局

〔註68〕 史明文《〈史記〉在宋代時期的校勘與著錄》，載安平秋、閻崇東主編《史記論叢》，陝西人民出版社，2004 年 8 月版，第 89 頁。
〔註69〕 參見張富祥校正本《麟臺故事》，中華書局，2000 年 12 月版。
〔註70〕 楊燕起、俞樟華：《史記研究資料索引和論文、專著提要》，蘭州大學出版社，1988 年版，第 497 頁。
〔註71〕 《元刻〈史記〉彭寅翁本研究》，第 84 頁。
〔註72〕 《史記會注考證附校補》，第 780 頁左上。

本有此三字，可能是借鑒了《史記評林》本。查《史記評林》本，有此條。從上述所引資料可以看出，「中、東、南、西、北宮」中，惟獨漏掉了「西」。因此《史記評林》有此條，值得關注。再如卷117《司馬相如列傳》史文「拾九天而永逝」下，有《正義》：「《太玄經》云：『九天謂一爲中天，二爲羨天，三爲從天，四爲更天，五爲晬天，六爲廓天，七爲減天，八爲沈天，九爲成天。」（九／3056）黃本、彭本無此條《正義》。張文虎說：「拾九天《正義》，王本脫。」〔註73〕水澤利忠說：「正《太玄經》云至九爲成天四十三字　○ 慶 彭 無此注四十三字」〔註74〕。查明刻柯維熊本、《史記評林》本、清刻武英殿本，此條不缺。作爲存世最早的三家注本黃本、彭本皆無此條《正義》，那麼後出諸本中此條《正義》來自何方，值得研究。凌稚隆《史記評林》在校勘方面勝過柯維熊本，又是陳仁錫《史記評林》的底本，清梁玉繩《史記志疑》也以凌本系統的版本爲基礎，可見凌本在史記學史上的重要性。

　　清代以前，從文獻學特別是版本學角度研究《史記》時，多側重於記載書籍的版本形態，對版本承傳情況和文字的訛誤狀況研究不夠。清代學者除了延續明代點評、選講之風外，又將考據學引入《史記》研究，對《史記》進行了全面系統的整理研究工作，對《史記》文字的訛、衍、脫、倒，篇章殘缺與續補竄附等，作了大量的考證工作，取得了前所未有的成果，也推動《史記》校勘學、版本學達到了一個較高的水準。清代除產生多種《史記》版本外，出現了許多《史記》校勘的專門性著作和文章，標誌著《史記》校勘研究發展到了一個新的高度。清人研究《史記》留下文章著述的有三百餘人，著名的著作達數十部，像清代學者何焯《讀史記》二卷〔註75〕、方苞《史記注補正》一卷〔註76〕、王鳴盛《史記商榷》〔註77〕、趙翼《史記札記》〔註78〕、錢大昕《史記考異》五卷〔註79〕、梁玉繩《史記志疑》三十六卷、

〔註73〕《校刊史記集解索隱正義札記》卷五，第689頁。
〔註74〕《史記會注考證附校補》，第1913頁左下。
〔註75〕在《義門讀書記》中，有部分內容校正《史記》汲古閣本的一些字句音義之誤。何焯（1661～1772）是清初校勘學家，傳見《清史稿》卷四八九。
〔註76〕方苞（1668～1749）是清代文學家，傳見《清史稿》卷二九六。因《史記》中句法有不甚可解，而三家注又注釋不清，故重爲之注以補正，凡三四十條。另有《評點史記》四卷和其他散見文章數十篇。
〔註77〕在《十七史商榷》中，有六卷。王鳴盛（1722～1797）是清代史學家，傳見《清史稿》卷四八七。
〔註78〕在《廿二史札記》中，僅卷一中十五條，校勘兼論史。趙翼（1727～1814）

王念孫《史記雜志》〔註80〕、杭世駿《史記考證》七卷〔註81〕、張照《館本史記考證》、王筠《史記校》二卷〔註82〕、錢泰吉《校史記雜識》〔註83〕、《〈史記〉校勘記》〔註84〕、張文虎《校刊史記集解索隱正義札記》五卷、郭嵩燾《史記札記》五卷〔註85〕、劉光蕡《校勘史記札記》〔註86〕、李慈銘《史記札記》〔註87〕、沈家本《史記瑣言》三卷〔註88〕、崔適《史記探源》八卷〔註89〕等，均爲可資參考的重要的考訂成果。《史記》「殿本」、「局本」多視爲善本，特別是「局本」，爲當今公認的權威文本中華書局校點本的底本，仍有相當的影響力。

　　據水澤《史記之文獻學的研究》可知，日本江戶時代後期，全面總結《史記》研究成果，形成了兩部有名的研究著作，即大島贄川所著《博士家史記異字》、大島桃年（1794～1853）所著《史記考異》十四冊。《史記考異》以日刊《史記評林》爲底本，參校了二十多種版本，因未刊行，其學術價值未能充分展現。

　　　　　是清代史學家，傳見《清史稿》卷四九〇。
〔註79〕　在《廿二史考異》中。《三史拾遺》、《潛研堂文集》中另有部分相關論述。錢大昕（1728～1804）清代著名學者，傳見《清史稿》卷四八七。
〔註80〕　在《讀書雜志》中，有六卷。張家英有較詳細的評論，可參閱。王念孫（1744～1832）是清代著名學者，傳見《清史稿》卷四八七。
〔註81〕　與方苞的著作等，並見於《二十五史三編》，嶽麓書社，1994年12月版。
〔註82〕　1935年故宮博物院圖書院校印刊行。以《漢書》校《史記》，有校有評。王筠（1784～1854）是清代語言學家，傳見《清史稿》卷四八八。
〔註83〕　見《甘泉鄉人稿》卷一。錢泰吉（1791～1863）傳見《清史稿》卷四九一。
〔註84〕　見《嘉業堂藏書志》卷二，今存四卷，稿本。錢氏校本爲張文虎所採用，對金陵書局本的校印作用很大。
〔註85〕　商務印書館，1957年版，賀次君校點。有評論、考史和校勘等內容。郭嵩燾（1818～1891）是清末外交官，文學家，傳見《清史稿》卷四五二。
〔註86〕　劉光蕡（1843～1903），清末學者。
〔註87〕　在《越縵堂讀史札記》中，有二卷。
〔註88〕　在《諸史瑣言》中，有三卷。考史與校勘等，均多可取之處。沈家本（1840～1913）是清末學者，傳見《清史稿》卷四四九。
〔註89〕　崔適（1852～1924）爲近代經學家，主今文說，「謂《史記》本屬今文經學，由於劉歆竄亂，乃雜有古文說。又謂劉歆僞造《左傳》，凡《史記》中出於《左傳》的內容，皆爲劉歆所竄入。甚至直謂劉歆續《史記》。」並認爲「《史記》中有二十九篇爲後人所補和妄人所續。」參見張烈點校本《史記探源》的「出版說明」，中華書局，1986年版。據筆者統計，該書有550餘條，有近半條目涉及校勘問題。

三、《史記》校勘研究的現狀

張大可、鄭之洪認爲，20 世紀《史記》的文獻研究，就比例而言，只是一個支流，但就絕對數量而言有考據著作 15 種，全本疏注 6 種，考據論文二三百篇，總字數 2000 餘萬字，也是以往任何一個時代無法比擬的。〔註90〕近現代從古文獻學的角度研究《史記》的校勘問題，在資料的利用方面則獲得了前所未有的有利條件，大量的新資料不斷問世，電子網絡更便於我們收集更多的資料，開展廣泛的學術交流。這裡介紹部分論著，以展現近現代《史記》校勘研究的歷史。

賀次君著《史記書錄》，商務印書館 1958 年 10 月出版。該書著錄抄本及元朝至民國時期的《史記》刻本共 64 種，分別爲六朝抄本 2 種，唐抄本 9 種，北宋刻本和翻刻本 3 種，南宋刻本 13 種，元刻本 3 種，明刻本 27 種，清刊本 5 種，民國本 2 種。作者以「親見爲限」，旨在「專爲目錄和校勘」提供參考，詳述各本特點，相互比較，溯源析流，是一本具有較高學術價值的版本學論著。張元濟影印的黃善夫本《史記》有 2000 餘處刪改，卻沒有任何說明，賀次君誤以影印本爲黃善夫本原本，故《史記書錄》「所論黃善夫本《史記》之優劣以及黃本與後來汪諒、王延喆、秦藩諸本的關係，全部是以涵芬樓影印本爲依據的。因此，賀氏所列舉的黃善夫本的長處往往正是黃善夫本的短處，因爲這些地方已被改過」。〔註91〕關於此版本公案，讀者應引起重視。該書也有一些不足，主要是限於當時的條件，它對於國外藏《史記》版本介紹得比較少，而且這些介紹中還有一些錯誤。如對《史記會注考證校補》的介紹，賀先生說：「日本昭和三十一年（一九五六）水澤利忠有《考證校補》，合原刊共爲十五冊，於原本文字之錯脫刊正甚多，現已出二冊」〔註92〕。賀先生的這個介紹對後人影響極大，許多人因襲了這個錯誤。

近人張森楷〔註93〕的《史記新校注稿》，撰就於 20 世紀 20 年代，惜未定

〔註90〕 張大可、鄭之洪：《二十世紀的〈史記〉研究與文獻價值（二）》，《渭南師範學院學報》，1997 年第 4 期。

〔註91〕 杜澤遜：《論南宋黃善夫本〈史記〉及其涵芬樓影印本》，《中國典籍與文化論叢》第三輯，中華書局，1995 年版。

〔註92〕 《史記書錄》，第 231 頁。

〔註93〕 張森楷（1858～1928），近代史學家。字元翰，號式卿，晚年號端叟。重慶合川市人。主要活動於四川。曾任成都大學國史教授。一生著作 20 多種，共 1100 多卷。據有關記載，張氏 1927 年，辭教授職，攜所著《史記新校注》手

稿與及時刊佈，鮮爲世知。臺灣中國學典館復館籌備處 1967 年影印出版，雖有部分殘缺，然不乏卓見。楊家駱先生有記云：「張氏據校之本四十四，參校之本一十七，《紀》、《表》、《書》三十卷之徵引書目已摘出，凡四百五十八種。倘並《世家》、《列傳》百卷計之，則引書必在千種以上。自始校至注成，歷時五十年，六易其稿，誠可謂《太史公書》之功臣矣！」王叔岷《史記斠證導論》稱：「則是書之成就，當在《會注考證》之上。」〔註94〕後出之論著如施之勉《史記會注考證訂補》亦多有採錄。

　　日本人瀧川資言的《史記會注考證》，成書於 20 世紀 30 年代，該書彙集100 多種中日《史記》注本，吸收了大量的研究成果，是繼三家注及張氏校注之後一次大規模的考訂整理。學人或稱之爲「現代具有學術價值的總結性的校注本」，「繼三家注之後第二個里程碑式的注本」。日本人水澤利忠的《校補》，對日本所藏《史記》諸版本進行了全面的比勘，就其性質而言，可稱是一部反映現存世主要《史記》版本中文本異同的重要著作，這是前人從未做過的一件巨大而有益的工作，爲《史記》版本的研究提供了豐富的基礎研究資料。不但補《史記會注考證》之不足，使之趨於完善，並有許多可補《史記》校點本不足之處。上海古籍出版社 1986 年將二書合印爲一，將《校補》分附於《考證》各卷之後，方便閱讀。並且，書前有《史記會注考證校補校讎資料》，列出《史記》的各種抄本、版本，書後有瀧川資言《史記總論》一文，論及《史記》的作者、資料、體例、流傳以及《考證》引用書目，資料完備。二書的校記，筆者估計在 3 萬條以上。該書雖博贍，但也有不少疏漏，因此有多位學者對該書進行正誤。如魯實先《史記會注考證駁議》〔註95〕、施之勉《史記會注考證訂補》、程金造《論瀧川資言的會注考證》、錢穆《評日人瀧川龜太郎史記會注考證》、張以仁《讀史記會注考證札記》等，對瀧川氏之書作較全面系統的補苴匡正。施之勉《訂補》一書用力最勤，有 130 萬字左右。

　　　　稿本北上，就讀天津羅振玉家藏書。次年，又至北平傅增湘家，參閱占本《史記》精校所著。5 月，重訂《史記新校注》133 卷。同年 6 月 23 日，病逝於北平。
〔註94〕見《史記斠證導論》，第 12 頁。
〔註95〕魯氏從體例未精、校刊未善、采輯未備、無所發明、立說疵謬、多所剿竊、去取不明七個方面對《史記會注考證》作較爲系統的批評。今有俞樟華點校本，嶽麓書社，1986 年 7 月版。

　　20 世紀 50 年代，龍良棟以仁壽二十五史本《史記》爲底本，撰寫《景祐本史記校勘記》。其《自序》云：「因據與殿本對校，復參以黃善夫本、王延喆本、吳汝綸點勘本《史記》、阮刻《十三經注疏》、王念孫《讀書雜志》、王先謙《漢書補注》、《荀子集解》、胡刻李善注《文選》、東瀛瀧川龜太郎《史記會注考證》而作《景祐本史記校勘記》。」〔註96〕景祐本是現存最早的《史記集解》本，龍氏參校眾本，有一定的參考價值。但僅參校百衲本、武英殿本、瀧川本、吳汝綸本，參考部分校勘札記，加之對校不夠全面，出校內容不夠多等〔註97〕，《校勘記》似未能有效顯示出景祐本所具有的版本價值。

　　王叔岷《史記斠證》，歷時十多年，先做成單篇論文，發表於學術期刊，後結集成書。對《史記》全書逐篇作斠證，材料豐富，考證精當，爲世人所重。主要內容有五個方面：(1)字句整理。下分證成舊說、補充舊說、修正舊說、審定舊說、舊說所無五目。(2)史實探索。下分史實來源、史實補充、史實參證三目。(3)陳言佐證。主要是考證《史記》中的引文出處、異文等。(4)佚文輯錄。下分可補入正文者、可補入注文者、無從附麗者三目。(5)舊注斠補。下分字句校理、位置審定、立說所本、佚注拾補四目。《史記教程》評介說：「從斠證的立目內容來看，體系博大。全書作者創見爲主，前人時賢之說與斠證無關係者，概不錄引，重點突出。本書在臺灣學術界享譽很高。劉本棟在《六十年來之史記研究》一文中評論說：『是收引證博贍，考辨精審。每一疑義，必求其至當而後已，使史公二千年來不白之旨，昭然渙然。可謂不僅有功史學，抑且嘉惠士林矣！』」〔註98〕其實，此書參校版本並不多，而且某些版本的核正不無可商，如所稱黃善夫本，可能是張元濟影印的百衲本。中華書局重印此書，廣爲傳播，便於學人研讀。

　　張文虎《校刊史記集解索隱正義札記》五卷，是一部校訂《史記》異文

〔註96〕見徐蜀編：《史記訂補文獻彙編》，北京圖書館出版社，2004 年版，第 925頁。

〔註97〕如安平秋、張興吉《史記版本校勘史述論》一文指出：「北圖所藏這一景祐本，其正文與今本相校有些不同之處，如《項羽本紀》中，今本有『項梁嘗有櫟陽逮』(一、296 頁)，景祐本在『逮』字下多『捕』字；『項羽由是始爲諸侯上將軍，諸侯皆屬焉』(一，307)，景祐本在『諸侯』下多一『兵』。等等，這些皆可與今本互勘。」注云：「查龍良棟先生《景祐本史記校勘記》，無此兩條，也是後者的疏忽所至。」見安平秋等主編《史記論叢》第四集，甘肅人民出版社，2008 年版，第 4～5 頁。

〔註98〕安平秋等主編：《史記教程》，第 445 頁。

的有較高學術價值的著作，舊有清同治十一年金陵書局刻本。中華書局 1977 年推出排印本，新增部分條目，少數條目說明中華書局校點本第 1 版與第 2 版的差異。流佈校廣，甚易獲得。筆者初步統計，包括新增的部分，全書校記共 8957 條。詳細評價參下文。

　　陳直《史記新證》，天津人民出版社 1979 年出版，中華書局 2006 年再版。作者序稱：「余之爲新證，是在《會注考證》及《考證校補》之外加以解釋，其材料多取材於考古各方面。」「使文獻與考古合爲一家。」該書是作者運用「二重證據法」，充分利用考古材料與文獻結合證明《史記》的史料價值，乃至文義辨析的專門著作。作者主要用力於考證先秦古史，證史公記載爲信史。在考訂史實之外，也對《史記》文句脫誤以及「三家注」、《史記會注考證》等各家注釋之誤提出駁證。筆者統計，陳氏考訂計 766 條，多允當可信。惟因出書於《漢書新證》之後，與《漢書》相重條目多見於《漢書新證》，本書未錄，故需二書參讀。

　　李人鑒《太史公書校讀記》，甘肅人民出版社 1998 年出版。該書力求從漢代語言現象及司馬遷撰述體例等方面探索《史記》本來面目，並多是正文字上的衍脫訛誤，時有創見。這是當代學人從校勘角度研究《史記》取得較大成果的一部著作。但學術界似乎對該書不太重視，評論和作參考的論著不多。筆者統計，這部札記體的書，共有校記近 3950 條。該書有的條目一條就涉及若干文字，有不少可取之處。〔註 99〕徐復先生曾爲此著作寫過推薦書，評價爲：「《校讀記》作者耽思旁訊，每釋一義，如老吏斷獄，皆當於理」，「全書勝義，俯拾皆是，累千百條而未已，讀之者如入寶山，樂而忘反，誠近今之絕業矣。」〔註 100〕

〔註 99〕參班吉慶：《旁搜博采　去僞存眞——評李人鑒先生〈太史公書校讀記〉的校勘特點》，《揚州大學學報》，1998 年第 6 期。

〔註 100〕《推薦書》爲筆者編輯《徐復語言文字學晚稿》時，由班吉慶教授提供，特此鳴謝。《推薦書》共三頁，有簽名和印章，日期爲 1994 年 8 月 8 日。徐先生未留底稿，見到複印件後也很高興。由文末「現在學術界有一個共同要求，希望《史記》這部名著能出一新注本，取代《會注考證》，像《校讀記》這樣的優秀論著，能列入《中國傳統文化研究叢書》，使之早日出版，就最好不過了。特此推薦」，可知專爲《中國傳統文化研究叢書》第二輯徵稿所寫。李先生著述的艱辛，今人難以猜想，而由《校讀記》「序言」所署的 1984 年，出版所署的 1998 年，就可知出版學術論著之艱難。思之，不免長歎。2011 年，江蘇省語言學會學術年會在揚州召開，紀念李人鑒先生爲會議主題之一，思發幽德之潛光。

　　而近時張元濟《史記校勘記》的整理問世，〔註101〕廓清百衲本《史記》的真實面貌，揭示眾多的版本異文，澄清了許多積誤，必然有力推動《史記》研究登上一個新的臺階。百衲本《史記》的底本爲南宋慶元間建安黃善夫刻三家注本〔註102〕，校本爲清乾隆間武英殿刻三家注本，參校本有清劉喜海舊藏百衲本、明末毛晉汲古閣刻單索隱本、明王延喆刻三家注本和近人劉承幹影刻宋蜀大字本。六個較好的本子互校，其成果對學術研究而言應當是相當可貴的。現今據該書《整理說明》可知，「原校勘記共出校四千九百餘條，而批『修』、『補』、『削』字者一千八百餘條」，此外，杜澤遜從水澤利忠《史記會注考證校補》中輯出影印本改字而張元濟《史記校勘記》所無的 226 條作爲《史記校勘記補遺》，二者合計五千一百一十多條。張元濟雖對黃善夫本等做過較仔細的校勘工作，但可惜的是，張元濟並未在《百衲本二十四史・史記》跋文和《校史隨筆》中將黃善夫本的校勘草率、差錯甚多的實情揭示出來，而是徑改 2000 多處明顯訛誤後將黃善夫本影印出版。由於黃善夫本《史記》原件一般學者難以見到，張元濟又未對涵芬樓影印本 2000 多處的改動作任何說明，這就造成了後來《史記》版本、校勘研究以及其他研究中的一些錯誤認識。杜澤遜《論南宋黃善夫本〈史記〉及其涵芬樓影印本》一文指出：「半個多世紀以來人們所說的『黃善夫本《史記》』實際上不過是影印本而已。影印本與原本之懸殊已如上言，那麼，借影印本來談原本之優劣善否，就難免隔靴搔癢之歎。其結論之偏頗，勢所必然。」〔註103〕該文舉有多種誤例，如水澤利忠《史記會注考證校補》在校勘的最初階段也是用的涵芬樓影印本《史記》，後來才用原本，「水澤利忠注出的影印本與原本的不同之處還很不全面，大約僅及半數」。研究者對此應給予高度的重視，避免以訛傳訛。此外，百衲本還存在一定數量的失修、誤修，學者使用時仍須校覈。

　　李笠《廣史記訂補》十二卷，在李笠舊著《史記訂補》的基礎上，由其

〔註101〕張元濟：《史記校勘記》，王紹曾、杜澤遜、趙統等整理，商務印書館，1997年版。

〔註102〕1995～1998 年日本汲古書院據日本歷史民俗博物館所藏南宋刊《史記》黃善夫本，全本影印出版，完全忠實於原本，從而使《史記》版本研究者可以真正一睹黃善夫本的原貌，以糾正長期以來人們對此本的錯誤認識，對《史記》版本研究具有很好的推動作用。

〔註103〕見《中國典籍與文化論叢》第三輯，中華書局，1995 年版。

女李繼芬整理而成，復旦大學出版社 2001 年出版。近 30 萬字。筆者統計，全書共 1034 條，本紀 142 條，十表 12 條，八書 64 條，世家 223 條，列傳 593 條。有數百條與校勘有關。徐復先生序稱「增編之《訂補》勝義稠疊，足以啓迪來學」。〔註104〕

蔣禮鴻《〈史記〉校詁》，收入《蔣禮鴻集》第六冊《集外集》。浙江教育出版社 2001 年版。筆者統計，全文有 374 條，本紀 69 條，十表 17 條，八書 68 條，世家 202 條，列傳 16 條。列傳部分僅爲前 5 卷，顯爲未完之業。該文由蔣禮鴻先生的學生整理而成，其中有近百條與校勘有關。蔣禮鴻先生學識淵博，精於小學和校勘之學，其所論多允當可信。然因係未定之稿，由他人代爲整理，故排比次序及引文等多有不當，少數條目已見前人之說，或爲蔣先生轉錄，今並作蔣先生之說，似可商。

張大可先生著有《史記研究》（甘肅人民出版社 1985 年版，華文出版社 2002 年出版修訂本）、《史記文獻研究》（民族出版社 1999 年版）、《司馬遷評傳》（南京大學出版社 1994 年版）等，注釋有《史記全本新注》（三秦出版社 1990 年版）、《史記新注》（華文出版社 2000 年版）等，宏觀研究與微觀探索相結合，對《史記》的成書與斷限、殘缺與補竄、體制與取材、論贊與互見法、結構與倒書、太史公生平，以及司馬遷思想、史學與文學成就、《史記》的民族凝聚力民研究現狀，等等，都進行了極有價值的探討。並與安平秋、俞樟華先生主編《史記研究集成》14 卷，約 700 萬字，「大體囊括了古今中外《史記》研究成果方方面面的精華摘要與評析，尤著重對《史記》全書內容與蘊含思想的闡釋，並做到了工具性、資料性、學術性的統一，具有實用價值與收藏價值，是一部融古今中外《史記》研究成果於一編的大型學術叢書」。〔註105〕

趙生群先生著有《太史公書研究》和《〈史記〉文獻學叢稿》二書。對《太史公書研究》一書，張大可教授以「一部富有特色的文獻學論著」爲題給予高度評價；〔註106〕郭維森教授作序稱：「今人研究《史記》，無論從史學觀點還是文學觀點，先決條件之一，是從文獻學角度弄清楚《史記》文本的材料

〔註104〕徐復先生序，刊於《廣史記訂補》卷首。
〔註105〕見龐德謙等主編《司馬遷與〈史記〉研究年鑑》2004 年卷「學術組織與專家」欄「張大可教授」條，陝西人民出版社，2005 年版，第 70 頁。
〔註106〕張大可：《一部富有特色的文獻學論著——讀〈太史公書研究〉》，《漢中師範學院學報》，1996 年第 4 期。

來源、起訖斷限、編纂體例、亡缺及續補等問題。」「其中的一些問題已經過長期討論，而作者均能深入發掘，有所拓展，在《史記》研究中作出了新貢獻。作者發揚了實事求是的優良學風，考論謹嚴，結論可信。」〔註107〕江蘇古籍出版社 2000 年 1 月出版《〈史記〉文獻學叢稿》。該書是從文獻學角度研究《史記》並取得豐碩成果的一部學術力作。全書 18 篇文章，大致可以分為三組：第一組 9 篇，探討《史記》研究中重大的同時又有較大爭議的若干問題；第二組 4 篇，研究《史記》取材及相關問題；第三組 5 篇，關於《史記》編纂體例等的文本研究及影響研究。大凡當今《史記》研究中的重大問題和有爭議的疑難問題，如《史記》斷限、真偽補竄、司馬遷卒年、司馬談作史等重大問題該書都有詳盡的探討。二書相同之文，宜以後者為準。

張玉春《〈史記〉版本研究》，商務印書館 2001 年出版，又收入《史記研究集成》第十二卷〔註108〕。《史記》一書，到六朝時已是「文句不同，有多有少，莫辨其實，而世之惑者，定彼從此，是非相貿，真偽舛雜」〔註109〕。寫本、刻本的差異甚大，即使是寫本與寫本、刻本與刻本之間也存在一定的差異。理清《史記》流傳的情況非常重要。張玉春在考察《史記》版本時，就很好地運用了六朝寫本、唐寫本與刻本之間的異文情況，得出一些重要的結論。如通過對殘存的六朝抄本《史記集解張丞相列傳》、《史記集解酈生陸賈列傳》的考察，探討兩殘卷與今本的關係，以及與《漢書》相關部分的比較，得出結論：「六朝異本與宋刻本不屬一個系統。」《史記集解酈生陸賈列傳》「對《史記》版本研究有重要價值。與今本相校，有異文一百十三處。經考證，多以此卷為是，故可證今本之訛。而此卷為是之處，往往與《漢書》一致。」以張玉春為代表的當代學者，對九件唐寫本的考證成果，及毛晉單刻《史記索隱》所據底本為唐寫本的新見解，又讓人們對《史記》唐寫本的狀況有了更多的認識。〔註110〕不過，此書沒有涉及明代以後出現的《史記》版本，頗感遺憾。此書亦有一些小的疏漏，如在著錄國內現存的三部彭寅翁本和日本所藏的四部《史記》彭寅翁本時，沒有介紹現存於臺灣中央圖書館的兩部彭寅翁本；另外，附錄的書影有兩處說明不當。〔註111〕

〔註107〕載於趙生群《太史公書研究》卷首，陝西人民出版社，1994 年版。
〔註108〕華文出版社 2005 年版，叢書主編為張大可、安平秋、俞樟華。
〔註109〕裴駰：《史記集解序》。
〔註110〕張玉春：《〈史記〉版本研究》，商務印書館，2001 年版。
〔註111〕張興吉指出：他在此書中使用圖版時，有兩個錯誤，其一：他指出「圖版二

　　中華書局校點本《史記》，學術界公認其兩大特點，即「分段精善」、「技術處理合理」。評價校點本「不僅給廣大讀者提供了精善的讀本，也給專門研究者提供了完善的引證本。這一成果，也爲我國古籍整理做出了有典範意義的重要貢獻」。〔註112〕而我們發現，校點存在著底本校對不精，某些文字處理不合古籍整理規範，漏校、誤校不少，已有研究成果吸收不夠，標點可商之處不少等一系列問題。比如，校點本 1959 年第 1 版存在一定數量的排印錯誤，一般認爲，那些新生的誤文在 1982 年第 2 版中已經得到改正。我們通過底本對校，感到第 2 版雖改正了不少第 1 版的排印錯誤，但也沿襲了一些第 1 版的排印錯誤，並有不少新生之誤。相關的校勘與標點商榷文章一直不斷。〔註113〕尤其需要說明的是，中華書局 1999 年推出的簡體字本《史記》，其《出版說明》說：「在這次整理出版過程中，我們充分吸收了繁體字點校本《史記》出版後專家學者提出的意見和建議，對書中的點校錯誤加以訂正。」而從筆者所掌握的材料來看，未能訂正的訛誤仍占十之七八。

　　像王國維、吳承仕、余嘉錫、李笠、顧頡剛、錢穆、傅斯年、施之勉、朱東潤、徐文珊、陳直、王重民、程金造、錢鍾書、魯實先、靳德峻、王叔岷、吳國泰、李奎耀、徐復、蔣禮鴻、李人鑒、吳忠匡、賀次君、施丁、楊燕起、張家英、張衍田、張大可、安平秋等，日本的瀧川資言、水澤利忠、池田英雄、藤田勝久等，在《史記》的考據工作方面，都有一定的成績。除了上述的《史記》研究成果以外，以往眾多學者對古籍校勘研究積纍的豐富經驗，也是我們可以借鑒的重要資源。像俞樾《古書疑義舉例》、《湖樓筆談》等研究成果，傳世文獻與出土文獻的比較研究等等，論著之多，指不勝屈，均有可學習之處。

　　此外，民國初期吳興劉承幹曾組織一次校大規模的《史記》校勘工作，

十九　北京圖書館藏元至元二十五年彭寅翁刊本」，他所顯示的此半頁，爲《史記》卷一百三十「太史公自序第七十」的卷末半頁，上有「至元戊子菖節吉州安福／彭寅翁新刊於崇道精舍」的木記。實際上，國圖所藏 130 卷配 6 卷中統本、130 卷存 77 卷本彭寅翁本中，都沒有此半頁。查對此半頁中有日人批註的痕跡，經和楓山本對照，可知此半頁實爲日本宮內廳書陵部所藏楓山本的半頁。其二：「圖版三十　北京圖書館藏明正德十二年廖凱刊本」，此半頁 10 行，行 21 字，注雙行 21 字，明顯和廖凱本半頁 10 行，行 18 字，注雙行 23 字的版式不合。經查對，此半頁實際上是中國國家圖書館藏 130 卷彭寅翁本《五帝本紀》，第 19 頁。

〔註112〕安平秋等主編：《史記教程》，第 477 頁。
〔註113〕具體篇目請見書末「參考文獻」。

留有三種共二十四冊校勘記〔註114〕，尚鮮爲人知，而文獻學家王欣夫《蛾術軒篋存善本書錄·辛壬稿卷二》有較詳細的記載〔註115〕。1917 年，劉承乾嘉業堂覆刻其所藏宋蜀大字本《史記集解》，請當時名家葉昌熾撰寫校勘記，杜肇綸佐之，僅成本紀、諸表部分，而葉氏去世，留有「宋蜀大字本史記校勘記不分卷二冊」。王欣夫稱其校記：「廣蒐宋、元以來諸刻，先據金陵局本，列其異同，並加考證。」「而於金陵局本之誤脫，考證極細。」〔註116〕其後又請王舟瑤續做此事，羅列諸本異同，並加考證，進展較慢，形成「宋蜀大字本史記校勘記不分卷四冊」。此後工作方式有變，僅列十多種版本的異同，不作考證，終於完工，形成「宋蜀大字本史記校勘記一百三十卷十八冊」。稿本現藏於復旦大學圖書館。此次校勘工作的成果未能及時公之於世，其學術價值有待評估。

從以上對《史記》校勘研究簡史的勾勒中可以看出，自漢至清，《史記》校勘研究代不乏人，並在不斷深入，不同時期各有特點，研究成果豐富多彩。這是我們進一步研究《史記》的基礎。現當代的《史記》研究者已對歷代《史記》研究情況作了很多研究，中國科學院歷史研究所 1957 年編印了《〈史記〉研究的資料和論文索引》，在此基礎上，蘭州大學出版社 1989 年出版了由楊燕起、俞樟華所編的《〈史記〉研究資料和論文、專著提要》，陝西人民教育出版社 1995 年出版了徐興海主編的《司馬遷與〈史記〉研究論著索引》。這三部書對漢代以來的《史記》研究論著及有關資料作了較全面的整理，爲我們查考《史記》研究的資料提供了線索。此外，三秦出版社 1990 年出版的由張新科、俞樟華所編的《史記研究史略》，商務印書館 2001 年出版的張玉春所著《〈史記〉版本研究》，華文出版社 2002 年出版的安平秋、張大可、俞樟華主編的《史記教程》，齊魯書社 2003 年出版的楊海崢所著《漢唐〈史記〉研究論稿》，商務印書館 2003 年出版的張新科所著《史記學概論》等書，從總體上，對歷代《史記》研究的特點與成就作概括和總結，對《史記》版本承傳、各本特點作了深入研究。《史記學概論》分七論十七章，張大可稱讚該書「全面闡述了『史記學』的範疇、價值、源流、本質、方法，以及『史記學』的生命力與研究者的素養等內容，第一次構建了『史記學』的模式與框

〔註114〕校勘記今藏復旦大學圖書館。
〔註115〕王欣夫：《蛾術軒篋善本書錄》，上海古籍出版社，2002 年版。
〔註116〕見《蛾術軒篋存善本書錄》，第 465、466 頁。

架，是一部開創性的著作，塡補了一項學術空白，奠定了『史記學』的基礎理論」。〔註117〕

　　華文出版社 2005 年 1 月出版的張大可、安平秋、俞樟華主編的《史記研究集成》14 卷，近 700 萬字，系統全面地總結《史記》問世兩千多年來「史記學」的發展狀況、內容及歷程，「融古今中外成果於一編」，做到了工具性、資料性和學術性的統一，爲《史記》研究提供了極大的便利。

　　此外，「中國司馬遷研究網站」於 2004 年 7 月 6 日正式開通，這是第一個以司馬遷和《史記》爲研究對象的專題性國際互聯網站。渭南師範學院史記研究所編輯出版《司馬遷與〈史記〉研究年鑒》2004 年卷、2005 年卷，設置「研究綜述」、「考古發現與研究」、「版本整理與研究」、「著作與論文摘要」、「研究動態」、「海外研究」、「學術組織與專家」、「研究欄目與叢書」、「論著索引」等欄目，起到了：「展示海內外有關司馬遷和《史記》研究的最新成果，反映一年之中司馬遷和《史記》研究概況，記錄和整理有關司馬遷和《史記》的研究資料。」〔註118〕

　　《史記》研究雖然取得了可喜的成績，但也存在一些問題。如在研究問題的方法上，沒有形成體系，缺乏理論指導；重複勞動的現象非常嚴重，已取得的成果沒有得到較好的反映。在《史記》校勘研究方面一個突出問題就是所據底本不一。因時代變化、學人喜好或其他原因，各家校讀《史記》時所據底本不同，如何焯《讀史記》，校正汲古閣本字句音義的錯誤，莫友芝、錢求赤校本也是以汲古閣本爲底本校以宋元各本；梁玉繩《史記志疑》用湖本，即凌稚隆《史記評林》系統本爲底本校；汪越《讀〈史記〉十表》所據爲明陳子龍、徐孚遠《史記測義》本；汪遠孫校本據宋本；吳春照校本據明柯維熊本；郭嵩燾《史記札記》用陳子龍、徐孚遠《史記測義》爲底本，校以「汲古本非舊本者」即金陵書局本。校讀《史記》而所據非善本，則易生誤解，甚至於勞而無功。《史記》校勘研究雖然是個傳統課題，但又是《史記》研究的一個薄弱環節。陳桐生在《百年〈史記〉研究的回顧與前瞻》一文中談到，「我國目前《史記》研究的中堅力量是從 30 歲到 60 歲左右的人，這一批學者的學術功底遠不能與老一輩學者相比，像目錄、校勘、版本、考古這樣的基礎研究對青年一代越來越陌生。更深一層的危機在於，在當代一些學

〔註117〕張大可：《〈史記學概論〉序言》，刊於《史記學概論》卷首。
〔註118〕見主編龐德謙《序言》，陝西人民出版社，2005 年 7 月版。

者的意識中有一種重闡釋輕考據的觀念。如果說舊時代的學者長於考據而疏於分析，那麼當今學者恰恰相反」。對於未來的《史記》研究，陳桐生認爲一個重要的工作仍是「繼續加強《史記》訓詁、校勘、版本、目錄、考據等基礎性研究，做到考據與闡釋並重」。〔註119〕當今《史記》校勘研究，仍然需要區分版本流別，比較版本異文，參照本書前後文及引用資料，吸收各種學術成果，然後運用科學的方法，考訂其是非優劣，努力求本去訛，以盡校勘之責，以存古籍之眞。

第三節　關於研究的方法

本書旨在對最常用的校點本進行檢討，爲 21 世紀的《史記》新版本做一些基礎性的校勘工作，由於時間與精力所限，基本思路是，以中華書局校點本《史記》爲中心，對校點本所依據的底本金陵書局本重新覆校，對校點本所依附的主要校勘材料張文虎《札記》逐條分析，對《史記》重要版本、新見《史記》文獻研究資料（包括出土文獻等）、學術成果等，進行較全面的梳理。校點本誤校者，試辨正之；校點本漏校者，試補正之；前人雖有卓見或致疑而未爲校點本所用者，試申正之。

圍繞上述目標，遵循趙生群先生「重視資料積纍」和「講究研究方法」的指導，〔註120〕本書的研究方法是，認眞學習前人的經驗，在通讀《史記》文本和大量相關資料的基礎上，從古文獻學的角度，綜合運用校勘學、版本學和文化史、漢語史等方面的知識，採用系統的、窮盡性的研究方法，進行《史記》校勘研究。在研究方法上注意多方面相結合：充分地佔有資料，進行縝密的辨析，科學的統計，爭取做到宏觀把握與微觀研究相結合；注意運用本證與旁證相結合暨二重證據法；注意共時層面的排比歸納與歷時層面的溯源探流；注意在史學理論的指導下，立足全局，力避孤立地、片面地看問題，進行科學的定量分析，在仔細比勘、統計的基礎上定性分析，得出結論，切實注意定量分析與定性分析相結合；力圖文獻考辨與理論探討相結合。

具體的校勘方法對校、本校、他校、理校、綜合校勘，校勘成果的處理

〔註119〕見《文學遺產》，2001 年第 1 期。
〔註120〕詳見趙生群：《怎樣寫古典文獻研究論文》，載馬景侖主編《科研論文閱讀與寫作》，江蘇古籍出版社，2001 年版，第 558〜566 頁。

形式等，雖耳熟能詳，但實際運用卻未必能做好。而《史記》無論其內容、版本等，均具有異常的豐富性，涉及的各種問題又具有很高的代表性，根據《史記》校勘研究的實際情況，圍繞本書的中心工作，我們感到這樣一些問題需要加以說明：

（一）疑案考辨與文字校勘的關係問題。史記學的研究課題非常多，〔註121〕與考證相關的就不少，而對《史記》文本原貌的探求，應是《史記》研究的第一步工作。筆者認爲，疑案考辨與文字校勘宜有所區別，合理汲取考證中對文字校勘的成果。《史記》疑案如《史記》斷限、司馬談作史、司馬遷生年問題、殘缺與續補竄附問題等的考證，〔註122〕本書不做專門的研究，但對相關的研究成果，特別是有關文字考訂的，則進行消化吸收。對一些重要的成果，如《史記教程》第十章第四節「《史記》殘缺與續補竄附」第 397 頁介紹：「今本《史記》中有 45220 字非司馬遷所作。《太史公自序》總括原書 526500 字。可以作爲驗證本文考辨的一個尺規。今本《史記》555660 字，減去補竄 45220 字，保存了原書字數 510440 字，則《史記》之殘缺字數爲：526500－511440＝16060 字。」「今本殘缺 16060 字，約占原書 526500 字的 3%。《史記》97%的原文流傳至今，基本上保持了原貌。」〔註 123〕對這些較

〔註121〕 日本學者池田英雄在《最近五十年來〈史記〉研究的展開（1945～1995）——日中研究的比較及其長短》（載於《東洋文化》第 76 號，平成八年三月出版）一文中，將中日《史記》研究的專案總結爲 26 門・204 項。張新科在此基礎上，增補爲 35 門、278 項（見《史記學概論》，第 189～203 頁）。可以參考。

〔註122〕 除正文殘缺外，三家注的補遺工作也不可忽視。關於《索隱》，如趙昌文的碩士學位論文《〈史記索隱〉佚文探索》，選取三種重要版本汲古閣本、殿本、百衲本和兩部類書宋呂祖謙《大事記・解題》、王應麟《玉海》與校點本進行逐條對校，校點本所沒有的就達 390 條。這些佚文涉及體例編次、王侯及相關情況、行政區域、注音、引文與注釋等許多方面。關於《正義》，尤德豔在瀧川資言、水澤利忠、程金造、張衍田、田大憲等人的基礎上，繼續輯佚，據其碩士學位論文《〈史記正義〉佚文研究》介紹，僅在宋王應麟《玉海》中就發現 100 多條佚文。而其中所載《正義》、《索隱》徵引《博物志》等新發現的材料，有的學者認爲對考定司馬遷的生年很有幫助。趙生群先生《〈史記〉亡缺與續補考》認爲：「續補二字，常常連用。古人用此二字，往往概念混淆，不易區分。」須對「續」「補」下一明確的定義，並認爲「西漢時真正續補（既續又補）《史記》的，只有褚少孫、馮商二人，其他人都只是續而沒有補」。見《太史公書研究》，第 54 頁。

〔註123〕 此說本於張大可《史記殘缺與補竄考辨》，原載《蘭州大學學報》，1982 年第 3 期，又見張大可《史記研究》，華文出版社，2002 年版。

通行的說法，本書予以關注。

（二）編纂體例與史書校勘的關係問題。顧炎武曾因《漢書》而議論說：「史家之文，多據原本，或兩收而不覺其異，或並存而未及歸一。」〔註124〕《史記》也宜作如是觀。《史記》取材〔註125〕，做了大量的文獻考辨工作，但「信以傳信，疑以傳疑，故兩言之」。《三代世表序》：「太史公曰：五帝、三代之記，尚矣。自殷以前諸侯不可得而譜，周以來頗可著⋯⋯故疑則傳疑，蓋其慎也。」《仲尼弟子列傳贊》：「余以弟子名姓文字悉取《論語》弟子問並次為篇，疑者闕焉。」《史記教程》第五章「《史記》取材」第129頁認為：「五帝三代之本紀、年表，只載世系而不紀年，殷周二紀載殷始祖契、周始祖后稷，其母吞玄鳥卵或履巨人跡而生，又云其父為帝嚳，就是『信以傳信，疑以傳疑』原則的運用。」「互見法兩傳存疑」。這一類問題，屬於編纂體例，不在校勘之列。〔註126〕又如關於紀年問題，日本學者藤田勝久認為：「司馬遷在《史記》中記述戰國至秦漢時代時，採用了秦紀年、趙紀年、秦末楚紀年和漢紀年等四個系統的資料。」〔註127〕司馬遷選擇這些紀年資料時有所編輯，

〔註124〕顧炎武，《日知錄》卷二十六。

〔註125〕《史記》是我國第一部百科全書式的紀傳體通史，它在時間上綿亙三千年，所記內容涉及到社會生活的各個方面。這一記述規模，決定了作者搜求史料的視野是極其開闊的。據有關研究資料可知，太史公所見文獻資料，《史記》各篇加以稱引者即有上百種。其中六藝類二十八種，諸子方技類四十九種，史地檔案類十八種，文學類七種。太史公不僅「紬史記石室金匱之書」，「厥協六經異傳，整齊百家雜語」，廣泛閱讀國家所藏各種圖書資料和檔案文書，充分利用現成的文獻，而且採取各種方法，多方搜集資料，擴大取材範圍。他曾宣稱：「百年之間，天下遺文古事，靡不畢集太史公。」太史公的自信，源於他對史料的充分把握。

〔註126〕《史記》的書法，自成體系，內涵豐富。前修時賢多有論述。如靳德峻《史記釋例》一書列十餘目，陳可青《司馬遷研究新論・太史公書凡例考論》，韓兆琦《史記評議賞析・史記書法釋例》，趙生群《〈史記〉書法論》一文列有十四目，即一、述而不作，二、以類相從，三、以事牽連，四、互見，五、據事實錄，六、詳變略漸，七、詳近略遠，八、對比，九、以小見大，十、寓論斷於敘事，十一、矛盾中顯真實，十二、隱微而彰顯，十三、微文譏刺，十四、感慨寄託。可以參考。見《〈史記〉文獻學叢稿》，第 259～298 頁。鳳凰出版社，2006 年又出版了趙生群《史記編纂學導論》，計十一章，可以參閱。

〔註127〕《〈史記〉中紀年資料的利用——司馬遷的歷史觀》，《司馬遷與史記論集》（第三輯），陝西人民出版社，1996 年版，第 200 頁。藤田勝久《〈史記〉戰國史料研究》，上海古籍出版社 2008 年版，有大量相關資料和成果，可以參考。

但某些具體時間容有誤差。這類問題與編纂體例有關，史書校勘當中應審慎對待。筆者認為，在進行具體書籍的校勘特別是進行《史記》校勘時，編纂體例比校勘原則更為重要。《史記》本紀、表、書、世家、列傳之間，存在大量的異文甚至不同的記載，在運用「以本書前後互證，而抉摘其異同，則知其中之繆誤」的本校法時，宜審慎對待。

　　（三）史料辨別與底本是非的處理原則。〔註128〕整個上古時期的史料，都存在著辨別真偽的問題。司馬遷確立了「考信於六藝，折中於夫子」的考信史料的標準。我們應當以此為標準，來衡量《史記》的取材問題。比如六經異傳表達了不同觀點，經今古文評價不一，司馬遷取某一家之說。對此類立說之是非，本書不作考辨。又如司馬遷時代尚未確立區分神話與歷史的科學標準，《史記》中上古史料常與神話傳說雜糅。此類記載之是非，本書不作考辨。史書校勘往往涉及許多史實記載的差異，而辨別史料的是非正誤，應屬於研究考證的範圍，而不是單純的文字校勘的任務。校勘工作中應注意史實考證與史書校勘的區別問題。但在《史記》校勘工作中對三家注訓釋或校勘文字有誤，可能誤導今人校改文字或標點錯誤的說法，則應進行校正。〔註129〕

　　（四）訓詁修辭與文字校勘的區別問題。《漢書・司馬遷傳贊》稱：「自劉向、揚雄博極群書，皆稱遷有良史之才，服其善序事理，辯而不華，質而不俚，其文直，其事核，不虛美，不隱惡，故謂之實錄。」但堅持「實錄」，並不等於《史記》創作摒棄了修辭手法。《史記》是一部具有傑出文學成就的史學著作，語言藝術達到了一個高峰。有人認為：「《史記》詞語在其時代特色上主要代表了不同於上古語言風格的秦漢時期的詞語系統，這或許是從另一個側面說明《史記》在用詞上的『簡俗』這一特點的佐證。」

〔註128〕「底本是非」的定義，參段玉裁說。清代段玉裁在《與諸同志書論校書之難》中說：「校書之難，非照本改字不訛不漏之難也。定其是非之難。是非有二：曰底本之是非，曰立說之是非。必先定其底本之是非，而後可斷其立說之是非。……何謂底本？著書者之稿本也。何謂立說？著書者所言之義理也。」載段玉裁《經韻樓集》卷十二。

〔註129〕安平秋等著《史記通論》指出：「要精確地評估《史記》的史料價值，必須徹底摸清其史源，並對所有的資料加以稽核考辨，定其正誤，辨其致誤之由。儘管前輩學者在這方面付出了大量的勞動，但由於時代懸隔，文獻散佚，今天仍不具備這樣的條件。對《史記》史料價值的認識，仍是值得研究的一個課題。」華文出版社，2005 年 1 月版，第 477 頁。

〔註130〕陳垣《校勘學釋例》卷四《元代用語誤例》有云:「凡一代常用之語言,未必即爲異代所常用,故恒有當時極通用之語言,易代或不知爲何語,亦校者所當注意也。」所以,《史記》異文,究屬訓詁、修辭還是校勘問題,宜審慎對待。一般訓釋可通的,屬於文學表現手法可解讀的,則不必改字。研究中宜處理好訓詁、修辭與校勘的關係問題。

(五)對待班馬異同的原則問題。西漢歷時二百年,《史記》與《漢書》所載相重疊的有一百餘年,《漢書》有55篇與《史記》內容重疊。重疊部分,基本是《漢書》承襲《史記》舊文而作一定的增補、刪改和移動。《漢書》可稱爲理解《史記》的重要參考書。並且,《史記集解》出現之前的《史記》各注家已經開始使用《漢書》來注釋《史記》,《史記》三家注中多有利用《漢書》注釋或校勘《史記》的情況。這樣,《史記》校勘研究必然牽涉到《漢書》。而班馬異同是一個傳統的研究課題,前人多從文字異同、體例異同、風格異同、思想異同等四個方面進行研究,有不少成果。章學誠《文史通義・書教下》說:「史氏繼《春秋》而有作,莫如馬班;馬則近於圓而神,班則近於方以智也。」施丁在《馬班異同三論》一文中說:「《史》開創於前,乃空前傑作,是古代史學的高峰;《漢》繼於後,有所發展,對後世『正史』影響最大。」〔註131〕徐朔方《史漢論稿》稱:「作爲文學,《漢書》比《史記》遜色;作爲史學,《漢書》對《史記》有所發展。」〔註132〕肯定二書各具特色。朴宰雨《〈史記〉〈漢書〉比較研究》,亦可參看。〔註133〕本書不對班馬異同進行系統的比較,但與校訂文字的訛、衍、脫、倒相關的成果則盡可能吸收。

(六)有謬必糾與疑古過勇的關係問題。對前人已揭示的史公疏略,我們應給予重視,不必護短。《史記教程》第十章第五節「《史記》中的牴牾與疏漏」第398頁列舉「時間不合,人名、地名、官名、數字不確,史實有誤,敘事不明」等「史實謬誤」19例,基本屬於史公疏略,在新的校訂本中應予糾正。〔註134〕對獵奇好勝,誇大其非,甚至以揭短爲功的做法,對缺乏根據

〔註130〕池昌海:《〈史記〉同義詞研究》,上海古籍出版社,2002年版,第21頁。

〔註131〕收入《司馬遷研究新論》,河南人民出版社,1982年版。

〔註132〕徐朔方:《史漢論稿》,江蘇古籍出版社,1984年版,第36頁。

〔註133〕朴宰雨:《〈史記〉〈漢書〉比較研究》,中國文學出版社,1994年版。

〔註134〕王繼如先生認爲:「對於作者寫作中運用材料上的明顯錯誤,原則上並不屬於校勘的範疇。指出其錯誤應該是注釋的事。但如果只出校勘本,則也可涉及這類問題。」「當然,絕不能依此去改動底本的原文。」見徐有富主編:《中國古典文學史料學》,南京大學出版社,1992年版,第449頁。

的說法，我們不予採納。自班固批評《史記》「甚多疏略，或有牴牾」以來，後世學者發現了《史記》的一些記載異文。面對存在歧異的史料，他們忽視了《史記》處理史料「疑以傳疑」的重要原則，以及「兩傳存疑」以「互見」的筆法，隨心所欲，以意取捨。疑古過勇，是不可取的。

（七）實事求是、多聞闕疑的原則問題。《三代世表》：「太史公曰：五帝、三代之記，尚矣。自殷以前諸侯不可得而譜，周以來乃頗可著。孔子因史文次《春秋》，紀元年，正時日月，蓋其詳哉。至於序《尚書》則略，無年月；或頗有，然多闕，不可錄。故疑則傳疑，蓋其慎也。」「闕疑」、「傳疑」之法，創自孔子。這一處理史料的方法，深深啓發了太史公。《史記》缺略闕疑、傳疑的方法，就是在此基礎上概括引申而來。趙生群先生認為：「闕略傳疑是太史公處理史料的主要方法，後人不達此意而批評《史記》者甚多。如班固說《史記》『采經摭傳，分散數家之事，甚多疏略，或有牴牾』，即屬此類。其餘尋行數墨，指責《史記》自相矛盾，歧異者更是不乏其人。其實，他們所指『牴牾』之處，有不少都是因為作者所見資料互異，疑莫能明，或者雖有主見，而不願斷然取捨，故疑以傳疑，各存其舊，留待後人抉擇判斷。這是對待史料的一種極其慎重的方法。」〔註135〕王鳴盛《史記商榷》感歎「刊誤之難」，主張「年代悠遠，紀載錯互，但當闕疑，不可強說」。史闕有間，文訛無端。吳金華教授就經常提醒我們，「闕疑法」是研究工作中不可忽視的一種方法。

（八）標點問題。古籍標點的目的，是要幫助讀者準確無誤地讀懂古書。這就要求人們在標點古書時必須從語言的結構和語言所表達的內容兩個方面來考慮，用標點符號把句子之間的關係、語氣和應該停頓之處，準確而清晰地表現出來，將作者所要表達的內容明白無誤地體現出來。校點本《史記》基本上符合了上述要求，但也不無可商之處。並且，校點本問世後，不斷有學者提出商榷，校點本也在不斷完善。本書從專名、書名號、與引號相關的標點符號、語詞等角度，列舉時賢及自己發現的一些可商之處，供大家討論〔註136〕。

（九）材料選擇與校勘問題。相關的材料太多，如何取捨，困難較大。

〔註135〕見《史記編纂學導論》，鳳凰出版社，2006年版，第140頁。
〔註136〕參見拙文《〈史記〉點校本訛誤辨正》，載《古籍整理研究學刊》，2003年第4
　　　　期；《點校本〈史記〉標點問題舉隅》，載拙著《古文獻問學叢稿》，中華書局，
　　　　2009年版，第73～80頁。

據不完全統計，自東漢至今，研究《史記》的專著已近 300 部，論文多達 3700 篇以上。近 20 年佔了近一半。有的一部書就篇幅很大，難以通讀，更談不上仔細研究。如瀧川資言的《史記會注考證》及水澤利忠的《校補》，具有較高的學術價值。二書的校記估計在三萬條以上，有許多值得重視的異文。當然，也有一些學者指出該書存在不分版本源流、對底本多有改易等問題，施之勉、王叔岷等多有補正。〔註137〕因牽涉面較廣，本書僅以此二書作參校，暫未對二書作全面對校。《史記》研究的資料指望「一網打盡」，是不現實的，筆者只是在有限的時間內，以校點本爲中心，選擇相關資料作佐證，盡力爲後來的研究者當好有用的「鋪路石」，並爲今後的研究工作做一些資料上的準備。

《史記》是一部體系完整、規模宏大的百科全書式的巨著，與眾多文獻典籍的研究相關，又是爲許多學科提供資料的文獻府庫。筆者意在從文獻學角度，綜合運用校勘學、版本學和文化史、漢語史等方面的知識，採用系統的、窮盡性的研究方法，清點前人的《史記》校勘研究成果，同時爭取進一步開拓今後《史記》研究的領域。但以自己的學力和有限的時間，對如此豐富的材料進行全面的清理是力所不及的〔註138〕。本書只能先以中華書局校點本爲中心，選取有代表性的成果，進行有限的《史記》校勘研究。力求通過對校點本底本、相關資料、相關成果的研究，爲《史記》及其相關典籍、相關學科的研究，奠定可信的基礎，營造良好的學術平臺。

第四節　對《史記》校勘研究的幾點認識

通過對中華書局校點本《史記》存在的大量的校勘問題的揭示，以下一些問題需要我們進一步來討論：

（一）關於文本。近二十年，史記學研究雖然取得了豐碩的成果，新出版了許多種《史記》新的全本和選本，但基本上是以中華書局校點本爲母本的，殊不知校點本與作爲底本的金陵書局本對比，存在的訛、衍、脫、倒等問題在 300 處以上，僅校點本《史記》正文就有 90 處以上的差錯〔註139〕。《史

〔註137〕僅施之勉的《史記會注考證訂補》就有 1800 多頁，100 多萬字。

〔註138〕僅王叔岷的《史記斠證》就有 3500 多頁，300 多萬字。對此類已有成果，正在做較爲系統的學習和梳理工作。

〔註139〕可參《點校本〈史記〉正文校議》，載《文史》，2006 年第 3 輯；又載拙著《古

記》校點本不能忠實反映金陵書局本的版本實況。因此，對《史記》文本重新進行較全面而系統的宏觀考察和微觀剖析，是新世紀《史記》整理研究工作向縱深發展並爭取獲得突破性進展的需要。21 世紀需要更能體現當代史記學研究水準的《史記》新文本。〔註 140〕

（二）關於校勘記。校點本「二十五史」多有新的校勘記，而只有《史記》以張文虎《札記》代替校勘記，沒有新的校勘記。〔註 141〕張文虎的《札記》，筆者據中華書局校點本統計（包括新增部分），校記達 8957 條。《札記》或交代局本校改的依據，或列版本異文，或述前人之說，或訂他本之誤。與校點本的關係可粗分爲四類：一是大部分條目與局本本身關係較大，對校點本而言，沒有直接的校勘作用；二是一些有價值的條目校點本未採用，即善而未擇；三是《札記》所言未必正確，校點本卻採用了，即所擇未善；四是校點本用了《札記》的材料卻不出校改符號，即整理失範。據筆者統計，校點本《史記》有校改符號的改動共有 782 處。且不論這些改動是否正確，單是這數字 782 處與張文虎《札記》8957 條簡單相比，表明《札記》中的材料約有十分之九與校點本沒有發生關係。同時，《札記》本身也有一些不足，如某些重要版本未曾參校、前人的一些研究成果未參考、存在一定數量的誤校，仍有待進一步研究。更爲嚴重的情況是，校點本的改動有時正與《札記》所云相反，卻沒有任何文字說明。總的來說，校點本與《札記》的關係非常複雜，《札記》不宜當作校點本《史記》的校勘記；校點本《史記》應有自己的校勘記。〔註 142〕

文獻問學叢稿》，中華書局，2009 年版，第 32～72 頁。

〔註 140〕陳文豪在《〈漢書新證〉版本述略》一文中說：「標點本《漢書》的梓行問世，雖『爲廣大讀者提供了一部較爲理想的讀本和研究參考』書，仍談不上是研究，不足以作爲民國以來的《漢書》研究重大成果」，「中華書局標點本，是現行最好的《漢書》讀本」（黃留珠主編《西北大學史學叢刊》4，三秦出版社，2001 年版，第 628 頁）。校點本《史記》亦宜作如是觀。

〔註 141〕校點本初版《史記點校後記》末有一節：「關於點校方面所要説明的，大致如上。因爲已經把張文虎的『札記』重新整理，另刊發行，所以不再做詳細的校記。」再版已刪去。

〔註 142〕陳靜通過對校點本與金陵書局本 35 處異文的比較，認爲「中華書局本並不是完全依據《札記》的校勘，《札記》也就不能完全反映中華本的校勘成果。既然如此，中華本就應當有自己的校勘記而不能用張文虎的《札記》來代替」。見南京師範大學 2001 年碩士論文《中華書局點校本〈史記〉校勘評議》，第 12 頁。

（三）關於古籍整理規範。校點本「點校後記」告訴讀者，該書「認為應刪的就把它刪了，可是並不刪去原字，只給加上個圓括號，用小一號字排；認為應增的就給增上了，增上的字加上個方括號，以便識別」。讀者一般會形成這樣的認識，即校點本尊重底本，凡有改動一定會有校改符號。而實際的情形如何呢？筆者經過初步核對，發現校點本與用作底本的金陵書局本相異之處在 400 處以上，相當一部分是校點本排印之誤，而近百處不同之處似乎是有意改動，但是由於未出校改符號，也不見校改說明，我們只能暫定為不規範之處。本書將就徑增、徑改、徑移、徑刪、文字處理失範、脫漏符號的現象等舉例加以說明。而這種古籍整理失範的問題，又對其他多種新出《史記》讀本有不同程度的影響。關於此點，已有一些學者如章培恒先生等論及。〔註143〕

（四）關於版本異文。《史記》一書，漢代即有殘缺，傳寫中又多有增刪和附竄，到六朝時已是「文句不同，有多有少，莫辨其實，而世之惑者，定彼從此，是非相貿，真偽舛雜」（裴駰《史記集解序》）。《史記》宋刻本為刻本《史記》之源，標誌《史記》版本開始定型。至清代，由單刻到二家注合刻、三家注合刻，加之白文無注本、百衲本等，傳本極多，今人對存世的各本均作一定程度的研究，勾勒《史記》版本流傳承繼的軌跡，闡明版本系統，為《史記》校勘研究奠定了較為可信的基礎。寫本、刻本的差異甚大，即使是寫本與寫本、刻本與刻本之間也存在一定的差異。安平秋認為：「在『二十四史』中，《史記》是版本多而承傳關係最為複雜、難於理清的一種。」〔註144〕《史記》存在著大量的版本異文〔註145〕，採用一些前人特別是校點本並未利用的重要版本，對之進行全面和系統的研究，對推動新世紀《史記》整理研究工作向縱深發展並爭取獲得突破性進展大有幫助。如張玉春的《〈史

〔註143〕章培恒《關於古籍整理工作的規範化問題》，載《中國典籍與文化論叢》第七輯，北京：北京大學出版社，2002 年版。

〔註144〕安平秋：《〈史記版本研究〉序》，刊於張玉春《〈史記〉版本研究》卷首。

〔註145〕《史記》的異文有著較為複雜的系統，筆者初步分為：一是原著的版本系統，包括白文本、單注本、二家注本、三家注本、評林本、各類抄本以及出土文獻等；二是《史記》取材的異文系統，如《左傳》、《國語》等；三是利用《史記》改編的異文系統，如《漢書》、《資治通鑒》等；四是較早專門摘錄《史記》的異文系統，如《群書治要‧史記》、《十七史詳節‧史記詳節》等；五是根據類書需要節錄《史記》的異文系統，如《藝文類聚》、《冊府元龜》、《太平御覽》等；六是宋代及宋以前的字典辭書，如《廣韻》、殘寫本《玉篇》等；七是宋代及宋以前文人學者在各類著作中引錄《史記》的異文系統。

記〉版本研究》雖重在「梳理出歷代《史記》版本的承傳關係與發展軌跡」，而書中有大量的異文研究成果，該書對版本異文特別是魏晉六朝異本、唐寫本的系統考校，充分顯示出版本異文研究的學術價值。吳金華先生認爲，能代表一個時代最高質量的對校及擇善工作，是以掌握系統的版本，瞭解全面的異文，並充分佔有這個時代的有關研究成果爲基礎的。從版本異文與語言文化研究的關係來看，根據現代解釋學的觀點，每種文本的異文都帶有時代特徵，在文化史研究中有同等價值，即使在《史記》校勘工作上沒有利用價值的異文，在文化史、版本史上自有價值。《史記》文本的研究，不僅關係到原本的復原工作的質量，還爲文化史的研究提供了更高的起點。人們在學術研究中，忽略了版本問題，難免失校；忽略了語言文化的研究，難免誤校。在新的歷史條件下，如何推進古文獻的校勘水準，必須特別關注上述兩個方面。在全球化背景下，孤本秘笈逐步公佈於世，文化語言的研究特別是西漢的斷代文化語言研究不斷深化、不段拓展，已經爲《史記》校勘工作的新飛躍提供了前所未有的條件。正確處理版本異文與語言文化的關係問題，對於提高古文獻校勘工作，將有著極大的學術意義。

　　（五）關於考古資料。20 世紀是中國考古資料大發現的時代，從世紀初的甲骨文、敦煌遺書、漢晉木簡，到後半期發現的馬王堆帛書、郭店楚簡，以及陸續出土的其他大量文獻與實物，對中國文化研究所產生的重大影響是多方面的。這其中，就包括對研究方法論的影響。20 世紀考古成果的大量出現，爲《史記》的考訂、校讀提供了大量的資料，對《史記》的整理研究亦大有裨益。王國維利用甲骨文資料系統考證殷商史，從考證帝王系統入手，寫出劃時代的《殷卜辭中所見先公先王考》和《殷卜辭中所見先公先王續考》，證明《史記‧殷本紀》所記商代帝王世系與甲骨文的記載基本吻合，從而確認《史記‧殷本紀》是「實錄」，並訂正了多處具體的差錯，這是經典的考證範例。現代的陳直《史記新證》、賀次君《史記書錄》、李人鑒《太史公書校讀記》、裘錫圭、李學勤、安平秋、張大可《史記文獻研究》、趙生群《〈史記〉文獻學叢稿》、張玉春《〈史記〉版本研究》等也利用甲骨文、銘文、竹簡、帛書等各種出土文獻解決了《史記》中的一些問題。考古學的成果和史記學的相互闡發，相互對照，有助於進一步弄清事實、瞭解眞相。〔註 146〕像夏商

〔註 146〕例如，《孫子吳起列傳》云：「孫子武者，齊人也。以兵法見於吳王闔廬，闔廬曰：『子之十三篇，吾盡視之矣。』」又云：「孫武既死，後百餘歲有孫臏。」

周斷代工程的成果，對《史記》校勘研究具有幫助作用。吸收這一類新成果是非常必要的。可以說，現代研究《史記》的學者大多有意識地利用出土文獻，「史記學」離不了現代考古資料。〔註147〕

（六）關於已有學術成果的吸收問題。據安平秋等主編的《史記教程》統計，「歷代以來，研究《史記》的作者 2028 人，留下的論文有 3704 篇，著作 293 部，總字數 1 億 1 千多萬字」。〔註148〕前賢和時人的大量成果可以利用。像清代學者方苞《史記注補正》、何焯《讀史記》、錢大昕《史記考異》、梁玉繩《史記志疑》、王念孫《史記雜志》、郭嵩燾《史記札記》、張文虎《校刊史記集解索隱正義札記》等，均爲可資參考的重要的考訂成果。近世和當代的像張森楷、王國維、吳承仕、余嘉錫、張元濟、李笠、顧頡剛、錢穆、傅斯年、施之勉、朱東潤、徐文珊、陳直、王重民、程金造、錢鍾書、魯實先、靳德峻、王叔岷、吳國泰、李奎耀、徐復、蔣禮鴻、李人鑒、吳忠匡、賀次君、施丁、楊燕起、張家英、張衍田、張大可、安平秋、董志翹、張玉春、趙生群等，日本的瀧川資言、水澤利忠、藤田勝久等，他們在《史記》的考據工作方面，都有一定的成績。大量的與文字校勘有關的研究成果，需要消化吸收。在注意充分吸取《史記》研究成果的同時，還必須充分吸收其他學科的研究成果。

（七）關於《史記》校勘研究的方法。傳統的《史記》研究形成的是中國式的考證、注釋、眉批、評點、札記等形式，數量龐大，而且較分散、零落，專注於評點和感悟，缺少一個完整的理論體系，因此也多直覺的印象式的把握，缺乏理性的分析和完整的體系建設。20 世紀以來，《史記》研究的理論色彩逐步加強，尤其是 20 世紀 80 年代以後，方法更新，視野開闊，理論

又載孫臏敗龐涓事，云「孫臏以此名顯天下，世傳其兵法」。孫武、孫臏同爲春秋戰國時期著名軍事家，均有兵書傳世，《史記》記載甚明，《漢書·藝文志》「兵權謀家」著錄《吳孫子兵法》八十二篇（圖九卷），又著錄《齊孫子》八十九篇（圖四卷）。而自《隋書·經籍志》開始，《孫臏兵法》（即《齊孫子》）不見著錄，中外學者便產生了種種懷疑和推測：有人認爲孫子是一人而非二人，有人認爲《孫子兵法》是一書而非兩書，更有人認爲《孫子兵法》源出於孫武，而完成於孫臏，實則本是一書。1972 年 4 月，山東臨沂銀雀山漢墓同時出土《孫子兵法》和《孫臏兵法》的大批竹簡和殘簡，經整理，《孫臏兵法》共四百四十簡，字數在一萬一千字以上，這一考古成果完全證實了《史記》記載的可靠性。

〔註147〕可參閱張新科《史記學概論》第十二章「『史記學』的資料與方法」等。
〔註148〕安平秋等主編：《史記教程》，第 2 頁。

水準大有提高，也取得了豐碩的成果。本書在研究方法上注意四個相結合：宏觀把握與微觀研究相結合；定量分析與定性分析相結合；共時與歷時相結合；文獻考辨與理論探討相結合。並對古籍整理研究中可能出現的一些具有共性的問題進行探討。

（八）《史記》校勘研究的前景非常廣闊。《史記》校勘研究不僅是新世紀《史記》整理研究工作向縱深發展並爭取獲得突破性進展的需要，而且對與《史記》取材相關的典籍《尚書》、《春秋》、《國語》、《戰國策》等，以及後出的轉引或改寫《史記》的典籍《漢書》、《通鑑》和類書等有關章節或條目的校理工作有著重要的參考價值。更爲重要的是，通過對《史記》校勘研究經驗的理論性總結，必然對相關交叉學科的研究工作產生一定的推動作用，從而爲古文獻學基礎理論特別是校勘學理論作出應有的貢獻。

（九）對校點本的歷史作用不容低估。選好底本、尊重底本、遵循古籍整理規範等，只是古籍整理出版的基本要求，一部優秀的古籍新整理本，則必須全面而系統地吸收各種學術成果，提升學術質量。對校點本《史記》，讀者有著較高的期待。像《史記》這樣的名著，由於年代久遠，長期以來傳抄傳刻，問題較多，研究的成果也非常豐富，吸收已有學術成果的難度勢必也大。隨著《史記》研究的深入和一些重要學術成果的問世，不少學者提出「對《史記》有重加整理的必要」。〔註149〕四十多年前的校點本，在今天看來存在各種不足與失誤，這也是古籍整理研究事業向前發展的必然結果。在 21 世紀承認校點本的歷史局限，也是必要的。當然，我們對任何篳路藍縷者都不應該提出過高的要求，校點本發揮的歷史作用仍不容低估。

通過對《史記》校勘歷史的初步考察，筆者認爲，正如倪其心先生以《詩經》爲例，說明重要典籍的多層次構成時所說：「一種重要古籍問世以後，在流傳過程中不免產生文字語句的錯誤和不同理解的紛歧……經過歷史的反覆解釋和來回校勘，最後可能產生一種多數公認的接近原稿的定本。實質上，這樣的定本是歷史改定的定本，與原著必然有一定的差別，不可能完全符合這一古籍產生時代的知識內容和語言文字形式。也就是說，它的基本構成實際上是多層次的複雜重疊構成。」〔註150〕當代《史記》文本，可以認爲就是「多層次的複雜重疊構成」文本。在此基礎上的校勘研究工作，我遵循這樣

〔註149〕見章培恒：《〈史記版本研究〉序》，刊於張玉春《〈史記〉版本研究》卷首。
〔註150〕《校勘學大綱》，北京大學出版社，1987 年版，第 80 頁。

的原則，在校勘的目的上，注意恢復古書原貌，正本清源，即「復原存眞」，而宜態度積極，力辨是非，「擇善而從」；在校勘的方法上，綜合運用校勘學、版本學和文化史、漢語史等方面的知識，採用系統的、窮盡性的研究方法，進行《史記》校勘研究，同時注意多個方面相結合，如宏觀把握與微觀研究相結合，文獻考辨與理論探討相結合，定量分析與定性分析相結合；在校勘過程中，務必作風嚴謹，博考精析，「務存其眞」，既力戒妄校擅改的粗疏行爲，也謹防存而不論、甚至忽視已有成果的簡單做法，爭取「求是」與「存眞」的統一；在校勘的原則方面，實事求是、多聞闕疑、不「以今律古」尤其重要。校勘學是一門求眞求細的學問，《史記》校勘研究充滿未知，需要探索，誰也不可能「畢其功於一役」，「史記學」隨著層出不窮的最新發現和新理論的指導、新方法的運用也不斷發展，我們相信，《史記》的整理研究和古籍整理工作在 21 世紀應當能達到一個新的高度。

第一章　校點本與金陵書局本對校研究

第一節　金陵書局本及其不足

　　清同治年間，金陵書局刊行的唐仁壽、張文虎等校定的《史記集解索隱正義合刻本》一百三十卷，共二十冊，分裝四函，是中華書局校點本《史記》的底本。局本的版本形態爲，書名頁前半頁題有書名「史記集解索隱正義合刻本」十一字，後半頁爲「同治五年首夏金陵書局校刊九年仲春畢工」十八字題記〔註1〕。黑口，四周雙欄，雙魚尾，版心上魚尾下題「史記某」標

〔註 1〕《張文虎日記》同治三年九月二十九日有「沅帥願重刻《十三經》、段注《説文》、《史記》、《漢書》、胡刻《通鑒》、《文選》諸書，舉以見屬」語，爲《日記》記議刻《史記》之始。同治四年四月二十九日有「又借王石臞《讀書雜誌》中《史記》六卷，校《評林》本」語，爲記校《史記》之始，其後有記用《史記》各種版本如《史記評林》、游明本、歸子慕藏本、湖本、汲古閣本單刻《索隱》，用其他書如《群書治要》、《藝文類聚》、《太平御覽》、《冊府元龜》、《讀史記十表》等校《史記》的記載。同治四年七月初九日有「縵老出示所校《史記》，商榷開雕格式」語，爲記開刻之始。至同治六年，二、三月時校書最多，有時一天達八九卷，九月有「旋校旋寫，旋寫旋刊」之語。同治六年四月十日有「以《史記》屬予與端甫」語，表明由張文虎與唐仁壽二人負責。同治七年二月二十九日有「校《五帝本紀》樣本」語，閏四月二日有「校《史記》樣本畢」語，此時應產生完整的刻本，故同年十一月五日有「至上江考棚謁李節相，言《史記》新板本之善」語。其後仍不斷校樣本、補刻、改刻，《日記》有同治七年十月擬《校刊〈史記〉條例》的記載，是以同治八年十二月二十二日記「寫定《史記》目錄」，同月二十六日記「經兩次修補，板式、字體不一，幸板心各有識別，先後了然」。到同治九年正月十七日，記「閱《史記》全樣竟」，似乎校刊《史記》一事已告一段落，但後仍見有「校《史記》」之說，特別是同治十年二月二十六日記「復校《史記》本紀，時從子密借警石先生校本也」，宜給予高度重視，因爲此後有「重校《史記》」、

—49—

示卷數，下魚尾上記各卷頁數。半頁十一行，行二十二字，小字雙行，字數同。小題（即篇名）在上，大題（即書名）在下。每卷末行各有小題、大題。全書首錄司馬貞《史記索隱序》，次《史記索隱後序》，次裴駰《史記集解序》，次張守節《史記正義序》，次《史記正義論例諡法解》，次《史記目錄》。正文始《五帝本紀》，終《太史公自序》，三家注分列相關史文下。凡一百三十卷，二十冊，分裝四函，每函五冊。金陵書局所刻《史記》參考的版本，據張文虎《札記》卷一交代，主要用常熟毛晉刻集解本（《集解》多據此）、毛刻單行本索隱（《索隱》多據此）〔註2〕、明震澤王延喆翻宋合刻集解索隱正義本（《正義》多據此）、舊刻本、明豐城游明刻本、明金臺汪諒刻本（即柯本）、明吳興淩稚隆刻本等七種自校，據錢泰吉校錄本的版本有北宋本、宋本、南宋本、南宋建安蔡夢弼刻本、元中統本、明南雍本、明秦藩刻本、錢唐汪小米舍人遠孫校宋本、海寧吳子撰春照校柯本、乾隆四年經史館校刊本（即官本）〔註3〕，共計十七種。張文虎學問精博，尤其精於小學，長於校勘，參考錢泰吉校本，借鑒前賢，羅列眾本，斟酌體例，參校異同，使局本《史記》的質量超過了舊本。故中華書局編輯部認為，局本《史記》「經張文虎根據錢泰吉的校本和他自己所見到的各種舊刻古本、時本加以考訂，擇善而從，是清朝後期較好的本子」〔註4〕。我們重點討論金陵書局本，因為它不但是清代以後曾經廣為流行的文本，而且是中華書局校點本的底本。校

「復定《史記》修改卷」、「復訂《史記》校記」、「校謄清《史記》校記」等語。故「題記」的「畢工」之說是否嚴謹，仍宜探討。警石，即錢泰吉，張文虎校刊的金陵書局本與錢泰吉校本的關係，仍值得進一步研究。引文均見陳大康整理的《張文虎日記》，上海書店出版社，2001年12月版。

〔註2〕《張文虎日記》同治八年三月五日記：「連日復閱《史記》諸卷，《索隱》頗與單本不合，蓋多後人改竄。今亦不能盡從單本，且書已刻刊成，勢難一一剜改，去其太甚者而已。」由此可見，單本《索隱》對局本與校點本校勘研究價值仍頗高。見陳大康整理的《張文虎日記》，第173頁。

〔註3〕清錢泰吉，《甘泉鄉人稿》卷一《校史記雜識》有云：「友人屢勸余纂校勘記，亦嘗有手寫本，所愧學問疏淺，未能正定，時寫時置，今所寫之冊，亦多棄置。」又云：「余前後校《史記》幾及二十年，尚未正定。前人倉卒刻書，甫校一過，即付剞劂，安能盡善耶？」可見錢泰吉似有《史記校勘記》之類（《嘉業堂藏書志》卷二云，今存四卷，稿本）。錢氏部分觀點見張文虎《札記》，即所謂「警云」。據考，唐仁壽、張文虎等與錢氏「過從尤密」。沈雲龍主編《近代中國史料叢刊》本。

〔註4〕見校點本《史記·出版說明》，第5頁。張文虎究竟以哪些版本對校過，對校品質如何，筆者以為宜繼續探討。

點本以校勘精審的善本做底本，減少校勘的工作量，需要出校之處相對較少，方便讀者，符合古籍整理的基本要求。

　　校點本選用局本《史記》做底本是應予肯定的，但我們在分析局本長處的同時，爲了《史記》校勘研究得到進一步提高，似更應重視局本存在的問題。因爲局本與許多晚出的文本一樣，優點是明顯的，缺點是隱而不顯的。如張文虎等參校版本不夠，「殊不知張文虎校勘《史記》時所見版本有限，其所謂北宋本是收入劉燕庭百衲本中僅存十九卷的景祐本，其所謂宋本即收入劉燕庭百衲本中存七十一卷的杏雨藏本的覆刻本，所謂舊刻是上海郁氏藏僅存三十卷本的淮南路本，而朱中奉本、耿本、黃善夫本皆爲張氏所未見」。〔註5〕安平秋在《〈史記版本研究〉序》中還談到：「由唐仁壽、張文虎等校定的金陵書局本《史記》是明、清所刻三家注《史記》中最好的一種。但是金陵書局本的《史記》在校勘上的問題仍然很多，原因之一是他們沒能理清《史記》版本的不同系統與承傳關係，在一定程度上影響了他們對異文的判斷。」〔註6〕因對《史記》版本系統及承傳關係等研究不夠，「影響了他們對異文的判斷」外，還影響到參校版本不夠、前人的成果吸收不夠等〔註7〕。加之「擇善而從」有時主觀性比較大，妄改、誤改也就在所難免，難免出現漏校、誤校等問題，局本存在的各種問題，仍有待學術界進一步探討。局本的誤刻問題相對較少，但也並非沒有。如《魯周公世家》《集解》引徐廣曰：「《漢書·地理志》云『……長者不自安』」，「長者」，《漢書·地理志下》（第 1662 頁）與《史記》各版本多作「長老」，者、老形近而誤。《鄭世家》《索隱》「隱二年《左傳》」云云（第 1760 頁），「二年」，《左傳》與《史記》各版本多作「三年」。此類當屬局本明顯的失誤。

　　上述局本的種種局限，表現在與校點本的關係方面，可以歸結爲如下幾個方面：

　　一是局本存在一定數量的訛誤，仍有待新的《史記》整理本來校正。事實上，新的整理本校點本《史記》就做了大量的校勘工作。據筆者初步統計，

〔註5〕　參張玉春：《〈史記〉版本研究》，商務印書館，2001 年版，第 229 頁。
〔註6〕　刊於張玉春《〈史記〉版本研究》卷首，第 5 頁。
〔註7〕　王永吉博士認爲，從《張文虎日記》中可以考見其所參校的版本主要有：明游明本、歸子慕藏本、《史記評林》本。其他校勘材料有：錢大昕《廿二史考異》、王念孫《讀書雜志》、梁玉繩《史記志疑》及類書《群書治要》、《藝文類聚》、《太平御覽》、《冊府元龜》等。

校點本有校改標記的校改共 780 餘處，分別爲十二本紀 117 處，十表 176 處，八書 140 處，三十世家 128 處，七十列傳 221 處。儘管有數十處的校改仍有可商之處，但是這明改的近 800 處，多爲局本的遺漏。

二是局本存在一定數量的刊刻問題〔註8〕，有的是較明顯的差錯，有的可能是局本不同印次間的差異〔註9〕。這一類問題，校點本未出任何說明，暗改了。據筆者統計，這種情況有百處以上。由於沒有校改符號，讀者難以分辨是局本原不誤，還是校點本的整理者的有意改動。其中有些改動未必正確，讀者更加難以分辨是校勘問題，還是排印問題。這一類有違古籍整理規範的問題，將在下一節集中討論。

三是局本文字與張文虎《札記》不一致的問題。張文虎《札記》專爲金陵書局本《史記》而作，「說明用以互校的各本異文及去取理由」，〔註10〕《札記》所出條目文字可用以校正局本文字。校點本承局本而來，有些文字校勘宜參考張文虎《札記》〔註11〕。這一類問題將在第二章中集中討論。

四是局本自身校改不統一的問題。如《曆書》《集解》：「或云木、火、土三星若合，是謂驚立絕行。」（1321／14）本卷下文 1350 頁引此，「立」作「位」。參《札記》：「官本『立』，各本作『位』。」知局本從官本即殿本而改也。檢相關版本可知，兩處《集解》所引「徐廣曰」，宋本均作「位」，殿本均作「立」，原各本前後一致。而局本一處從宋本作「位」，一處從殿本作「立」，反不一

〔註 8〕 張文虎曾感歎：「古書本難校，而莫難於《史記》。搜羅舊本，博取群書，採諸家辯論，而平心折衷之，勿持意見，集數賢之精力，積十年之功，博訪通人，就正有道，然後勒爲一編，或於史公可告無罪。然而欲徹底通曉，毫無疑滯，亦不能也。今也旋校旋寫，旋寫旋刊，區區以兩人之心力，而出之以急就。予老而衰，端甫又多病，如此雖二三前輩恐亦不能任也。」見陳大康整理的《張文虎日記》，第 106 頁。張氏所論絕非推脫之辭，誠爲知味之言，而金陵書局本存在一定的訛誤，也不必諱言。

〔註 9〕 《張文虎日記》同治八年十二月有「經兩次修補」語，見陳大康整理的《張文虎日記》，第 202 頁。

〔註 10〕 見校點本張文虎《札記》的《出版說明》，第 1 頁。本於《校刊札記》跋語所云：「及明年春，相侯湘鄉曾文正公自淮北回金陵，命文虎同校。文虎與侍御及唐君議以新刊史文及注皆不主一本，恐滋讀者疑，請於刊竣之後，附記各本同異及所以去取意，文正領之。」

〔註 11〕 如《三代世表》：「周武王代殷。」（500／3）代，各本作「伐」，亦見於水澤利忠《校補》列「景、井、慶、彭、毛、淩、殿：伐」，今人多認爲「伐」字不誤。此處是張文虎據前文「殷湯代夏」（494 頁）文例，有意校改爲「代」，見《札記》118 頁可知。若不參考《札記》，依版本立說，則不夠全面，立說易出現偏差。

致。這一類前後不一致的問題，仍有待校點本來改正。

五是局本漏採前人成果的問題。學術研究是在繼承前人成果的基礎上不斷前進的。局本吸收了眾多的研究成果，但仍有一定數量的遺漏，校點本仍然需要廣泛參考前人的成果。如《絳侯周勃世家》：「（周勃）攻曲逆，最。還守敖倉，追項籍。」（2067 / 15）錢大昕《史記考異》卷四：「《漢書》作『曲遇』，『逆』字誤。」梁玉繩《史記志疑》說：「案：『曲逆』誤也，《漢書》作『曲遇』是。曲遇在中牟，故下文云『還守敖倉』。若曲逆，屬中山，不相值也。」此為地名有誤之例。局本未能參考前人論說加以訂正。校點本沿訛未改。〔註12〕

需要說明的是，張文虎《札記》校點者認為金陵書局本的初印本與不同時期的後印本之間，因挖改而多有文字差異，如《惠景間侯者年表》太初格：「十五年。徵和二年七月辛巳，侯賀坐太子事，國除。」（1021 / 8 行 3 列）十五，《札記》：「當作『十四』。」又：「王、柯、淩『二』訛『三』。」《札記》校點本第 237 頁案：「金陵本往往挖改，故同是局本，有作『徵和二年』，有作『徵和三年』，中華本標點時所據之局本作『三年』。《札記》云云，當以作『二年』為是，再版改正。」今筆者所據南京大學圖書館所藏金陵書局本亦為「三年」。再如《劉敬叔孫通列傳》：「儀：先平明，謁者治禮，引以次入殿門，廷中陳車騎步卒衛宮，設兵張旗志。」（2723 / 9）宮，《札記》：「《漢書》作『官』。」《札記》校點本第 611 頁案：「同是金陵本，亦有作『官』者，當是初刻未及剗改也。」表明校點者見到金陵書局本多種版本。筆者因難以羅致不同的局本作比較，姑且以所見的南京大學圖書館所藏局本（此本有較多明顯的挖改痕跡，似非初印本）為根據，與校點本進行比較。〔註13〕

第二節　校點本與金陵書局本對校研究

筆者經過初步核對，發現校點本與用作底本的金陵書局本相異之處在 400 處以上，相當一部分是校點本排印之誤，而近百處不同之處似乎是有意改動，

〔註12〕參安平秋等主編：《史記教程》，第 400 頁。

〔註13〕鄧文鋒：《張文虎與金陵書局本〈史記〉》說：「凡一百三十卷，共二十冊，分裝四函，每函五冊，白紙初印，字畫整齊；光緒間補版則為竹紙，字畫亦模糊，但有改正訛奪處。」說明初印本與後印本存在差異。《中國編輯》，2003 年第 4 期，第 78 頁。

但是由於未出校改符號，也不見校改說明，屬於暗改，我們只能暫定為不規範之處。據筆者初步統計，校點本《史記》有校改符號的改動共有 780 餘處，屬於明改，因多與張文虎《札記》相關，這類問題放在下文討論。這裡重點討論排印錯誤與不規範的暗改二大類問題。

一、排印錯誤

宋葉夢得《石林燕語》卷八云：「國朝淳化中，復以《史記》《前後漢》付有司摹印，自是書籍刊鏤者益多，士大夫不復以藏書為意。學者易於得書，其誦讀亦因滅裂，然板本初不是正，不無訛誤。世既一以板本為正，而藏本日亡，其訛謬者遂不可正，甚可惜也。」〔註 14〕故稍後的宋人周輝《清波雜志》卷八「板本訛舛」條云：「印板文字，訛舛為常，蓋校書如掃塵，旋掃旋生。」〔註 15〕古籍整理一項最基礎卻並不易做好的工作，那就是尊重底本、不增加新的排印錯誤，走出「旋掃旋生」的怪圈。就古籍校勘而言，有系統地展開底本對校應當是一項基礎的而且是非常重要的工作。陳垣《通鑒胡注表微》第 38 頁說：「校勘當先用對校法。」雖說是就不同版本立論，而在出版過程中以底本與新排印本作兩種版本對待，亦無不可。只有通過系統而細緻的底本對校工作，才能消除新生的誤文。校點本《史記》1959 年第 1 版存在一定數量的排印錯誤，一般認為，那些新生的誤文在 1982 年第 2 版中已經得到改正，這從 20 世紀 80 年代以來各種與《史記》相關的論著都使用第 2 版即可得到印證。我們通過底本對校，感到第 2 版雖改正了不少第 1 版的排印錯誤，但也沿襲了一些第 1 版的排印錯誤，並有不少新生之誤。尤其需要說明的是，中華書局 1999 年推出的簡體字本《史記》，其《出版說明》說：「在這次整理出版過程中，我們充分吸收了繁體字點校本《史記》出版後專家學者提出的意見和建議，對書中的點校錯誤加以訂正。」而從我們所掌握的材料來看，未能訂正的訛誤仍占十之七八。因此，從源頭上消除這些新生的誤文，底本對校就成了必然的工作。為了說明問題，我們就校點本存在的訛、衍、脫、倒現象列舉若干例。

（一）訛文之例

訛也稱誤，是書面材料最常見的錯誤現象。《史記》在流佈過程中，某些

〔註14〕 見侯忠義點校本《石林燕語》，中華書局，1984 年版，第 116 頁。
〔註15〕 見劉永翔校注本《清波雜志校注》，中華書局，1994 年版，第 334 頁。

古字、僻字、假借字、避諱字乃至一般的字詞，由於一再傳抄、傳刻，難免發生訛誤，這就構成了《史記》校勘的一項主要內容。致訛的原由，有形近而訛，有音同、音近而訛，有不明詞義而妄改，等等，不一而足。《史記》校點本有第 1 版發生訛誤爲第 2 版沿襲的，也有第 2 版新生訛誤的。

　　《三代世表》：「帝太戊，雍己弟。以桑穀生，稱中宗。」（496／1 行 3 列）按：穀，局本原作「穀」。《殷本紀》記此事，云：「亳有祥桑穀共生於朝，一暮大拱。」穀即穀樹，「穀」字是。校點本當係形近而訛。

　　《建元以來侯者年表》：「夫龍雒侯曾爲前將軍，世俗順善，厚重謹信，不與政事，退讓愛人。」（1059／5）按：龍雒侯，局本作「龍頟侯」，是也。本書《漢興以來將相名臣年表》記作「龍頟侯」（1146 頁），不誤。頟，同「額」，《說文・頁部》：「頟，顙也。」徐鉉等注：「今俗作額。」與「雒」爲二字。校點本當係排印之誤。簡體字本第 911 頁仍誤。

　　《日者列傳》：「黃直，大夫也；陳君夫，婦人也：以相馬立名天下。」（3221／9）按：大夫，局本作「丈夫」。丈夫，指男子，本書有此用法。如《天官書》：「其南爲丈夫喪，北爲女子喪。」《魏世家》：「魏有女子化爲丈夫。」《大宛列傳》：「俗貴女子，女子所言而丈夫乃決正。」三例「丈夫」與「女子」相對，指男子，可證。又，本文「丈夫」與下「婦人」正相對，可從。校點本當係形近而訛。簡體字本第 2439 頁仍誤。

　　以上三例，校點本第 1 版訛誤，第 2 版承舊之誤。像第 1 例簡體字本第 353 頁簡化作「谷」，大誤，且泯滅了「穀」與「穀」形近而訛的痕跡。

　　《六國年表》：「（秦惠文王五年：）徐晉人犀首爲大良造。」（728／2 行 2 列）按：徐晉，局本作「陰晉」。探下有「魏以陰晉爲和」，可知「陰晉」爲是。本書《秦本紀》（205 頁）記此，不誤。第 1 版不誤，此爲第 2 版新生之誤。簡體字本第 592 頁仍誤。

　　《陳涉世家》：「鉏櫌棘矜，非銛於句戟長鎩也。」（1964／13）按：長鎩，局本作「長鎩」。《史記會注考證》本、諸本《賈誼集》均作「長鎩」。鎩，長矛。校點本當係排印之誤。簡體字本第 1577 頁仍誤。

　　《樊酈滕灌列傳》：「擊破趙賁軍開封北，以卻敵先登，斬侯一人，首六十八級，捕虜二十七人，賜爵卿。」（2652／1）按：侯，局本作「候」。候，軍隊中的某一級小吏。侯、候古書常互訛，校點本當係排印之誤。簡體字本第 2053 頁仍誤。

　　以上三例，第 1 版不誤，均爲第 2 版新生之誤。需要說明的是，同爲 1982
年第 2 版的不同印次之間也互有差異。發現錯訛，不斷修改，使後印之本得
以「後出轉精」，這是出版中的正常現象。而奇怪的是，我與王永吉博士發
現，以前不錯的一些地方，在 1999 年 11 月第 16 次印本上有了錯訛。如 21
頁第 1 行「即上義和四子也」的「義」，1985 年第 9 次印本作「羲」，不誤；
又如第 24 頁第 4 行「見四嶽諸牲」的「牲」，第 9 次印本作「牧」，不誤。簡
體字本均不誤。可能這種差錯只有極少數，但無疑會增加《史記》版本研究
的複雜性。

　　實際上，校點本第 2 版存在的排印錯誤遠非此數例。這裡不分印次，再
列出數十例，以供討論。某些簡體字本仍誤者，順便提及。

　　《夏本紀》《索隱》：「孔氏以麓訓錄，言令舜大錄萬幾之政，與此不同。」
（23／6）按：萬幾，見於《尙書・皐陶謨》：「元教逸欲有邦，兢兢業業，一
日二日萬幾。」孔傳：「幾，微也，言當戒懼萬世之微。」後即以「萬幾」指
帝王日常處理的紛繁的政務。字又作「萬機」。如《孔叢子・論書》：「孔子曰：
『堯既得舜，歷試諸難，已而納之於尊顯之官，使大錄萬機之政。』」漢張衡
《東京賦》：「乃羨公侯卿士，登自東除，訪萬機，詢朝政。」後世亦有稱君
主爲「萬機主」的。如《晉書・劉聰載記》：「聰大怒曰：『吾爲萬機主，將營
一殿，豈問汝鼠子乎！』」後世使用範圍擴大，亦泛指執政者處理的各種政務。
例多不舉。可見「萬幾」「萬機」並用。本文「萬幾」，局本作「萬機」。「萬
機」爲陳詞，似可從。簡體字本第 18 頁仍誤。

　　《夏本紀》《正義》：「鯀之羽山，化爲黃熊，入於羽淵。熊音乃來反，下
三點爲三足也。東晢《發蒙紀》云：『鼈三足爲熊。』」（50／12）按：參「下
三點爲三足也」句，可知「熊」應作「熊」，檢局本，正作「熊」。音 nai，《廣
韻》「奴代切」，《集韻》「乃代切」。張文虎《札記》第 14 頁：官本「熊」，各
本訛「熊」，下同。可參證。又，「東晢」，局本原作「束晢」，當從。簡體字
本第 38 頁改「束」，是也。

　　《夏本紀》：「大野既都，東原底平。」（56／14）按：底，局本作「厎」。
厎，致也。校點本第 2 版當係排印之誤。第 1 版不誤。簡體字本第 42 頁仍
誤。

　　《夏本紀》《索隱》：「《地理志》降水字從『系』，出信都國，與虖池、漳
河水並流入海。」（72／7）按：系，局本原作「糸」，爲偏旁部首，指「降」

字從「糸」旁作「絳」字。當從改。簡體字本第 54 頁仍誤。

　　《夏本紀》《集解》：「《謚法》：『賊人多殺曰桀。』」（88／14）按：《謚法》係《謚法》之訛，局本原不誤，校點本當係排印之誤。

　　《秦本紀》《正義》：「《括地志》云：『……秦文公車獵汧渭之會，卜居之，乃營邑焉，即此城也。』」（180／4）按：車，局本原作「東」。前史文即作「東」字，校點本係排印之誤。車、東舊刻有誤例，如《札記》691 頁列「東去」條說：「官本『東』，各本訛『車』。」可參。

　　《秦始皇本紀》《索隱》：「呂政者，始皇名政，是呂布韋幸姬有娠，獻莊襄王而生始皇，故云呂政。」（291／13）按：「呂布韋」顯為「呂不韋」之訛，局本原不誤，校點本當係排印之誤。簡體字本第 206 頁仍誤。

　　《項羽本紀》《正義》：「音佳。顧野王云青白色也。《釋畜》云：『蒼白雜毛，騅也。』」（334／3）按：此為史文「駿馬名騅」的注，「音佳」是為「騅」字作注的直音，「佳」字當為「隹」字形近之訛。局本原不誤，校點本係排印之誤。簡體字本第 236 頁仍誤。

　　《呂太后本紀》：「三年，方築長安城，四年就半，五年六年城就。請侯來會。」（398／8）按：請侯，局本原作「諸侯」，各本作「諸侯」。校點本當係排印之誤。簡體字本第 281 頁仍誤。

　　《孝景本紀》《索隱》：「音附。荀悅云：『傳，卒也。』小顏云舊法二十三而傅，今改也。」（440／4）按：此釋史文「男子二十而得傅」，「傳」字顯為「傅」字之形訛。局本原不誤，校點本為排印之誤。二字古書亦常互訛。

　　《孝武本紀》：「濟南人公王帶，上黃帝時明堂圖。」（480／11）按：公王，局本作「公王」。參《索隱》：「王，或作『肅』。公王，姓，帶，名。……音肅。」可知當作「公王」。本書下文仍有「公王帶」，不誤。

　　《孝武本紀》：「凡六祠，皆太祝領之。至如八神諸神，明年、凡山他名詞，行過則祀，去則已。」（485／9）按：此處談與「祀」相關之事，「名詞」顯有訛誤。局本原作「名祠」，即有名的神祠，是也。校點本當係排印之誤。簡體字本第 340 頁仍誤。董志翹、張家英等以理校訂之，可參。〔註16〕《魯周公世家》《集解》（1517 頁）「詞」誤為「祠」，為相反誤例，亦可知二字易互訛。

〔註16〕董志翹：《〈史記〉校點疑誤》，《古籍整理出版情況簡報》第 192 期，1988 年 5 月。

　　《三代世表》:「憨伯。」（502 / 8 行 4 列）按：憨，局本作「靖」。當據改。簡體字本第 359 頁仍誤。

　　《十二諸侯年表》《索隱》:「鄒氏及劉氏皆音直慮反，即箸也。今案：箕子云『爲象箸者必爲玉杯』，則箸者是樽也，音治略反。」（510 / 10）按：「箸者是樽」之「箸」，局本原作「著」，是也。《禮記・明堂位》:「著，殷尊也。」很顯然，著爲酒器。箸，雖可通「著」，然不煩改字。某本「象箸」注：「象牙筷子。」與《索隱》取「酒器」說不同，可商。簡體字本第 366 頁仍誤。

　　《十二諸侯年表》:「晉昭侯元年封季（弟）〔父〕成師於曲沃，曲沃大於國，君子譏曰：『晉人亂自曲沃治矣。』」（541 / 5 行 1 列）按：治，局本作「始」，參上下文可知，校點本當係排印之誤。簡體字本第 399 頁仍誤。

　　《十二諸侯年表》:「彗星入北斗，周史曰，七年，宋、齊、晉君死。」（608 / 3 行 2 列）按：七年，局本作「十年」。「七」與「十」常互訛，當據改。簡體字本第 464 頁仍誤。

　　《十二諸侯年表》:「吳餘眛元年。」（652 / 15 行 2 列）按：眛，局本作「眛」。據《索隱》「音秣」，即 mo 音，則「眛」字不誤。又《吳太伯世家》（1449 頁）記作「餘眛」。《漢書・古今人表・下下愚人》記作「餘昧」，屬典籍記載異文。此處校點本不宜徑改。簡體字本第 506 頁仍誤。

　　《六國年表》《索隱述贊》:「三卿分晉，八代與嬀。」（758 / 11）按：與，局本作「興」，釋爲興起，是也。校點本當係排印之誤。簡體字本第 632 頁仍誤。

　　《秦楚之際月表》《索隱》:「鏑音的。注『鍉』字亦音的。」（760 / 9）按：兩處「的」，局本均作「旳」。《說文・日部》:「旳，明也，從日，勺聲。」「的」爲多音字，「旳」僅爲入聲，注音宜以一音的「旳」字爲是。簡體字本第 634 頁仍誤。

　　《秦楚之際月表》《索隱》:「趙歇前爲趙王已二十六月，今徙王代之二月，故云二十七月。」（778 / 7 行 1 列）按：徙，局本作「從」。《札記》第 170 頁引此句，仍作「從」。二字古書常互訛，校點本當係排印之誤。簡體字本第 654 頁仍誤。

　　《高祖功臣侯者年表》《索隱》:「曲城圉侯蠱達。蠱音如字。《楚漢春秋》云『夜侯蠱達』，蓋改封也。」（911 / 3 行 2 列）按：「圉侯蠱達」的「蠱」，局本作「蟲」。探下文「蠱音如字」，應是「蠱」字，否則「蠱音如字」無根。

本條爲「圉侯蟲逢元年」的注釋，「曲城圉侯蟲達」六字爲《索隱》本史文的異文。校點本之誤，掩蓋了《索隱》列出異文的眞實情況。簡體字本 768 仍舊。陳直《漢書新證》說：「《漢表》作蟲。古有蟲姓無蟲姓。班固十八侯銘、陸機高祖功臣頌皆有蟲達可證。」此爲人名有誤之例。本書《高祖功臣侯者年表》第 879 頁「蟲逢」，疑是「蟲達」之誤。

《高祖功臣侯者年表》《索隱》：應劭云：「在桐柏山下，復水之陽也。」（930／1 行 1 列）按：應劭說又見於《漢書‧地理志》，「復水」作「復山」。《水經注》卷三十「淮水」中有云「（漢）宣帝元康元年置，在桐柏大復山之陽，故曰復陽也」。楊守敬、熊會貞《水經注疏》認爲作「復水」誤，似可據正。

《高祖功臣侯者年表》：「（孝文格）二十二。」（953／6 行 3 列）按：二十二，局本作「二十三」。殿本亦作「二十三」。漢文帝一朝，前十七年加上後元六年，計 23 年。校點本當係排印之誤。簡體字本第 804 頁仍誤。

《高祖功臣侯者年表》：「三十三。」（964／行 1 列）按：三十三，局本作「二十三」。《校補》列出多本作「二十二」，元狩五年時武帝在位二十三年，秦進才考證說作「二十二」。〔註 17〕可參。校點本作「三十三」，不知何據，簡體字本第 813 頁仍作「三十三」，宜訂。

《高祖功臣侯者年表》《索隱》：「表也『馮溪』。」（968／3 行 3 列）按：也，局本爲「作」，是也。《札記》第 219 頁引此仍爲「作」字，不誤。校點本蓋排印之誤。簡體字本 818 頁仍誤。

《惠景間侯者年表》：「二年，侯義爲常出王，國除。」（984／4 行 1 列）按：常出王，局本作「常山王」。探下文有「常山王」，知校點本係排印之誤。簡體字本 831 頁仍誤。

《樂書》《集解》：「應劭曰：『大宛舊有天馬種，蹋石汗血，汁從前肩膊出如血，號一日千里。」（1179／5）按：汁，局本作「汗」。校點本第 1 版不誤，第 2 版爲形近之訛。簡體字本第 1039 頁仍誤。

《樂書》《正義》：「解禮不具也。謂腥俎玄尊，表誠象古而已，不大芬芳孰味。」（1193／14）按：芬，局本作「苾」，是也。《說文‧艸部》：「苾，馨香也。」《詩經‧小雅‧信南山》：「是烝是享，苾苾芬芬。」《荀子‧禮論》：「五味調香，所以養口也；椒蘭芬苾，所以養鼻也。」亦可參證。第 1 版作

〔註17〕秦進才：《〈高祖功臣侯者年表〉校讀記》，《古籍整理研究學刊》，1987 年第 2 期。

「苾」不誤。簡體字本 1050 頁仍誤。

《樂書》：「在天成象，在地成形，如此則體者天地之別也。」（1194／17）按：體，局本作「禮」。二字古有通假例、相訛例，然參上下文及注文「《正義》：結禮之別也。此天地明聖，製禮殊別，是天地之分別也」云云，可知，當從局本作「禮」。校點本第 1 版不誤，第 2 版為形近之訛。簡體字本第 1050 頁仍誤。

《樂書》《集解》：「鄭玄曰：『小人飲之善酬，以致獄訟。』」（1200／7）按：「善酬」則不興獄訟，這裡顯與「以致獄訟」相矛盾。局本作「善酗」，是也。此釋正文「酒之流生禍也」，酗酒為亂，則易生獄訟。校點本當係排印之誤。簡體字本第 1054 頁仍誤。

《樂書》《正義》：「諸侯朝天子，修其職貢，若有動勞者，天子賜之大路也。」（1201／12）按：動勞，煩勞、麻煩之義，與文義不合。局本作「勳勞」，功勳，功勞也，於文義為優。校點本第 1 版不誤，第 2 版當係排印之誤。簡體字本第 1056 頁簡化作「动」，仍誤。

《樂書》：「子夏答曰：『夫古者天地順而四時當，民有德而五穀昌，疾疢不作而無袄祥，此之謂在當。然後聖人作為父子君臣以為之紀綱，紀綱既正，天下大定。天下大定，然後正六律，和五聲，弦歌《詩》《頌》，此之謂德音，德音之謂樂。』」（1223／14-16）按：袄祥，局本作「祅祥」，是也。祅，同「妖」。《荀子·天論》：「故水旱不能使之饑渴，寒暑不能使之疾，祅怪不能使之凶。」可與「疾疢不作而無祅祥」相參。校點本第 1 版不誤，第 2 版當係排印之誤。又，兩處「然後」，局本均作「然后」。本書多處出現「然后」一詞，全書既已保留「然后」一詞，本處亦不應徑改。第 1 版均作「然后」，亦可參。

《律書》《正義》：「蕤音仁佳反。《白虎通》云：『蕤者，下也。賓者，敬也。言陽氣上極，陰氣始賓敬之也。』」（1247／1）按：「蕤」古屬微部，《廣韻》為儒佳切；「佳」古屬支部，《廣韻》為古膎切。「佳」字有誤，局本原作「隹」。隹，古屬微部，與蕤同，可從改。校點本兩版均誤。簡體字本第 1086 頁仍誤。

《天官書》《索隱》：「姚氏案：《春秋元命包》云『官之為言宣也，宣氣立精為神桓』。」（1289／10）按：桓，局本為「垣」。校點本第 1 版作「垣」不誤，第 2 版當係排印之誤。簡體字本第 1115 頁仍誤。

　　《天官書》《索隱》:「宋均云:『敖,調弄也。箕以簸揚,調弄象也。箕又受物,有去去來來,客之象也。』」(1298／9)按:簸揚,局本作「簸揚」。《說文·箕部》:「簸,揚米去糠也。」又,《詩經·小雅·大東》:「維南有箕,不可以簸揚。」為文義所本。可知「簸揚」為是。校點本第 1 版不誤,第 2 版當係排印之誤。簡體字本第 1121 頁仍誤。

　　《封禪書》《索隱》:「或示弘農熊耳,下云『望江漢』,知非也。」(1363／2)按:示,局本作「云」,義順。校點本當係排印之誤。簡體字本第 1166 頁仍誤。

　　《封禪書》:「白華以西,名山七,名川四。」(1372／6)按:白,局本作「自」,於義為順。校點本當係排印之誤。簡體字本第 1172 頁仍誤。

　　《封禪書》:「天子曰:『間者河溢,歲數不登,故巡祭后土,祈為百姓育穀。今歲豐廡未報,鼎曷為出哉?』有句皆曰:『聞昔泰帝興神鼎一,一者壹統,天地萬物所繫終也。黃帝作寶鼎三,象天地人。禹收九牧之金,鑄九鼎。皆嘗亨鬺上帝鬼神。』」(1392／5)按:有句,局本作「有司」,是也。本書《孝武本紀》不誤。董志翹說同。簡體字本第 1186 頁仍誤。又,亨鬺,李人鑒說:「本書補《孝武本紀》、北宋景祐監本《封禪書》及《漢書·郊祀志》『亨鬺上帝鬼神』皆作『鬺亨上帝鬼神』,而黃善夫本、殿本、金陵局本《封禪書》『鬺亨』二字皆誤倒為『亨鬺』,當乙正。」〔註18〕董志翹據《封禪書》《集解》與《索隱》均先釋「烹」後釋「鬺」,以「烹鬺」為是。〔註19〕《漢書·郊祀志上》顏師古注曰:「鬺、亨一也。鬺亨,煮而祀也。」則「亨鬺」、「鬺亨」與「烹鬺」、「鬺烹」可能為異形詞。

　　《封禪書》:「群臣有言見一老父牽狗,言『吾欲見臣公』,已忽不見。上即見大跡,未信,及群臣有言老父,則大以為僊人也。」(1397／14)按:臣公,局本作「巨公」。作「巨公」是。理由有三:一是上文言「公孫卿持節常先行候名山,至東萊,言夜見大人,長數丈,就之則不見,見其跡甚大,類禽獸云」,「大人,長數丈」,正是「巨」最好的注腳。二是本書《孝武本紀》記此事,亦作「巨」字。且《索隱》引《漢書音義》曰:「巨公謂武帝。」三是本書有誤例,如本篇(1403 頁)「封巨」,《札記》云:「北宋本『巨』,各本訛『臣』。補《武紀》、《郊祀志》並作『鉅』。」(358 頁)均可證校點本係排

〔註18〕李人鑒:《太史公書校讀記》,第 405 頁。
〔註19〕董志翹:《訓詁類稿》,四川大學出版社,1999 年版,第 273 頁。

印之誤。簡體字本第 1190 頁仍誤。又，「即見大跡」的「即」，瀧川資言《史記會注考證》：「補紀、漢志即作既。」蔣禮鴻說「既字是」。〔註 20〕可參。

《河渠書》：「一曰：『河湯湯兮激潺湲，北渡污兮滀流難。』」（1413／11）按：污，局本作「迂」。迂，同「迂」，遠也。全句意爲「黃河浩浩蕩蕩啊激起波濤，北渡迂遠啊流急疏滀難」。校點本兩版均誤。簡體字本第 1200 頁仍誤。

《平準書》：「擊右賢王，獲者虜萬五千級。」（1422／11）按：者虜，局本作「首虜」。首虜即首級和俘虜。爲常用詞。如本書《秦本紀》：「攻趙，取二十餘縣，首虜九萬。」《白起王翦列傳》：「前後斬首虜四十五萬人，趙人大震。」校點本第 1 版不誤，第 2 版當係排印之誤。簡體字本第 1206 頁仍誤。

《平準書》：「〔卜〕式曰：『非獨羊也，治民亦獨是也。以時起居；惡者輒斥去，毋令敗群。』」（1432／10）按：「獨是」之「獨」，局本作「猶」，是也。獨，或承上而訛。校點本第 1 版不誤，第 2 版當係排印之誤。簡體字本第 1213 頁簡化爲「独」，仍誤。

《吳太伯世家》《索隱》：「《春秋經》襄三年『楚公子嬰齊帥師伏吳』，《左傳》曰：『楚子重伐吳，爲簡之師，克鳩茲，至於衡山』也。」（1449／3）按：伏吳，局本作「伐吳」，參下引《左傳》，作「伐吳」爲是，校點本當係排印之誤。簡體字本第 1223 頁仍誤。

《吳太伯世家》：「施而不費，取而不貪，處而不底，行而不流。」（1453／2）按：底，當作「厎」。厎，終止，停滯。局本不誤。簡體字本第 1226 頁仍誤。

《吳太伯世家》：「九年，吳王闔廬請伍子胥、孫武曰：『始子之言郢未可入，今果如何？』」（1466／7）按：請，當作「謂」。局本不誤。簡體字本第 1235 頁仍誤。

《齊太公世家》《集解》：「《呂氏春秋》曰：『東夷之土。』」（1477／7）按：土，局本作「士」。陳靜說同。《史記會注考證》本爲「士」字。此爲對「太公望呂尚」作注，作「士」字近是。簡體字本第 1243 頁仍誤。

《齊太公世家》：「魯將盟，曹沫以匕首劫桓公於壇上，曰：『反魯之侵

〔註 20〕蔣禮鴻：《〈史記〉校詁》，《蔣禮鴻集》第六卷《集外集》，浙江教育出版社，2001 年版，第 38 頁。

地。』」（1487／10）按：此下有三處同作「沫」，而他書作「曹沫」。簡體字本第1250頁三處作「曹沫」，一處改作「曹沬」。改「沬」近是。本書《魯周公世家》（1531頁）兩處「曹沫」並當改。吳金華先生說：「作爲偏旁，『末』、『未』混用，是常事。關鍵在於，『沫』、『沬』的讀音不同，這就需要論說『曹沫』與『曹沬』的棄取問題。《資治通鑒》卷二胡三省注云：『《索隱》曰：沬，音亡葛翻。《左傳》、《穀梁》並作曹劌，然則沬宜音劌。沬、劌，聲相近而字異耳。』」可資參證。

《齊太公世家》《正義》：「《左傳》云『乃掘而刖之』，杜預云『斷其屍足也』。」（1496／6）按：別，局本作「刖」。陳靜據殿本《史記》、《左傳》、《經典釋文》等考證，「別」當爲「刖」之訛。其說可從。〔註21〕《左傳》文公十八年、殿本均作「刖」，可證。簡體字本第1256頁仍誤。

《魯周公世家》《集解》：「徐廣曰：『蓋幼者患苦長者，長者忿愧自守，故斷斷爭辭，所以爲道衰也。』」（1548／6）按：斷斷，局本作「齗齗」，是也。此爲史文「洙泗之間斷斷如也」的注釋，且上文有「齗，魚斤切，廣州語也」之語，校點本作「斷斷」當係手民之誤。

《魯周公世家》《索隱》：「鄭誕生亦音銀。」（1548／7）按：鄭誕生，局本爲「鄒誕生」，當是。鄒誕生，史書無傳，據《隋書·經籍志》所記爲梁輕車錄事參軍，撰寫過《史記音義》。朱東潤先生輯出 104 條，應三玉補輯 20 條，詳參應三玉之說〔註22〕。則此處係手民之誤。

《燕召公世家》：「平公十八年，吳王闔閭破楚入郢。十七年卒，簡公立。」（1553／11）按：十七年，局本作「十九年」，是也。上文已記十八年事，參上下文及《十二諸侯年表》可知。簡體字本第1296頁仍誤。

《晉世家》《索隱》：「然晉初對於唐，故稱晉唐叔虞也」。（1635／6）按：對，文義不通，局本作「封」，是也。簡體字本第1351頁仍誤。

《晉世家》《正義》：「爲，於僞反。」（1646／14）按：於，局本作「于」，是也。行文中于、於混用，一般不會造成歧義，但用於注音 wei，作「祐助」義時，切不可混用，因二字聲母不同也。《廣韻》爲「于僞切」，木書注作「于僞反」，可參。

〔註21〕陳靜：《中華書局點校本〈史記〉校勘評議》，南京師範大學碩士學位論文，2001 年。

〔註22〕應三玉著《〈史記〉三家注研究》，鳳凰出版社，2008 年版，第32～38 頁。

　　《晉世家》《正義》:「韋昭云:『伯楚,寺人坡之字也,於文公時爲勃鞮也。』」(1647／2)按:寺人坡,局本作「寺人披」,是也。下文第1656頁作「寺人披」不誤。此錯一字,則誤出一人。簡體字本1358頁仍誤。

　　《晉世家》《索隱》:「彭衙在郃陽北,汪不知所在。」(1671／2)按:郃,局本作「郃」,是也。王勇博士說:「郃陽,毛刻本作郃陽,是也。」簡體字本第1374頁仍誤。

　　《晉世家》《索隱》:「音佳。謚文子。」(1679)按:佳,局本作「隹」。此爲正文人名「荀雖」的「雖」的直音注字,當作「隹」。簡體字本第1379頁仍誤。

　　《晉世家》:「公怒,曰:『季子欺予。』將誅三郤,未發也。郤鈞欲攻公,曰:『我雖死,公亦病矣。』」(1680／14)按:郤鈞,史書無此人,局本作「郤錡」,是也。上文《集解》引賈逵注「三郤」語,作「郤錡」不誤也。簡體字本第1381頁作「钧」,仍誤。

　　《趙世家》《正義》:「越南伐晉之別邑,謂韓、趙之邑也。」(1795／10)按:越,局本作「趙」。此爲《趙世家》正文「南伐晉別」的注釋,宜爲趙事,當作「趙」。簡體字本第1460頁仍誤。

　　《趙世家》《正義》:「沁州在羊腸坡之西,儀、并、代三州在句注山之南。」(1818／11)按:羊腸坡,局本作「羊腸坂」。後條《正義》注「羊腸」云:「太行山坂道名,南屬懷州,北屬澤州。」坂,同「阪」,本書《吳起傳》「羊腸在其北」《集解》引皇甫謐曰:「壺關有羊腸阪,在太原晉陽西北九十里。」坂、阪,有山腰小道義,不能改「坡」字。簡體字本第1476頁仍誤。

　　《陳涉世家》《索隱》:「服虔云:『楚人謂多爲夥。』」按:又言『頤』者,助聲之辭也。謂涉爲王,宮殿帷帳庶物夥多,驚而偉之,故曰夥頤也。」(1961／4)按:夥多,局本作「夥多」。此釋史文「夥頤」,參上下文可知局本爲是。簡體字本第1575頁仍誤。

　　《外戚世家》《索隱》:「《漢書儀》云:『皇后爲婕妤下輿,禮比丞相也。』」(1984／2)按:《漢書儀》,局本作《漢舊儀》,是也。《漢舊儀》,漢衛宏撰,《隋志》曰四卷,清紀昀有輯本,並見於清孫星衍輯《漢官六種》。簡體字本第1590頁仍誤。

　　《伯夷列傳》《正義》:「太史公引此等得感者,欲見述作之意,令萬物有睹也。」(2128／10)按:得感,局本作「相感」。參上文「聖人有養生之德,

萬物有長育之情，故相感應也」之說，作「相感」爲是。校點本當係排印之誤。簡體字本第 1692 頁仍誤。

《仲尼弟子列傳》：「子貢曰：『吳王爲人猛暴，群臣不堪；國家敝以數戰，士卒弗忍。』」（2199／3）按：敝以，當從局本作「敝於」。於，介詞，引進情況出現的原因。義爲「因爲」、「由於」。簡體字本第 1744 頁仍誤。

《商君列傳》：「公與語，不自知厀之前於席也。」（2228／11）按：厀，局本作「厀」。「厀」字從邑，「厀」字從卩，形不同，音、義也都不同。厀字通作膝。此當係排印之誤。簡體字本第 1764 頁仍誤。又本書《范睢蔡澤列傳》「厀行蒲伏」（第 2407 頁第 6 行）、「乃肉袒厀行」（第 2414 頁第 2 行）之「厀」字，局本均作「厀」，此亦排印之誤，並宜訂正。簡體字本改爲「膝」，義通。

《蘇秦列傳》：「秦欲已得乎山東，則必舉兵而響趙矣。」（2246／9）按：響，當從局本作「嚮」。「嚮」字爲介詞，介紹動作涉及的對象，表示動作向誰而發。義爲「朝」、「對」。校點本當係形近而訛。簡體字本第 1774 頁簡化爲「响」，仍誤。

《蘇秦列傳》：「臣即死，車裂臣於徇於市。」（2265／末）按：「於徇」之「於」，當從局本作「以」。「以」字爲連詞，連接前後兩項。簡體字本第 1788 頁仍誤。

《蘇秦列傳》：「且臣聞之，數戰則民勞，入師則兵敝矣。」（2267／4）按：入，局本作「久」。《史記會注考證》本亦作「久」。「久師」與「數戰」相承，作「久」字近是。校點本當係排印之誤。簡體字本第 1789 頁仍誤。

《蘇秦列傳》：「夫取秦，厚交也，代齊，正利也。」（2271／8）按：代，局本作「伐」。參上文「秦必取，齊必伐矣」等，可知校點本當係排印之誤。二字常互訛，本書多處訛誤。簡體字本第 1792 頁仍誤。

《張儀列傳》《索隱》：「趹謂後足抉地，言馬之走執疾也。」（2293／14）按：執，局本作「埶」，即「勢」字，是也。簡體字本第 1806 頁作「执」，仍誤。

《張儀列傳》：「張儀己卒之後，犀首入相秦。」（2304／10）按：己，當從局本排作「已」。簡體字本第 1813 頁即改爲「已」字，可參。

《樗里子甘茂列傳》：「今公言善韓以備楚，是外舉不僻讎也。」（2314／6）按：僻，當從局本作「闢」。「闢」通「避」，古書有此用法，如《左傳·僖公二十八年》：「微楚之惠不及此，退三舍闢之，所以報也。」可證。簡體

字本第 1819 頁仍誤。吳金華先生補充說：「(1)中華本兩版作『僻』，不同於舊本，疑屬第 1 版的排印疏忽，而第 2 版又沿襲第 2 版。這裡顯然應從百衲本等作『闢』。(2)『僻』、『闢』雖然古通用，但《史記》此文的早期版本並不作『僻』，而《漢語大詞典》竟然以此為通假之例。請看：【僻小】避讓；迴避。《說文·人部》：『僻，闢也……《詩》曰：宛如左僻。』今本《詩·魏風·葛屨》『僻』作『闢』。毛傳：『婦至門，夫揖而入，不敢當尊，宛然而左闢。』《史記·樗里子甘茂列傳》：『韓，公之讎也，今公言善韓以備楚，是外舉不僻讎也。』《漢語大詞典》所引《史記》，是中華本。由此可見，中華本的用字問題，跟新型辭書的編纂關係密切，不可不認真對待。我想，在講校勘學時，如果要強調『對校』的重要性、艱巨性，這就是一個十分生動的例證。」

《樗里子甘茂列傳》《集解》：已買反。（2316／1）按：此為「解」字的反切，解字《廣韻》佳買切，見母；而「已」字《廣韻》屬「以」母。舊本已己不分，疑本處「已」字為「己」字之誤，「己」字《廣韻》屬「見」母。

《孟子荀卿列傳》：「荀卿嫉濁世之政，亡國亂君相屬，不遂大道而營於巫祝，信機祥，鄙儒小拘，如莊周等又猾稽亂俗，於是推儒、墨、道德之行事興壞，序列著數萬言而卒。」（2348／8）按：猾稽，《札記》：「舊刻、毛本作『滑稽』。」校點本《札記》案：「金陵局刻初印本作『猾』，後又剜改為『滑』。中華本作『猾』。」今見局本作「滑」，似可參。

《春申君列傳》《索隱述贊》：「珠炫趙客，邑開吳士。」（2399／5）按：吳士，局本作「吳土」。作「土」為是。理由有二，一是「土」與上文「楚」、「輔」為韻，一是史文有「春申君因城故吳墟，以自為都邑」之語。簡體字本第 1877 頁仍誤。

《廉頗藺相如列傳》：「相如視秦王無意償趙城，及前曰：『璧有瑕，請指示王。』」（2440／8）按：及，當從局本作「乃」。「乃」字為副詞，表示後一情況是承接前一情況出現的，義為「便」、「就」、「於是」。此二字形近，本書多有互訛，此亦排印之誤。簡體字本第 1906 頁仍誤。

《廉頗藺相如列傳》：「軍中侯有一人言急救武安，趙奢立斬之。「（2445／7）按：侯，當從局本作「候」。候，軍隊中的小吏。本書「侯」與「候」多有互訛，此亦排印之誤。簡體字本第 1909 頁仍誤。

《廉頗藺相如列傳》：「趙括既代廉頗，悉更約束，易置軍史。（2447／10）

按：軍史，局本作「軍吏」。《周禮・夏官・大司馬》「諸侯載旂，軍吏載旗」，漢鄭玄注：「軍吏，諸軍帥也。」唐賈公彥疏：「亦謂從軍將至下伍長皆是軍吏也。」軍吏，泛指軍中的將帥官佐。校點本當係排印之誤。簡體字本 1910 頁仍誤。

　　《廉頗藺相如列傳》：「四十餘日，軍餓，趙括出銳卒自博戰。」（2447 ／11）按：博戰，當從局本作「搏戰」。搏戰，搏擊戰鬥。本書《白起王翦列傳》（2335 頁）有用例：「其將軍趙括出銳卒自搏戰，秦軍射殺趙括。」《衛將軍驃騎列傳》：「至匈奴右賢王庭，爲麾下搏戰獲王。」《索隱》：「搏，音博。搏，擊也。小顏同。」可以參證。多本注爲「博」通「搏」，將校勘問題當作訓詁問題，非是。簡體字本 1910 頁仍誤。

　　《魯仲連鄒陽列傳》《索隱》：「言秦人以權詐使其戰士，以怒虜使其人。」（2461 ／13）按：怒，局本作「奴」。此爲史文「權使其士，虜使其民」的注，「奴」與「虜」義同，奴虜爲同義複詞，當作「奴」。「奴虜」爲本書常見詞，如《項羽本紀》：「諸侯吏卒異時故繇使屯戍過秦中，秦中吏卒遇之多無狀，及秦軍降諸侯，諸侯吏卒乘勝多奴虜使之，輕折辱秦吏卒。」《衛將軍驃騎列傳》：「青本奴虜，忽升戎行。」《貨殖列傳》：「齊俗賤奴虜，而刀間獨愛貴之。」可證。校點本當係排印之誤。簡體字本第 1920 頁仍誤。

　　《魯仲連鄒陽列傳》《集解》：「張晏曰：『七族，上至會祖，下至曾孫。』」（2476 ／5）按：會祖，局本作「曾祖」。校點本當係排印之誤。董志翹已指出此誤，並舉《漢書・鄒陽傳》注引張晏之說爲「曾祖」作旁證，可參。〔註23〕

　　《魯仲連鄒陽列傳》《集解》：「《漢書音義》曰：『陶家名橫下圓轉者爲鈞，以其能製器爲大小，比之於天。』」（2477 ／7）按：橫，局本作「模」。校點本當係排印之誤。本書《屈原賈生列傳》《索隱》（第 2499 頁）引此，文句大同，不誤。董志翹已指出此誤，並舉《漢書・鄒陽傳》注引「張晏曰」作旁證，可參。〔註24〕簡體字本第 1931 頁仍誤。

　　《屈原賈生列傳》：「斡棄周鼎兮寶康瓠，騰駕罷牛兮驂蹇驢，驥垂兩耳兮服鹽車。」（2493 ／6）按：蹇驢，文義不通，局本作「蹇驢」，義爲跛足的

〔註23〕董志翹：《〈史記〉校點疑誤》，《古籍整理出版情況簡報》第 192 期，1988 年5 月。

〔註24〕董志翹：《〈史記〉校點疑誤》。

驢，可從改。簡體字本第 1941 頁仍誤。

　　《屈原賈生列傳》《正義》：「軋，於點反。」（2499／15）按：點，局本作「點」。軋，《廣韻》為烏點反，作「點」是也。校點本當係排印之誤。董志翹舉《漢書・賈誼傳》師古注：「音於點反」相證，可參。〔註25〕簡體字本第 1946 頁簡化為「点」，仍誤。

　　《呂不韋列傳》：「往來販賤賣貴，家累千金。」（2505／3）按：賣，局本作「賣」。參《漢語大字典》第 1517 頁有「賣」字條，引此為書證，〔註26〕知「賣」字為非。《索隱》：「王劭賣音作育。案：育賣義同，今依義。」二「賣」字亦誤。參《札記》：「『賣』各本訛『賣』，《注》同，今正。」今校點本三處均誤，宜訂。簡體字本第 1951 頁簡化為「卖」，仍誤。

　　《刺客列傳》《索隱》：「魯，姓；句踐，名也。與越王同，或有意義。俗本『踐』作『踐』，非。」（2527／16）按：「『踐』作『踐』，非」，語義不明，後一「踐」字局本作「賤」，於義可通，當從改。簡體字本第 1968 頁仍誤。

　　《刺客列傳》《正義》：「《三輔黃圖》云：『秦始兼天下，都咸陽，因北陵營宮殿，則紫宮象帝宮，渭水貫都以象天漠，橫橋南度以法牽牛也。』」（2535／11）按：天漠，義未通，局本作「天漢」。漠與漢形近而訛。天漢，即天河。《詩經・小雅・大東》：「維天有漢，監亦有光。」毛傳：「漢，天河。」本書《天官書》《索隱》引《河圖括地象》曰「河精為天漢」也。並可參證。董志翹以理校訂訛，可參。簡體字本第 1973 頁仍誤。

　　《張耳陳餘列傳》《正義》：「音邢。邢州唐昌縣。」（2572／4）按：二處「邢」，局本均作「邢」。校點本當係排印之誤。錢穆《史記地名考》第 814 頁引此不誤。簡體字本第 1999 頁仍誤。

　　《張耳陳餘列傳》：「趙養卒乃笑曰：『君未知此兩人所欲也。夫武臣、張耳、陳餘杖馬箠下趙數十城，此亦各欲南面而王，豈欲為卿相終己邪？」（2577／3-4）按：終己，依局本排為「終已」，即終了之義，義順。簡體字本 2003 頁仍誤。

　　《魏豹彭越列傳》《正義》：「王，干放反。」（2589／9）按：干，局本作「于」，是也。校點本當係排印之誤。王，讀去聲，《廣韻》即為「于放切」，

〔註25〕 董志翹：《訓詁類稿》，第 274 頁。

〔註26〕 漢語大字典編輯委員會：《漢語大字典》（縮印本），湖北辭書出版社、四川辭書出版社，1993 年版。

可證。簡體字本第 2011 頁作「干」，仍誤。

《韓信盧綰列傳》：「後歲餘，說孫曾，爲龍頟侯，續說後。」（2636 / 4）按：頟，局本作「頟」。本書表、傳多處提及「龍頟侯」，如《衛將軍驃騎列傳》載：「以千三百戶封說爲龍頟侯。」（2926 頁）校點本三家注中作「頟」，尚有不誤處，今見簡體字本第 2042 頁等處統改爲「頟」，反從誤文，誤甚。特揭出之。

《樊酈滕灌列傳》《索隱》：「亦稱宜陵君，皆非爵士，加美號耳。」（2668 / 3）按：爵士，局本作「爵土」。爵土，指位號與邑地，爲二事。可參本傳上文《索隱》：「張晏曰：『食祿比封君而無邑。』徐廣曰：『賜爵有執圭、執帛，又有爵封而加美號。』又小顏云：『楚漢之際，權設寵榮，假其位號，或得邑地，或空受爵，此例多矣。約以秦制，於義不通。』」校點本當係排印之誤。簡體字本第 2064 頁仍誤。

《酈生陸賈列傳》：「淮陰方東擊齊，漢王數因滎陽、成皋，計欲捐成皋以東，屯鞏、洛以拒楚。」（2693 / 末）按：因，當作「困」，圍困義。局本不誤。董志翹說：「『因』當作『困』，形近而訛。《漢書・酈食其傳》作『漢王數困滎陽、成皋』，是，故下文云：『計欲捐成皋以東。』」〔註27〕可參。簡體字本第 2081 頁仍誤。

《袁盎晁錯列傳》：「及以刀決張，道從醉卒（直）隧〔直〕出。」（2743 / 8）按：及，局本作「乃」，校點本當係排印之誤。簡體字本第 2117 頁仍誤。

《衛將軍驃騎列傳》《集解》：「張晏曰：『《謚法》「布義行剛曰景，闢士服遠曰桓」。』」（2940 / 4））按：士，局本作「土」。《正義》中《謚法解》（本於《逸周書・謚法解》）載有「闢土服遠曰桓」、「闢土兼國曰桓」（21 頁）。作「土」是也。

《衛將軍驃騎列傳》：「將軍張次公，河車人。」（2943 / 11）按：河車，局本作「河東」，是也。二字形近常互訛，校點本當係排印之誤。簡體字本第 2249 頁仍誤。

《平津侯主父列傳》：「夫匈奴之性，獸聚而鳥散，從之知搏影。」（2955 / 9）按：知，局本作「如」，義長。校點本當係排印之誤。簡體字本第 2257

〔註27〕董志翹：《〈史記〉校點疑誤》，《古籍整理出版情況簡報》第 192 期，1988 年 5 月。

頁仍誤。

《朝鮮列傳》：「言樓船數朝不會，具以素所意告遂，曰：『今如此不取，恐為大害，非獨樓船，又且與朝鮮共滅吾軍。』」（2988／11）按：朝，局本作「期」。參上文「朝鮮大臣乃陰間使人私約降樓船」、「左將軍數與樓船期戰，樓船欲急就其約，不會」等語，可知作「期」字為是。數期不會，義為多次約定會師而不會師。校點本當係排印之誤。簡體字本第 2279 頁仍誤。

《朝鮮列傳》：「封參為澅清侯，陰為狄苴侯。」（2989／4）按：狄，局本作「荻」。又「《索隱》：陰，狄苴侯。晉灼云『屬勃海』。荻音狄，苴音子餘反」。「狄苴侯」的「狄」，局本亦作「荻」。當從改。不然，《索隱》的「荻音狄」則無根。簡體字本第 2279 頁仍誤。

《西南夷列傳》：「其俗或士箸，或移徙，在蜀之西。」（2991／7）按：「士箸」義不明，局本作「土箸」，即「土著」。於義為順，似可從。本書多有用例，如《大宛列傳》：「其俗土著，耕田，田稻麥。」董志翹已有校正。簡體字本第 2281 頁仍誤。

《西南夷列傳》：「南越破後，及漢誅且蘭、邛君，並殺筰侯，冄駹皆振恐，諸臣置吏。」（2997／2）按：諸臣，局本作「請臣」。請臣置吏，意為請求稱臣，為他們設置官吏，表示投降。可從改。下文「諸置吏入朝」之「諸」誤同。二字常互訛，《讀書雜志・墨子第三》（587 頁）、本書《呂太后本紀》（398 頁）有誤例，可參。簡體字本第 2285 頁二處仍誤。

《司馬相如列傳》《索隱》：「《淮南子》云：『夫亂人者，若芎藭之與稾本。』」（3006／6）按：此引文以釋《子虛賦》「穹窮」一詞，與「芎藭」無涉，疑有誤。檢《淮南子・氾論訓》，作「夫亂人者，芎藭之與稾本也，蛇床之與麋蕪也，此皆相似者。」芎藭，多年生草本植物，以產於四川者為佳，又名川芎。局本作「芎藭」，則校點本當屬排印之誤。本書《日者列傳》：「蘭芷芎藭棄於廣野，蒿蕭成林，使君子退而不顯眾，公等是也。」可參。簡體字本第 2292 頁仍誤。

《司馬相如列傳》《索隱》：「郭璞云：『蟃蜒，大獸，長百尋。』」（3008／倒 2 行）按：此注《子虛賦》「蟃蜒」一詞，參上下文及局本可知，「蟃蜒」係「蟃蜒」之誤。

《司馬相如列傳》《集解》：「郭璞曰：『野鵝也。駕音加。』」《索隱》：「駕鵝。《爾雅》云：『舒雁，鵝也。』郭璞曰：『野鵝也。』」《正義》：「鴰，水

鳥也。駕鵝連謂兼護也。」（3013／9）按：此注《子虛賦》「弋白鵠，連駕鵝」，有二處可疑。一是《索隱》的「駕鵝」二字。據《索隱》注釋體例可知，此處係出與正文不一的異文。正文既作「駕鵝」，此處《索隱》當爲異文「駕鵝」。檢局本，正作「駕鵝」，校點本係排印之誤。「駕鵝」與「駕鵝」係異形詞，由來已久，今《文選》正文與注二形錯出，均不誤。二是「駕鵝連謂兼護也」義不明，局本「護」作「獲」。「兼獲」義順。簡體字本第 2297 頁仍誤。

《司馬相如列傳》：「於是乎蛟龍赤螭，鰅鰫鰭離，鰅鰫鰬魠，禺禺鱋魶，揵鰭擢尾，振鱗奮翼，潛處於深巖。」（3017／13 行）按：鱋，局本作「鱸」。參上下文，知當作「鱸」，校點本係排印之誤。簡體字本第 2300 頁仍誤。

《司馬相如列傳》《上林賦》：「於是玄猨素雌，蜼玃飛鸓，蛭蜩蠗蝚……」（3031／12）按：「蠗」字，《文選》作「蠷」，李善注：「玃猱，玃猴也。」並與上文「玃」字復。局本原作「蠷」字，疑是。作「蠷」字則《集解》所引「郭璞曰『蠷蝚似獼猴而黃』」、《索隱》所引「《字林》蠷音狄」方有根，否則，注中「蠷」字與正文「蠗」字不對應，注釋變成了無的放矢。《文選》似可據之訂正。簡體字本第 2310 頁仍誤。

《司馬相如列傳》《大人賦》：「使五帝先導兮，反太一而後陵陽。」（3058／15）按：「後」字，局本作「從」字。《漢書》本傳亦作「從」，師古注：「令太一反其所居，而使陵陽侍從於己。」校點本「後」當係「從」字形近而訛。簡體字本第 2329 頁作「后」，仍誤。

《司馬相如列傳》《索隱》：「徐廣曰：『歧伯，黃帝臣。』」（3059／14）按：此注《大人賦》的「岐伯」，不應作「歧伯」。檢局本等可知，各本作「岐伯」不誤，此係校點本排印之誤。簡體字本第 2329 頁仍誤。

《司馬相如列傳》：「司馬相如病甚，可往後悉取其書；若不然，後失之矣。」（3063／10）按：往後，當作「往從」，爲二詞。局本不誤。校點本涉下而誤。「往從」二字相連，爲本書習慣用法，如《殷本紀》：「或曰，伊尹處士，湯使人聘迎之，五反然後肯往從湯，言素王及九主之事。」《孔子世家》：「弟子及魯人往從塚而家者百有餘室，因命曰孔里。」可參。簡體字本第 2332 頁作「后」，仍誤。

《司馬相如列傳》《索隱》：「直以後人見『幸』下有『蓋』字，又『幸』字似『華』字，因疑惑，遂定『華』字，使之誤也。」（3068／10）按：「遂

定『華』字」的「定」，局本作「安」字。據上下文，用「定」字是指「幸」與「華」二形相近，二者取一，而取「華」字；用「安」字，則是增添一字。此處討論《封禪文》「設壇場望幸」下有無「華」字。注者說明「幸」字似「華」字，因疑惑，而增「華」字。由異文情況只有「望幸」與「望幸華」而無「望華」來看，應作「安」字。簡體字本第 2336 頁仍誤。

《司馬相如列傳》《封禪文》：「濯濯之麟，游彼靈畤。孟冬十月，君徂郊祀。」（3071 / 9）按：徂，《史記》金陵書局本、《漢書》本傳及《文選·封禪文》均作「徂」。徂，前往義。如《詩經·豳風·東山》：「我徂東山，慆慆不歸。」鄭玄箋：「我往之東山，既久勞矣。」校點本當係排印之誤。簡體字本第 2338 頁仍誤。

《淮南衡山列傳》：「吏以聞上，上方怒趙王，夫理屬王母。」（3075 / 6）按：夫，局本作「未」。參上下文可知，當作「未」字。形近而訛。董志翹指出此誤，並以下文有《正義》：「悔不理屬王母。」及《漢書·淮南王衡山濟北王傳》作「上方怒，未及理屬王母」相證，可參。〔註28〕

《循吏列傳》：「故三得相而不喜，知其材自得之也；三去相而不悔，知非己之罪也。」（3100 / 12）按：悔，局本作「悔」，參文義，為「悔恨，後悔」義，且《札記》條目作「不悔」，云毛訛「悔」，可知校點本有誤。簡體字本第 2358 頁仍誤。

《汲鄭列傳》：「後張湯果敗，上聞黯與息言，抵息罪。今黯以諸侯相秩居淮陽。七歲而卒。」（3110 / 末行）按：「今」字義不順，局本作「令」，指詔令。令黯以諸侯相秩居淮陽，義謂「詔令汲黯享受諸侯相的品秩在淮陽做官」。校點本當係排印之誤。簡體字本第 2365 頁仍誤。

《儒林列傳》：「夫周室衰而《關睢》作。」（3115 / 5）按：《關睢》，當作《關雎》，為《詩經》首篇。局本不誤。

《滑稽列傳》：「何於治北海，令盜賊不起？」（3210 / 11）按：何於，局本作「何以」。「何以」為短語，用來詢問方法，義為「怎麼」、「怎麼辦」。本書多有用例，如《殷本紀》：「舍而弗勉，何以成德。」《秦本紀》：「晉平公曰：『後子富如此，何以自亡？』」《刺客列傳》：「智伯亦已死矣，而子獨何以為之報仇之深也？」可證局本作「何以」為是。簡體字本第 2432 頁作「于」，

〔註28〕董志翹：《〈史記〉校點疑誤》，《古籍整理出版情況簡報》第 192 期，1988 年 5 月。

仍誤。

《貨殖列傳》:「烏氏倮畜牧,及眾,斥賣,求奇繪物,間獻遺戎王。」（3260 / 7）按:奇繪物,當作「奇繒物」。繒爲絲織品的總稱。局本不誤。董志翹指出此誤,並引《漢書・貨殖傳》爲「求奇繒物,間獻戎王」相證,可參。〔註29〕簡體字本第 2466 頁作「绘」,仍誤。

《史記正義・發字例》:「閒,紀閒反,鄦也。又紀莫反,閒也。」（17 / 4）按:莫,局本作「莧」。閒、莧同韻,作「莧」是。張文虎《札記》:「案:『紀莧反』之『閒』,《集韻》訓廁也,瘳也,代也,此仍訓閒,誤。」可證。簡體字本第 2520 頁仍誤。

《史記正義・列國分野》:「東有廣平、鉅鹿、清河、河間,又得渤海郡之東平舒、中邑、文安、束州、成平、章武,河以北也。」（32 / 14）按:束州,局本作「束州」,是也。簡體字本第 2529 頁仍誤。

（二）衍文之例

凡非原文之文字而誤入者,可視爲衍文。衍文的原因,錢玄先生《校勘學》中概括爲四種情況:一是涉上下文而衍,二是涉注文而衍,三是後人旁記之字而誤入正文,四是不審詞義而妄增。局本原無,校點本有,而不出增字符號的,就古籍整理的規範而言,可視爲衍文。略舉數例。

《趙世家》《正義》:「晉亡之後,趙成侯三年伐衛,取都鄙七十三是也。」（1787 / 15）按:亡,局本無。似爲衍文。陳靜已揭出之。〔註30〕可參。《考證》本有,疑校點本據之而增。簡體字本第 2529 頁仍有。吳金華先生說:「如果只從版本系統考察,如果沒有沒有歷史文化的根據,那麼,局本沒有『亡』,不能證明早期版本有『亡』就是衍文;相反,如果早期的一系列版本有『亡』,倒可以說明局本沒有『亡』屬於漏刻。中華本第 1 版亦有『亡』,與百衲本、殿本合,未必是衍文。晚出局本無『亡』,說不定是排印之奪。略考史實,有『亡』爲優。晉於周威烈王 23 年（西元前 403）,大夫韓虔、魏斯、趙籍自立爲諸侯,史家稱爲『三晉』（其實是『四晉』,因爲晉還沒有徹底滅亡）;至周安王 26 年（前 376）,韓、魏、趙共滅晉而分其地,晉遂亡。次年（周烈王元年,前 375）,趙敬侯卒,子趙種立,是爲成侯,又次年（前 374）

〔註29〕董志翹:《〈史記〉校點疑誤》。
〔註30〕陳靜:《中華書局點校本〈史記〉校勘評議》,南京師範大學碩士學位論文,2001 年,第 9 頁。

爲趙成侯元年。趙成侯三年（前 373），以大戊午爲相，攻衛。由此可見，趙成侯伐衛的時間，是晉徹底滅亡之後的第四年，舊本作『晉亡』，可通。」按照吳先生之說，則校點本屬漏校改符號。

《魏世家》：「八年，伐衛，拔列城二。」（1850／12）按：正文「拔列城二」四字和注文「《索隱》：《紀年》云：『八年，翟章伐衛。』」（1851／4）十一字，局本均無。《史記會注考證》無史文四字，而有注文十一字，並有《考證》：「黃式三曰：『謀伐衛者，蓋成陵君，非翟章。』」殿本有此正文與注文，疑局本從之而補。然李人鑒考證說：「按魏哀王八年，衛嗣君之十四年也。《衛世家》謂『成侯十六年，衛更貶號曰侯。嗣君五年，更貶號曰君，獨有濮陽』。夫嗣君五年之時，衛已獨有濮陽，則當其十四年時，魏又何從而拔其列城二乎？」〔註31〕其說可參。簡體字本第 1498 頁仍誤。

《陳丞相世家》：「今有尾生、孝己之行而無益處於勝負之數，陛下何暇用之乎？」（2054／9）按：「無益處」的「處」字，局本無，各本均無，校點本當係衍文。本書《禮書》：「孝文即位，有司議欲定儀禮，孝文好道家之學，以爲繁禮飾貌，無益於治，躬化謂何耳，故罷去之。」《平準書》：「然無益於俗，稍騖於功利矣。」《張釋之馮唐列傳》：「王生曰：『吾老且賤，自度終無益於張廷尉。」三例均無「處」字，可參證。簡體字本第 1639 頁仍衍。

上述數例，第 1 版、簡體字本均同。檢《史記會注考證》本，亦有第 1 例的「亡」字，疑校點本從之而徑補也。第 2 例的「拔列城二」，有學者力辨之，斷爲不足信，而不知原爲校點本所妄增也。至於第 3 例的「處「字，則肯定爲衍文。

（三）脫文之例

局本原有，校點本無，而不出刪節符號的，有脫文之嫌疑。脫文有因不慎而誤脫的，也有不明文義而妄刪的，後一種情況爲有心之誤，校勘者應力避之。

《刺客列傳》：「曹沫曰：『齊強魯弱，而大國侵魯亦甚矣。』」（2515／10）按：「亦」下局本有「以」字。校點本排版時誤脫「以」字。「以」同「已」。已甚常連用，如本書《吳太伯世家》：「其細已甚，民不堪也，是其先亡乎？」《宋微子世家》：「君欲已甚，何以堪之。」《白起王翦列傳》：「王翦既至關，

〔註31〕李人鑒：《太史公書校讀記》，第 764 頁。

使使還請善田者五輩。或曰:『將軍之乞貸,亦已甚矣。」最後一例「亦已甚矣」,與本文「亦以甚矣」全同,可證。又,本書《伍子胥列傳》:「申包胥亡於山中,使人謂子胥曰:『子之報讎,其以甚乎?』」以甚亦連用,可參證。簡體字本第 19599 頁仍脫。

　　《韓信盧綰列傳》:「豨所以待賓客布衣交,皆出客下。」(2640 / 6)按:「布衣」上局本有「如」字,當補。簡體字本第 2045 頁仍脫。

　　以上二例,第 1 版亦脫,第 2 版承舊之脫誤,而後出各本多脫。這也從一個側面證明,有必要進行底本對校,以從源頭上解決排印中可能出現的差錯。再如:

　　《孝武本紀》《正義》:「時音止。《括地志》云:『漢五帝時在岐州雍縣南。孟康雲時者神靈之所止。』案:五時者……」(453 / 2)按:「所止」下,局本有「或曰,以雍州雍縣南,孟康云,時者,神靈上帝也」18 字。黃本、《史記會注考證》本亦有此 18 字。彭本、殿本無,疑校點本據之而刪。簡體字本第 318 頁仍無。

　　《仲尼弟子列傳》《索隱》:「按:《左傳》謂魯、齊、晉、吳、越也,故云『子貢出,存魯,亂齊,破吳,強晉而霸越』。」(2201 / 4)按:「出」前局本有「一」字,參史文「故子貢一出」語,知有「一」字義長。簡體字本第 1746 頁仍脫。

　　《仲尼弟子列傳》《索隱》:「伯虔字子折。《家語》作『伯處字子皙』,皆轉寫字誤,《正義》《家語》云『子哲』。」(2219 / 8)按:「字誤」下語義未盡,顯有脫漏,局本下有「未知適從」四字,當據補。《史記會注考證》本亦有。

　　《孟嘗君列傳》《索隱》:「按舍業者,捨棄其家產而厚事賓客也。」(2354 / 5)按:局本「產」下有「業」字。毛刻本、瀧川本等均有。當補。簡體字本第 1847 頁仍脫。

　　《呂不韋列傳》《索隱》:「舊音致。今讀依此。《穀梁傳》曰『交質不及二伯』。」(2506 / 3)按:「質」下局本有「子」字。陳靜已揭出之。〔註 32〕《史記會注考證》本有「子」字。參正文「子楚為秦質子於趙」,似宜有「子」字。《秦始皇本紀》:「莊襄王為秦質子於趙,見呂不韋姬,悅而取之,生始皇。」

〔註 32〕陳靜:《中華書局點校本〈史記〉校勘評議》,南京師範大學碩士學位論文,
　　　2001 年,第 10 頁。

亦可證。「質子」爲常見詞，指派往別處或他國去作抵押的人質，多由王子或世子充任。簡體字本第 1951 頁仍脫。

《季布欒布列傳》《索隱》：「如淳曰：『相與爲任，同是非爲俠，權行州里，力折公侯者。』」（2730／4）按：局本「與」下有「信」字，參《集解》，亦有「信」字，可知校點本誤脫。《周禮・地官・大司徒》鄭玄注「任，信於友道」，《漢書・季布傳》「爲任俠有名」師古注：「任謂任使其氣，俠之言挾也，以權力俠輔人也。」並可參。簡體字本第 2107 頁仍脫。

（四）倒文之例

倒文指將原來的字或句子的位置前後改動。校點本與局本字序不一，而不出校改說明的，有倒文之嫌疑。

《禮書》：「天尊地卑，君臣定矣。高卑已陳，貴賤位矣。動靜有常，大小殊矣。」（1194／16）按：大小，局本原作「小大」。參《集解》引鄭玄曰：「動靜，陰陽用事也。小大，萬物也。」以「小大」爲被釋詞，可知作「小大」近是。校點本誤倒。簡體字本第 1050 頁仍誤倒。

《蒙恬列傳》：「毅不敢阿法，當高罪死，除其宦籍。」（2566／10）按：罪死，局本作「死罪」。《札記》出「罪死」條，云：「中統、吳校金板倒。」校點本從之而改乙。吳金華先生認爲：「此條值得討論。中華本兩版均作『當高罪死』，百衲本、殿本也如是，值得研究。局本把早期版本的『罪死』變成『死罪』，是否有更值得注意的早期版本依據？待考。就句式而言，『當高罪死』並非不通。《秦始皇本紀》：『行所幸，有言其處者，罪死。』『罪死』是先秦以來流行的短語，意思是『（被判爲）死罪』。《漢語大詞典》有『罪死』條，是正確的。今在《漢語大詞典》基礎上再補充例證，以證『當高罪死』可以講得通：例（1）《管子・勢第四》：『非主令而行之，雖有功利，罪死。』例（2）《史記・酷吏列傳》寧成傳云：『武帝即位，徙爲內史。外戚多毀成之短，抵罪髡鉗。是時九卿罪死即死，少被刑，而成極刑，自以爲不復收，於是解脫，詐刻傳出關。』其中『罪死即死』一句，『罪死』猶言後世語言中的『（被判）死罪』。總之，局本作『死罪』，如果在版本系統上得不到有力的支持，應屬不明古語特點而臆改。所以，說『中華本不尊重局本而逕取百衲本、殿本』則可，說『中華本誤倒』則爲時過早。」

以上二例，前一例爲第 2 版新生之誤，後一例爲承第 1 版之誤。再如：

《夏本紀》《索隱》：「《尚書》作『敷隨土山刊木』。」（51／14）按：檢

局本及參下文「《大戴禮》作『傅土』」等語可知，「隨土」係「土隨」之倒訛。簡體字本第 38 頁仍誤倒。

　　《孝武本紀》《正義》：「《括地志》云：『……公曰：「美哉堂乎，後代孰將有此？」晏子云：其「田氏乎？」公曰：「寡人有國而田氏家，奈何？」對曰：「奪之，則近賢遠不肖，治其煩亂，輕其刑罰，振窮乏，恤孤寡，行恩惠，崇節儉，雖十田氏其如堂何！即此也。」』」（454／末）按：此處應校理者有二：一是「其『田氏乎？』」，宜標點爲「其田氏乎」；二是「其如堂何」，局本作「其如何堂」。校點本誤倒。依局本，「堂」字則屬下讀，指柏寢臺。簡體字本第 319 頁仍誤倒。

　　《孝武本紀》《索隱》：「天神貴者太一。案：《樂汁微圖》云『紫微宮北極天一太一』。」（456／10）按：本書《封禪書》《索隱》引《樂汁徵圖》曰：「天宮，紫微。北極，天一、太一。」（見校點本第 1386 頁）一作《樂汁微圖》，一作《樂汁徵圖》。又，本書《天官書》三家注中，三次引用《樂汁圖》。蔣禮鴻據《文選》李善注多次引用《樂汁圖徵》，推論《史記》三家注所引《樂汁微圖》、《樂汁徵圖》、《樂汁圖》均當作《樂汁圖徵》。可備一說。本處《樂汁微圖》疑爲《樂汁圖徵》之倒訛。《史記三家注引書索引》第 19 頁列「《樂汁徵圖》」一條目，標六次用例，即 12／456、27／1291、27／1294、27／1295、28／1386、117／3037，似宜標目爲「《樂汁圖徵》」。簡體字本第 321 頁仍誤且倒。

　　《禮書》《集解》：「《山海經》曰：『夸父與日逐走，日入，渴，欲得飲，飲於渭河；不足，北飲大澤；未至，道渴而死。』」（1166／6）按：董志翹《史記校點疑誤（續）》：「《集解》引《山海經》『日入』乃『入日』之誤倒。『渭河』乃『河、渭』之誤倒，且標點者在『渭河』上標一專名號，遂成一河之名，實『河』指『黃河』，『渭』指『渭水』，乃兩河之名。當據《山海經》正之。」〔註33〕「渭河」倒誤之說本於《札記》（280 頁）之說：「案：今《山海經》作『河渭』。」可參。簡體字本第 1029 頁仍誤倒。

　　《天官書》《正義》：「張六星，六爲嗉，主天廚食飲賞賚觴客。」（1303／15）按：食飲，局本作「飲食」。兩者義近，於文無礙，然校點本當遵從底本也。本書「飲食」用例有數十條，此舉一例，《五帝本紀》：「有不才子，貪於飲食，冒於貨賄，天下謂之饕餮。」簡體字本第 1125 頁仍誤倒。

〔註33〕董志翹：《訓詁類稿》，第 279 頁。

《晉世家》《正義》：「《括地志》云：『至周成王時，唐人作亂，成王滅之，而封大叔，更遷唐人子孫於杜，謂之杜伯，即范匄所云「在周爲唐杜氏」。』」（1636／4）按：唐杜氏，局本作「杜唐氏」，似可從。簡體字本第 1351 頁仍誤倒。

《五宗世家》《索隱》：「又《聘禮》云『出祖釋軷，祭酒脯』而已。」（2095／3）按：酒脯，局本爲「脯酒」。本書有「脯酒」用例二條，《封禪書》：「春以脯酒爲歲祠，因泮凍，秋涸凍，冬塞禱祠。」《龜策列傳》：「脯酒禮之，橫其腹腸。」可參。簡體字本第 1668 頁仍誤倒。

《平津侯主父列傳》：「乃使邊境之民弊靡愁苦而有離心，將吏相疑而外市，故尉佗、章邯得以成其私也。」（2955／末）按：弊靡，局本作「靡弊」。參下（2959 頁）有「今中國無狗吠之驚，而外累於遠方之備，靡敝國家，非所以子民也」句。「靡弊」與「靡敝」均成詞，見《漢語大詞典》第 11 冊，第 790、791 頁。宜從局本。簡體字本第 2257 頁仍誤倒。

還有三家注互誤的現象。如《田單列傳》《集解》：「按：奇謂權詐也。注引魏武，蓋亦軍令也。」（2456／3）此條《集解》上已有《集解》，據注例不宜重。局本此條作《索隱》，知校點本當係排印之誤。而簡體字本第 917 頁仍誤爲《集解》。

從上述情況來反思古籍整理工作，我們感到，選擇好底本是保證質量的根本，而底本對校工作也是保證質量的重要保障。加強底本對校工作，減少新整理本的排印錯誤，是古籍整理出版工作的基本要求。要達到這一基本要求，還需要大家共同努力。程毅中的一段話，我深有感觸：「還應該注意，點校本古書的校對也要提高質量，消滅差錯。一部經過校勘的書，費了九牛二虎之力，好容易改正了幾十個錯字，而由於原稿塗改不清、抄寫差錯或校對中的疏忽，又出現了一批新的錯字。以後的人又要對新版本再進行校勘，那麼落葉就永遠掃不淨了。」〔註 34〕「落葉掃不淨」的現象，應當引起學人的高度重視。

二、關於古籍整理規範

古籍校勘是一門專門的學問。在古籍整理與出版工作中，人們一般遵循

〔註34〕 程毅中：《古籍的標點與校勘》，載全國古籍整理出版規劃領導小組辦公室編《古籍整理出版十講》，嶽麓書社，2002 年版，第 196 頁。

這樣的原則：「明顯錯誤，可以逕改，不出校記。一是一般筆畫小誤，字書所無，顯係誤刻者，可以逕改，不出校記；一是凡遇日曰涆舛，己已巳混同之類的誤刻，均須描正，以免誤排。凡逕改之字，應持愼重態度。對異體字的整理，應按照通行的異體字整理原則，全書統一處理。」〔註35〕長期以來，人們普遍認爲《史記》校點本是值得信賴的版本，後出各種新整理本、注譯本和選讀本等多以之爲底本，使用過程中一般不懷疑是否有問題。校點本「點校後記」告訴讀者，該書「認爲應刪的就把它刪了，可是並不刪去原字，只給加上個圓括弧，用小一號字排；認爲應增的就給增上了，增上的字加上個方括弧，以便識別」。讀者一般會形成這樣的認識，即校點本尊重底本，凡有改動一定會有校改符號。而實際的情形如何呢？校點本與用作底本的金陵書局本相異之處甚多，其中某些不同之處似乎是有根據的有意改動，但是由於未出校改符號，也不見校改說明，屬於暗改，我們只能暫定爲不規範之處。這裡就逕增、逕改、逕移、逕刪、文字處理失範、脫漏符號的現象略舉數例。

（一）逕增之例

《十二諸侯年表》：「（宋平公十四年：）楚、鄭伐我。」（634／8 行 2 列）按：鄭，局本原無。參《札記》云：「官本有『鄭』字。」（133 頁）此是校點本據殿本逕增。吳金華先生認爲：「局本無『鄭』，可上溯到百衲本。殿本有『鄭』，值得懷疑。在這裡，中華本官取局本、百衲本。宋與鄭，均爲二等強國，而楚爲超級大國，宋國史官書『楚』而不書『鄭』，比較合理，一者因爲不屑，二者因爲楚爲主而鄭爲從。這跟表文『晉』欄只書『齊伐我』而不書『衛』一樣。而且，表文『鄭』欄已有『與楚伐宋』的記載，所以『宋』欄不書『鄭』不會引起誤解。司馬遷作表，用筆求簡，不可能在『宋』欄加一個宋人所不書的『鄭』字，這也跟表文『晉』欄只書『齊伐我』而不書『衛』一樣，在筆法上屬於『互文』見義。」據此，所增可商。

《十二諸侯年表》：「（晉定公十八年：）齊衛伐我。」（672／5 行 1 列）按：衛，局本原無。《札記》云：「各本脫『衛』，依《志疑》補。」（139 頁）局本未增補，校點本據之逕增。吳金華先生指出：「此處的關鍵問題，不在於是否有沒有校勘符號，而在於是不是該校？如果不校就會引起誤解，就應該

〔註35〕李國章：《古籍整理出版工作概述》，載《古籍整理出版十講》，嶽麓書社，2002年版，第 47 頁。

校；如果舊本的『齊伐我』屬於修辭方式，就不必校。百衲本也沒有『衛』，未必是脫字。這事發生於周敬王二十六年（前 494），即晉定公十八年，齊景公五十四年，衛靈公四十一年。據《春秋》及《左傳・哀公元年》記載，當年秋季，齊侯、衛侯攻晉，救范氏，取棘蒲。但是，《史記》的《晉世家》只說范氏等反，被晉君擊敗而走保朝歌，沒有記載齊、衛來伐的內容，《齊太公世家》、《衛康叔世家》也不記載這一年的事情，只有《十二諸侯年表》分別在『齊景公五十四年』、『衛靈公四十一年』二欄中同時標明了『伐晉』二字。這樣看來，宋元以來刊刻的《十二諸侯年表》『晉定公十八年』一欄只記『齊伐我』而沒有『衛』，是不是『互文相足』之例，還值得討論。如果沒有更早的古本證明表文作『齊衛伐我』，我們就不必急於採用《志疑》之說而補『衛』字，因為只要統觀周敬王二十六年的『齊』『衛』二欄就知道齊、衛同時伐晉，『晉』欄不補『衛』字也不會引起誤解。須知司馬遷《十二諸侯年表》的體例是：各國的記載，用各國的史例，也就是用各國史官的聲音說話，所以，像晉國這樣的超級強國，在記錄齊、衛聯軍來攻這事的時候，只提大國『齊』而不言中等國家『衛』，是事理之常。類似的現象，直到現代還有。」據此，則《志疑》之說可商。

　　《高祖功臣侯者年表》：「元鼎二年，侯頗坐尚公主，與父御婢奸罪自殺，國除。」（884／8 行 1 列）按：坐，局本原無。參《札記》云：「官本、凌本有『坐』字。」（189 頁）校點本從之徑增。吳金華先生說：「『坐』指犯了某種過失或罪行。中華本的增字是必要的，可惜沒有說明校勘的理由。今補理由如下。《史記・高祖功臣侯者年表》『芒』欄：『元朔六年，侯申坐尚南宮公主不敬，國除。』其中『坐』字直貫『尚南宮公主不敬』七字；《漢書・景武昭宣元功臣表》博成侯張章欄載：『五鳳元年，侯建嗣。十二年，建始四年，坐尚陽邑公主，與婢奸主旁，數醉罵主，免。』其中『坐』字直貫『尚……罵主』十四字，這是史家行文的常例。就文義、文法而言，本文『尚公主，與父御婢奸罪』八字之上沒有『坐』，不合義例。」可以參考。

　　以上數例，由於沒有增字符號，讀者如果不查對底本，一般會以為局本已補上各字。而實際上，張文虎只是在《札記》中列上異文，雖說第 2 例有傾向性意見，但均沒有改作定本。這是非常嚴謹的做法。從校勘理論上說，既然異文的研究還「沒有定論」，就應當存異以備考，似不宜徑增。即使增添文字，也不能沒有任何標誌。沒有增字符號，讀者就無法斷定哪些是局本所

增，哪些是校點本所增。再如：

《周本紀》《正義》：「《括地志》云：『燕山在幽州漁陽縣東南六十里。徐才《宗國都城記》云周武王封召公奭於燕，地在燕山之野，故國取名焉。』」（128／11）按：此條有疑問者二：一是檢局本，原無「徐才」二字，校點本依張文虎《札記》徑補二字，應加校改符號；二是檢《札記》，有云「據《五帝紀》、《夏紀》《正義》引作『徐才宗國都城記』，餘只作『國都城記』似即徐才宗所著，而『宗』上脫『徐才』二字」。（41頁）依《札記》所言，「徐才宗」為人名，「國都城記」為書名，顯與校點本標點不一致。而據《隋志》，《國都城記》二卷云云，則可知校點本標點不當。本書1942頁《孔子世家》《正義》引《國都城記》云云，亦可證。〔註36〕

《秦始皇本紀》《正義》：「《括地志》云：『密州諸城縣東南百七十里有琅邪臺，越王句踐觀臺也。臺西北十里有琅邪故城。』」（244／14）按：「故城」之「城」字，局本原無。校點本據《札記》（見第71頁）疑脫之辭而徑補「城」字。不出補字符號，欠妥。

《樂書》《正義》：「若內有喜，則外歌舞以飾之，故云先王以樂飾喜也。」（1221／13）按：先王，局本無「先」字。依史文，當有「先」字，張文虎《札記》已言之：「『先』字依《史》文補。」局本蓋漏補，校點本徑補「先」字為是，但不應無增字符號。

《衛康叔世家》：「太子聞之，懼，下石乞、盂黶敵子路，以戈擊之，割纓。子路曰：『君子死，冠不免。』結纓而死。」（1601／8）按：「割纓。子路曰：『君子死，冠不免。』」十一字及注文「《集解》：服虔曰：『不使冠在地。』」十字（1602／3），局本均無。百衲本、《評林》本《史記會注考證》等本有，疑校點本據之徑補。

《趙世家》《正義》：「《括地志》云：『故桂城在曹州乘氏縣東北二十一里，故老云此即桂陵也。』」（1801／146）按：氏，局本無。陳靜已揭出之。〔註37〕

〔註36〕《史記三家注引書索引》則《國都城記》（78頁）與《宗國都城記》（23頁）二書並列，顯有不妥。三家注引該書共八處，一處在第1942頁為《國都城記》，不誤；二處在第183頁、185頁作《都城記》；五處在第15頁、73頁、128頁、1636頁、1773頁作「徐才《宗國都城記》」，均宜作「徐才宗《國都城記》」。

〔註37〕陳靜：《中華書局點校本〈史記〉校勘評議》，南京師範大學碩士學位論文，2001年，第9頁。

參《札記》第 427 頁可知，校點本據殿本補「氏」字，然宜有增補標誌。

校點本在處理同類情況時有不夠統一之處。如《高祖功臣侯者年表》：「以連敖前元年從起單父，以塞疏入漢。」（919 / 2 行 3 列）起，局本原無。《札記》僅列出異文情況：「《志疑》云：『從』下缺『起』字。案：《漢表》有。」張文虎等並未在局本上增補「起」。校點本徑補，沒有增字符號。同樣情況，第 923 頁：「以舍人從〔起〕碭。」補「起」字，則有增字標誌。

再者，校點本「點校後記」說：「我們發見金陵書局本有兩處是刪得不妥當的。……這兩處我們都把它改回來了。」即《周本紀》：「夫獸三爲群，人三爲眾，女三爲粲。王田不取群，公行不下眾，王御不參一族。」（140 / 8）「公行不下眾」，局本作「公行下眾」。張文虎《札記》認爲「不」字爲衍文。而中華書局編輯部認爲，這個「不」字是不應該刪的，就把它改回來了。《高祖本紀》：「項羽卒聞漢軍之楚歌，以爲漢軍盡得楚地，項羽乃敗而走，是以兵大敗。」（379 / 1）「漢軍」之後，局本無「之」字。張文虎《札記》說據《史記志疑》等刪「之」字。校點本認爲局本刪得不妥當，徑增「之」字。有些學者不同意中華書局編輯部的這種改動。這裡，我們不討論校改當否，根據古籍整理之慣例及本書之說明，我們認爲，校點本至少應給「不」字、「之」字加上增字符號，否則，不仔細閱讀「點校後記」的讀者易誤以爲局本原有該字。

（二）徑改之例

《惠景間侯者年表》：「元年四月乙巳，侯薄昭元年。」（994 / 5 行 4 列）按：四月，局本作「二月」。參《札記》有「孝文格四月乙巳」條引《志疑》云：「《漢表》作『正月』，是。有本亦作『正月』。」（228 頁）校點本與《札記》同也。現有四月、二月、正月三說，何者爲是，姑待考。然校點本徑改局本不出標誌，則易混也。

《管蔡世家》：「景侯元年，楚莊王卒。四十九年，景侯爲太子般娶婦於楚，而景侯通焉。」（1567 / 9）按：四十九年，局本作「三十九年」。參《札記》（387 頁）可知，校點本徑改爲四十九年。參考《十二諸侯年表》，似以「四十九年」爲是。然校點本當出校改符號。又，「而」字下，張玉春以爲脫「好」字，「而好」二字並屬上讀〔註38〕。似可從。

〔註38〕《史記版本研究》，第 70 頁。

《龜策列傳》:「靈龜卜祝曰:「假之靈龜,五巫五靈,不如神龜之靈,知人死,知人生。」(3240／14)按:五巫,局本作「五筮」。宜從底本、百衲本等訂正爲「筮」。

以上三例,前二例讀者如果參考了張文虎《札記》,尚可推知爲有意改動,後一例則難以判別屬無意的排印錯誤,還是有意的改動。全書徑改之處甚多,這裡再舉若干例。

《夏本紀》《集解》:「孔安國曰『敷淺原一名傅陽山,在豫章』。」(69／15)按:傅,局本作「博」,《札記》出「傅陽山」條,云:「『傅』訛『博』,依《漢志》改。」兩處不同。校點本依《札記》徑改。檢《十三經注疏》本《尚書正義》第 151 頁作「博」。姑不論校改當否,此處應出校改符號,作「(博)〔傅〕」。又,吳金華先生指出:「早期的殿本、百衲本作『博』,中華本兩版也作『博』,從版本系統看,中華本確實優於局本。這裡不出校勘符號,可能認爲局本的錯誤太明顯了。其實,局本作『傅』,有《漢書·地理志》的根據,此志『豫章郡歷陵』下面的解說是:『傅易山、傅易川在南,古文以爲傅淺原。』而百衲本作『博』,也有有力的文獻支持,例如《尚書·禹貢》『過九江至於敷淺原』,舊題孔安國傳:『敷淺原,一名博陽山。』在作『博』、作『傅』均無礙的情況下,《史記》的新整理本只能以現存的《史記》版本系統爲依據。因此,從百衲本、殿本等早期版本作『博』來看,如果沒有更早的版本作『傅』,那麼局本之字就不足取了。我們對後出版本抱有戒心,就是因爲後人往往意改古本。」

《周本紀》《集解》:「孔安國曰:『癸亥夜陳,甲子朝誓之。』」(123／5)按:之,局本原作「也」。參《札記》知校點本徑改。然應出校改符號。

《周本紀》《正義》:「按王城,則所作在踐土,城內東北隅有踐土臺,東去衡雍三十餘里也。」(155／7)按:王,局本原作「在」。校點本《札記》「踐土《正義》在城」條云:「柯、淩作『王城』。(案:中華本亦作『王城』。)警云以下文推之,當有脫誤。」(50 頁)校點本徑改,不出校改符號,易使讀者誤以爲局本即作「王城」,故表而出之。

《孝文本紀》《索隱》:「應劭云:『⋯⋯即示不相襲,其作樂之始,先奏《文始》,以羽龠衣文繡居先;次即奏《五行》,《五行》即《武舞》,執干戚而衣有五行之色也。』」(437／6)按:「即示不相襲」的「即」,局本原作「既」。簡體字本第 307 頁仍作「即」。「即」字似涉下而誤,宜作「既」。

《惠景間侯者年表》：「十六。」（1015／7 行 3 列）按：十六，局本作「十五」。參《札記》第 234 頁，知「蓋張氏校勘時未及改正」。校點本初版時依局本作「十五」，再版時改爲「十六」，改之爲是，然當出校改符號。

《惠景間侯者年表》：「後元年四月甲辰，侯則坐使巫齊少君祠祝詛，在逆無道，國除。」（1019／8 行 2 列）按：甲辰，局本原作「甲申」。校點本初版作「甲申」，再版時改作「甲辰」。《札記》以「甲辰」爲是，校點本據之徑改。改之無妨，然當出標識。

《惠景間侯者年表》《集解》：「徐廣曰：『案本紀乃前五年，非中五年。』」（1022／6 行 3 列）按：中五年，局本作「中元年」。參《札記》（237 頁），可知張文虎等以「中五年」爲是，局本作「中元年」，《札記》校點者以爲「蓋未及剜改故也」。校點本初版未及改正，再版時改爲「中五年」。改之爲是，然當出校改符號。

《禮書》《正義》：「又楚武王始都郢，紀南故城是也，在江陵北十五里也。」（1166／13）按：紀，局本原作「絕」。錢穆《史記地名考》有「《正義》引《括地志》云：『紀南故城在荊州江陵縣北五十里。（《禮書》《注》引作『十五里』。）杜預云：『國都於郢，今南郡江陵縣北紀南城』是。」〔註39〕可知，作「紀」字爲是，然校點本應出校改符號。

《吳太伯世家》《索隱》：「太史公以其本名於橐皋，故不言郳。」（1473／14）按：名，局本原作「召」。參史文「十三年，吳召魯、衛之君會於橐皋」，可知作「召」字爲是。簡體字本第 307 頁仍作「名」，當訂正。

《燕召公世家》《索隱》：「按：《戰國策》曰『子之用蘇代侍質子於齊，齊使代報燕』是也。」（1555／12）按：用，局本作「使」，《會注》本同。參下「齊使代報燕」用「使」字，校點本不宜徑改。

《商君列傳》《集解》：「《新序》論曰：『秦孝公保崤、函之固……周室歸籍，四方來賀……』」（2238／4）按：籍，局本作「藉」，當從改。下文《索隱》云：「《新序》是劉歆所撰，其中論商君，故裴氏引之。藉音胙，字合作『胙』，誤爲『藉』耳。」作「籍」字，則《索隱》無根矣。《札記》：「中統、游本『籍』，它本作『藉』。」《札記》整理本案：「金陵本亦作『藉』，凡此，皆張氏校刊時未及挖補者，中華本初版亦依金陵本作『藉』。」其意蓋以「籍」字爲是。實可商。此初版作「藉」不誤，再版改「籍」，誤。

〔註39〕商務印書館，2001 年版，第 535 頁。

《蘇秦列傳》:「是故恫疑虛猲,驕矜而不敢進,是秦之不能害齊亦明矣。」(2258 / 6) 按:猲,局本原作「喝」。參《索隱》:「猲,本一作『喝』,並呼葛反。」知二說並通,校點本不宜徑改。

《司馬相如列傳》《索隱》:「張揖云:『子姜也。』」(3024 / 11) 按:張揖,局本原誤作「張晏」。檢《文選》卷八,作「張揖」。校點本徑改人名,而無校改符號,則掩蓋了局本誤刻的情況。

(三) 徑移之例

《漢興以來將相名臣年表》:「入都關中。《索隱》:咸陽也。東函谷,南嶢武,西散關,北蕭關。在四關之中,故曰關中。用劉敬、張良計都之也。」(1120 / 2 行 2 列 3) 按:上列史文和《索隱》,局本均在 1120 頁 1 行 2 列。《札記》載:「《志疑》云當書大事記格,各本誤。」(268 頁) 知校點本據之改移,然當出校改符號。

《天官書》:「軫為車,主風。其旁有一小星,曰長沙,〔2〕星星不欲明;明與四星等,若五星入軫中,兵大起。」(1304 / 2) 按:注〔2〕一段文字,局本原在「星星不欲明」的前一「星」字下,是以「星」字斷句的,校點本徑作移動,不出任何標誌,欠妥。

《魏世家》:「五年,與韓會宅陽。〔二〕城武堵。」《正義》:「《括地志》云:『宅陽故城一名北宅,在鄭州滎陽縣東南十七里也。』」(1844 / 4) 按:《正義》引《括地志》文,局本在「城」字下,表明古人斷句於「城」字後,今徑移,丟失原版刻信息。違背了校點體例,故表出之。

以上三例,均與三家注的位置有關,校點本徑作改移,或掩蓋了底本三家注的歷史狀況,或模糊了古人斷句情況,都丟失了原版刻信息,違背了古籍整理的規範。再如:

《秦本紀》《正義》:「韓安國云『秦穆公都地方三百里,並國十四,闢地千里』,隴西、北地郡是也。」(195 / 4) 按:此段 30 字,局本原在「問伐戎之形」(校點本為 193 頁 8 行) 下,校點本據《札記》(第 59 頁) 所疑而徑移於「闢地千里」下。校點本將張氏所疑作定說處理,較為合理,然未出校改符號,則易混淆底本情況。

《秦始皇本紀》:「二十七年,始皇巡隴西、北地,過回中。〔三〕焉作信宮渭南,已更命信宮為極廟,象天極。」(241 / 9)《集解》云云 (241 / 15) 按:《集解》云云一段,局本原在「焉」字前。校點本從王念孫說,斷於「焉」

字下（見《點校後記》第 7 頁）；無論斷句當否，注碼〔三〕仍應置於「焉」字下，校點本徑作移動，則掩蓋了底本三家注的歷史狀況。〔註 40〕已，表時過不久，宜點斷。

《十二諸侯年表》：「（楚文王六年：）息夫人，陳女，過蔡，蔡不禮，惡之。楚伐蔡，獲哀侯以歸。」（568／7 行 3 列）按：「陳女」等 17 字，局本誤入下欄宋愍公八年內，安平秋《史記版本述要》（32 頁）揭出之，以示版本之別。校點本徑改移，丟失了原版刻信息。

（四）徑刪之例

《周本紀》《索隱》：「訊，依《尙書》音貌也。」（139／16）按：「訊」字前，局本原有「惟訊」二字，不知校點本是無意脫漏還是有意刪除，沒有校改符號。此釋史文「惟訊有稽」句，依局本，可標點爲「惟訊，訊依《尙書》音貌也」。簡體字本 101 頁仍無。蔣禮鴻以爲「訊音貌殊爲無理」，「謂訊貌二字爲異文則可，爲同音則不可也」。〔註41〕參《札記》云：「又疑裴時『訊』亦本作『貌』，故亦但引《傳》文。」蔣說近是。

《秦楚之際月表》：「韓王信徙王代，都馬邑。」（798／19 行 3 列）按：《札記》（173 頁）云：「徙王代，都馬邑」「六字各本誤入後月，淩本不誤。」而局本於韓王信四月有此六字，五月仍有此六字，顯係重出。校點本刪去五月的六字，是正確的，然應出標誌。

《吳太伯世家》《索隱》：「下注徐廣引《系本》曰『夷眛及僚，夷眛生光』，檢《系本》今無此語。……又光言『我王嗣』，則光是夷眛子，且明是庶子。」（1450／2-4）按：此有二處與局本不同。一是「生光」，局本原作「光生」；一是「我王嗣，則光……」句，局本「則光」二字作「國」字。檢《札記》，云：「單本『國』，疑『固』字之訛。」《札記》校點本案：「中華本據黃善夫本徑改『國是夷眛子』爲『則光是夷眛子』。」可知校點本據《札記》校點本徑自倒乙刪改。

（五）文字處理失範之例

《史記》的文字，校點本作了一些處理，但于與於、后與後、宁與寧、

〔註40〕姚之若《〈史記〉標點商榷一則》一文以爲斷於「焉」下，其文刊於《史學月刊》，1986 年第 6 期。
〔註41〕見《蔣禮鴻集》第六卷《集外集》，第 11 頁。

弃與棄、莫與暮、飾與飭、楊與揚等字的關係，以及一些字的字形，處理中有可商之處。如：

《秦始皇本紀》《集解》：「徐廣曰：『越，一作經。或自別有此人，不必甯越也。』」《索隱》：「寧越，趙人，賈誼作『甯越』。」（280／5）按：甯、寧，局本原均作「甯」。甯、寗、寧三字，渾言則同，析言則別，作姓氏更不可混用。校點本大體甯、寗、寧及宁區別使用，局刻「寍」統改爲「寧」。

《孝文本紀》：「上曰：『朕聞法正則民慤，罪當則民從。』」（419／1）按：慤，局本原作「愨」。《說文・心部》：「愨，謹也，從心㱿聲。」《淮南子・主術》「其民樸重端愨」高誘注：「愨，誠也。」《漢語大字典》第979頁「慤」，同「愨」。《正字通・心部》：「慤，俗愨字。」均以「愨」爲正字也，校點本以「慤」易「愨」，未妥。

《樂書》：「是故先鼓以警戒，三步以見方，再始以著往，復亂以飭歸，奮疾而不拔，極幽而不隱。「（1215／14）按：飭，局本原作「飾」。後文《正義》：「復者，伏也。飭音勑。……飭歸者，武王伐紂勝，鳴金鐃整武而歸也。」二處「飭」，局本亦作「飾」。檢《札記》，第296頁有說明：「宋本、毛本『飭』，中統、游、柯、淩作『飭』，即『飭』字之隸變。王本訛『飾』，注同。」可知局本作「飾」，正是承王本而來。今校點本徑改底本，掩蓋了版本流變情況。又，飭、飾本通，似不必改。

《衛將軍驃騎列傳》：「單于視漢兵多，而士馬尚強，戰而匈奴不利，薄莫，單于遂乘六贏，壯騎可數百，直冒漢圍西北馳去。」（2935／6）按：莫，《札記》：「毛本『莫』，各本作『暮』。」同一個字形，本書《南越列傳》（第2976頁）則作「暮」。顯然處理不一。

《太史公自序》《索隱》：「揚雄、譙周並以爲然。」（3285／8）按：揚雄，局本原作「楊雄」，本書他處多作「楊」，從木，此處亦不宜改作「揚」，致全書不一。

（六）漏標校改符號例

《周本紀》《正義》：謚作「毋涼」也。（151／14）按：謚，局本原作「諡」。檢張文虎《札記》第49頁，有「子鳌王《正義》諡作毋涼也」條，云：「『諡』疑『謚』，上脫『皇甫』字。此注當在『惠王閬』下。」校點本據之徑移、徑改，然不補「皇甫」二字，又不出校改符號，似不妥。

《天官書》：「城郭門閭，閨臬（枯槁）槁枯；宮廟邸第，人民所次。」（1339

/11）按：《札記》引《考異》之說：「『枯槁』當作『槁枯』，與『閭』韻。」校點本據之乙正。「槁枯」二字當加增字符號，此句爲「閭臬（枯槁）〔槁枯〕」。否則，作「閭臬（枯槁）槁枯」，易使讀者誤以爲金陵書局本衍「枯槁」二字，將文字倒乙當作衍二字。〔註 42〕又，《札記》引《考異》「『閭臬』《漢志》作『潤息』，義長」之說，校點本未採。

《趙世家》《正義》：「在邢州平鄉縣東北二十里（矣）也。」（1815／9）按：校點本爲「（矣）也」，表示「矣」爲衍文。實際上，局本有「矣」字，無「也」字。「也」字係校點本所補，漏校改符號。參《史記會注考證》本，與局本正相反，無「矣」字，有「也」字，其意蓋以「矣」字爲「也」字之誤而校改。校點本或混合二字，而以「矣」字爲衍文。其於文義爲順，而於古籍整理規範則不合。「也」字宜補上增字符號。

過去有些學識淵博而富於自信的學者，往往徑改古書而不說明依據，曾引起相當的爭議。《古籍校點釋例》（初稿）的「校勘釋例」，爲古籍校勘工作做了原則性的指導。校點本在校點體例的落實方面，多有不嚴之處。上述各例，有一些可能屬於局本的底本錯誤，校點本似乎是有意改動，而不出任何標誌，這就違背了古籍整理的基本原則。有一些改動也未必正確。沒有校改符號，讀者則難以分辨是校勘問題還是排印問題。

三、局本與《札記》不一致的問題

張文虎《札記》專爲金陵書局本《史記》而作，「說明用以互校的各本異文及去取理由」，〔註 43〕《札記》所出條目文字可用以校正局本文字。校點本承局本而來，有些文字校勘宜參考張文虎《札記》。通過對比可知，局本與《札記》不一致時，校點本多自有主張，未必遵從《札記》。如：

《韓長孺列傳》：「安國爲人多大略，智足以當世取合，而出於忠厚焉。」（2863／10）按：《札記》出「取捨」條，云：「宋本、舊刻作『合』。各本作『舍』，《漢書》同。」校點本《札記》案：「金陵本亦作『合』。如張氏所云，則校刊時本擬作『舍』而未及剗改也。中華本亦作『合』。」此爲局本正文與《札記》條目不一之例。李人鑒校爲「取容」〔註 44〕。

〔註 42〕如《史記索引》，第 1723 頁「衍文索引」中列此，即作衍文處理。
〔註 43〕見張文虎《札記》《出版説明》，第 1 頁。
〔註 44〕李人鑒：《太史公書校讀記》，第 1429 頁。

《匈奴列傳》：「其明年春，漢使驃騎將軍去病將萬騎出隴西，過焉支山千餘里，擊匈奴，得胡首虜（騎）萬八千餘級，破得休屠王祭天金人。」（2908／12）按：《札記》：「『騎萬』二字疑衍。《驃騎傳》無，《漢書》亦無。」而校點本《札記》案：「日人瀧川龜太郎《史記會注考證》謂三條本無『騎』字，疑僅衍一『騎』字。」校點本亦據此刪一「騎」字。此明顯的爲，校點者與張文虎《札記》意見不一時，校點本並不一定遵從《札記》之說。

《循吏列傳》：「故三得相而不喜，知其材自得之也；三去相而不悔，知非己之罪也。」（3100／12）按：悔，《札記》出「不悔」條，云：「毛訛『悔』。」今校點本爲「悔」，與《札記》不一。

四、局本存在的其他問題

局本吸收了眾多的研究成果，但仍有一定數量的遺漏，校點本仍然需要廣泛參考前人和時賢的成果，加以提高。這裡略舉數例。

《高祖本紀》：高祖五年，「十月，燕王臧荼反，攻下代地。」（381／12）按：《志疑》云：「『十月』乃『七月』之誤。」李人鑒以爲「七月」是。《史記會注考證》及施之勉《訂補》〔註45〕並有論證，可參。此時間有誤之例。

《高祖本紀》：「（七年）立兄劉仲爲代王。」（385／2）按：梁玉繩《志疑》卷六：「劉喜之王在六年正月，與封荊、楚、齊三王同時，此誤書於七年二月前也。」《史記會注考證》：「《漢書‧高紀》云：『六年正月，以雲中、雁門、代郡五十三縣立兄宜信侯喜爲代王。』」施之勉《訂補》：「按：《功臣表》六年正月立仲爲代王，《將相表》六年劉仲爲代王。」此亦時間有誤之例。

《樂書》：「故聞宮音，使人溫舒而廣大；聞商音，使人方正而好義；聞角音，使人惻隱而愛人；聞徵音，使人樂善而好施；聞羽音，使人整齊而好禮。」（1237／1-2）按：此五聲與五常相配之關係爲「徵」配「好施」、「羽」配「好禮」，與上文 1236 頁「徵動心而和正禮，羽動腎而和正智」的「徵」配「和正禮」、「羽」配「和正智」有所不同，究竟誰是誰非？張文虎《札記》301 頁「而和正禮」條云：「宋本『禮』字與下『而和正智』『智』字互易，疑誤。」張氏傾向於「徵」配「和正智」、「羽」配「和正禮」。水澤利忠《史記會注考證校補》說：「井本與《札記》所引宋本合。」趙生群先生據《風俗通

〔註45〕施之勉：《史記會注考證訂補》，第 293 頁。

義‧聲音》引劉歆《鍾律書》所云：「徵者，祉也，物盛大而繁祉也。五行爲火，五常爲禮，五事爲視，凡歸爲事」、「羽者，宇也，物聚藏宇覆之也。五行爲水，五常爲智，五事爲德，凡歸爲物」，以及《漢書‧律曆志》所云：「徵爲火爲禮爲視，羽爲水爲智爲聽」等，認爲：「《札記》所引宋本與井本俱誤。」「『聞徵音，使人樂善而好施；聞羽音，使人整齊而好禮』數句，應改爲『聞徵音，使人整齊而好禮；聞羽音，使人樂善而好施。」〔註46〕其說是。五聲與五常之關係應當爲「徵」配「禮」、「羽」配「智」，《樂書》1236頁原不誤。趙先生之論，不僅訂正局本之遺誤，且可辨張文虎《札記》及水澤利忠《校補》之說均屬未當。

　　《魏其武安侯列傳》：「天下士郡諸侯愈益附武安。」（2843／14）按：《札記》：「各本『郡』下有『國』字，《索隱》本無。《雜志》云：『國字後人所加，《漢書》亦作『郡諸侯』，師古曰「郡及諸侯，猶言郡國也」。』」今本《索隱》：「按：謂仕諸郡及仕諸侯王國者，猶言仕郡國也。」局本刪了史文的「國」字。而李人鑒認爲「國」之「諸侯」與「郡」之「諸侯」名同而實不盡同，「郡國諸侯」未嘗有誤，《索隱》與王念孫說有誤，不當從。〔註47〕李說近是。本書有許多「郡國諸侯」的用例。如《高祖本紀》：「令郡國諸侯各立高祖廟，以歲時祠。」《孝文本紀》：「郡國諸侯宜各爲孝文皇帝立太宗之廟。」《吳王濞列傳》：「會孝惠、高后時，天下初定，郡國諸侯各務自拊循其民。」可參。

　　前輩的研究經驗告訴我們，能代表一個時代最高質量的對校及擇善工作，是以掌握系統的版本，具備廣博的文化知識和精深的專業水準，並充分佔有這個時代的有關研究成果爲基礎的。校點本在底本對校、古籍整理的指導思想、觀念、方法、材料及研究水準等多方面存在一些不足，帶有時代的局限；並且文本總是隨時間的變化而變化的，從總體上看，每一次重大變化都是與時俱進的，有所提高的，但就具體而言，有時還可能出現「後不如前」的情況。前文我們已強調，校點本發揮的歷史作用不容低估，應當尊重任何開拓者的歷史功績，但我們也應當承認「四十年前的校點本在今天看來有許多內容需要修訂，是古籍整理研究事業向前發展的必然結果」，〔註48〕對於

〔註46〕趙生群：《〈史記〉校讀札記》，《漢中師院學報》，1989年第4期。
〔註47〕李人鑒：《太史公書校讀記》，第1418頁。
〔註48〕吳金華：《中華書局校點本〈三國志〉修訂芻議》，載《古文獻整理與古漢語研究》，江蘇古籍出版社，2001年版，第208頁。

《史記》這樣的名著，人們有著較高的期待。在現代學術背景下，孤本秘笈逐步公佈於世，文化語言的研究特別是西漢的斷代文化語言研究不斷深化、不斷拓展，已經爲《史記》校勘工作的新飛躍提供了前所未有的條件。新世紀《史記》整理研究工作理應向縱深發展爭取獲得突破性的進展，並產生體現 21 世紀學術水準的新文本。

第二章 校點本與張文虎《札記》對比研究

第一節 張文虎《札記》研究

　　張文虎《校刊史記集解索隱正義札記》五卷，是在校刊局本《史記》的基礎上而寫的，刊刻於清同治十一年（1872）。參考張文虎《札記》卷末識語所云：「文虎與侍御（指周學濬）及唐君（指唐仁壽）議，以新刊史文及注，皆不主一本，恐滋讀者疑，請於刊峻之後附記各本同異及所以去取意。文正頷之。七年冬，公將移任畿輔，命凡已刻之卷中有宜改者，隨時剗補，以是至九年夏始克印行，乃屬彙爲札記。」及：「所記異同，大半取資於錢校本（指錢泰吉校本）。其外兼採諸家緒論，則梁氏《志疑》、王氏《雜志》爲多。間附文虎與唐君管見所及，不復識別。其有偶與前賢暗合者悉歸之前賢，以避攘善之譏。」〔註1〕大體可知張文虎做《札記》的目的和方法。所以中華書局編輯部介紹說：「由於這個校本（指局本）是參酌眾本，擇善而從，所以張文

〔註 1〕 張文虎於同治九年正月二十八日記「作《史記》校勘記稿」，此後不斷記「寫校記」，至同治十年二月二十四日「八書完矣」。用了一年多時間方完成30卷，而二口後「復校《史記》本紀，時便于密借警石先生校本也」，至同治十一年五月記有「校《札記》寫樣」，直至十二月七日記有「校《札記》樣本」語。這裡，關於「大半取資於錢校本」之說，宜引起重視。此外，唐仁壽與張文虎在錢泰吉生前與錢氏均有交往，如錢泰吉《校史記雜識》卷一載：「咸豐六年丙辰二月二十七日，唐端甫茂才仁壽攜示陶書估所持《史記集解索隱》，每葉二十八行，行二十五字，與中統本同而字略大。」錢泰吉對金陵書局本的影響有多大，似宜繼續探討。

虎另寫了《札記》五卷，說明用以互校的各本異文及去取理由。《札記》對異文的是非有所判斷，並吸取了一些前人的校訂成果（採用較多的是梁玉繩《史記志疑》和王念孫《讀書雜志》），這是它的長處，但也有失於瑣細的地方，如列舉通用字、異體字，這些都是意義不大的。」〔註2〕從古籍校勘成果的處理形式來看，局本《史記》與張文虎《札記》的關係，可以認爲是定本與校勘記的關係〔註3〕。程千帆、徐有富認爲：「這種方法的長處是既有定本之簡明，又不至於使人不知定本文字所從出；既便於閱讀，又在相當大的程度上保留了各本的面目。」〔註4〕

　　張文虎的《札記》，據筆者統計，連同中華書局編輯部所增條目，共有8957條校勘記。關於校勘記的分類，從不同的角度可以有不同的分法。爲了敘述的便利，本書採用管錫華《校勘學》一書的分類法：「從對校勘的把握程度來分，可以把校勘記分爲是非校勘記、傾向校勘記、存疑待考校勘記、異同校勘記四類。」〔註5〕參照這四類校勘記的定義和術語，我們可以對張文虎《札記》作一定的分類，可以考察校點本對《札記》不同類型校勘記的採用情況。

　　一、是非校勘記。對校正訛誤有完全把握的校勘記就是是非校勘記。這類校勘記常使用「改」、「補」、「刪」、「乙正」、「改補」、「改刪」、「此……訛」

〔註2〕　張文虎《札記》《出版說明》，第1頁。另，初版校點本《史記》的《出版說明》末有一節：「還得附帶說明一點：張文虎校刊金陵局本的時候，寫有《校刊史記集解索隱正義札記》五卷，跟金陵局本《史記》同時刊行。這五卷《札記》不但說明了各本同異以及所以去取的原因，還採錄了諸家的校釋，對於讀者大有幫助，現在我們把它重新排印，單獨發行。」再版已刪去。刪去是對的，《〈史記〉札記》共五卷，二冊。蓋本欲附金陵本《史記》以行，故金陵本《史記目錄》末記「札記五卷」。然《史記》於同治九年（1870）夏已刷印，而《札記》刊刻於同治十一年（1872），未及附於卷後，「蓋實多單行」。《晚清營業書目》附有江南書局（前身即金陵書局）價目單，其中有「校本《史記》二十冊，杭連紙售洋十一元一角五分，賽連紙售洋六元九角」，又記「《〈史記〉札記》二冊，賽連紙售洋八角七分」。正可見其爲另冊單行也。

〔註3〕　關於定本式的定義，錢玄先生認爲：「根據校勘的結果，把底本的誤字、衍文、脫文、倒置以及篇章等錯誤改正過來，成爲一個定本，在注中作校記。定本式也有幾種不同的情況。」並認定「中華校點本《史記》也是定本式」。見錢著《校勘學》，第119～120頁，第130頁。

〔註4〕　程千帆、徐有富：《校讎廣義·校勘編》，第461頁。

〔註5〕　參管錫華《校勘學》第七章「校勘記的寫法」。

等術語。如：

《呂太后本紀》：「八月庚申旦，平陽侯窋行御史大夫事，見相國產計事。」（409／2）按：八月，《札記》：「庚申距辛巳四十日，不得同月。二術九月皆辛亥朔。庚申，九月十日也。《將相表》九月誅諸呂，是其證。《通鑑》作『九月』，是。」此爲是非校勘記，局本未改，校點本亦未改，似審愼有餘。

《建元已來王子侯者年表》：「雩殷。」（1109／1／1）按：《札記》：「『《志疑》云《漢表》虖加，志作雩叚，此殷字訛。』案：《索隱》本出正文『雩』，下脱一字，而音爲呼加，則《史》本作『叚』。然宋本『殷』字避諱缺末筆，則承訛久矣。」可知訂「殷」字爲「叚」字之訛。校點本未採。

《建元已來王子侯者年表》：「父城。」（1110／1／3）按：《札記》：「《志疑》云《漢表》『文成』，是。」此爲是非校勘記，校點本未採。《索隱》：「志在遼西，表在東海。」本書《司馬相如列傳》：「文成顚歌。」《索隱》：「文穎曰：『文成，遼西縣名，其縣人善歌。』」則作「文成」近是。《集解》：「一作『六成』。」「六」字或爲「文」字形近之訛。

《春申君列傳》：「王又舉甲而攻魏，杜大樑之門，舉河內，拔燕、酸棗、虛、桃，入邢，魏之兵雲翔而不敢捄。」（2388／5）按：入，《札記》：「《志疑》云《策》作『桃人』，『入』字誤。」此爲是非校勘記，校點本未採。

　　二、傾向校勘記。對校正訛誤沒有完全把握的校勘記就是傾向校勘記。這類校勘記常使用「疑」、「當」、「應」、「似」等與「作」、「誤」、「脱」、「衍」、「倒」、「改」、「補」、「刪」、「乙」等配合起來的術語，以及「義長」、「爲優」、「較優」、「較佳」、「較合」、「近是」、「可從」等術語。如：

《孔子世家》：「禮樂自此可得而述，以備王道，成六藝。」（1937／1）按：備，《札記》：「中統本『備』作『唯』，疑『維』之訛。」

《春申君列傳》《正義》：「劉伯莊云：『言秦得魏地，楚趙之（絕）從〔絕〕。』」（2389／9）按：《札記》：「『絕從』疑誤倒。」校點本據之倒乙。

　　三、存疑待考校勘記。確有訛誤或懷疑有誤而無從校正、提出校勘傾向而一時無有力證據、確知有誤亦已校正而不知誤因、眾本不同而一時難以抉擇等，在上述情況下寫出來的校勘記爲存疑待考校勘記。這類校勘記常用「未詳」、「待考」、「待校」、「存疑」等術語。如：

《魯周公世家》:「田常初相,欲親諸侯。」(1545 / 4)按:《札記》:「此八字疑非《史》文。」

《田敬仲完世家》:「文子卒,生桓子無宇。田桓子無宇有力,事齊莊公,甚有寵。無宇卒,生武子開與釐子乞。」(1881 / 3)按:文子卒,《札記》:「『卒』字疑衍。下『無宇卒』同。」則此文二「卒」字疑衍。

四、異同校勘記。是非難定,只出異文的校勘記就是異同校勘記。這類校勘記常用「某本作某」、「某本有某」、「某本無某」、「某本多某」、「一(今、古、舊)本作」、「或作」等術語。如:

《晉世家》:「晉文公曰:『我擊其外,楚誅其內,內外相應。』」(1668 / 7)按:內外相應,《札記》:「宋本無此四字。」此為版本異文。

《趙世家》:「中山獻四邑和,王許之,罷兵。」(1811 / 11)按:《札記》:「官本『和』上有『請』字。」此為版本異文。

《扁鵲倉公列傳》:「奴之病得之流汗數出,(灸)〔炙〕於火而以出見大風也。」(2807 / 7)按:《札記》:「毛本『灸』作『炙』。」此為版本異文,校點本未經考證,即據之改字。

當然張文虎《札記》的內容非常豐富,像交代校改依據、解釋性校勘記、訂正三家注之誤等,並非上述四類所能概括。如:

《秦始皇本紀》:「皇帝躬聖,既平天下,不懈於治。」(243 / 9)按:《札記》:「《元龜》百九十二引『於』作『為』。案:為猶於也,見王氏《經傳釋詞》。」異文可通,以訓詁解決問題。

《趙世家》:「臣聞古之賢君,其德行非布於海內也,教順非洽於民人也,祭祀時享非數常於鬼神也。」(1817 / 4)按:順,《札記》:「讀為『訓』,古通。」此為《札記》中之訓釋,訓釋可通,不必校改。

《老子韓非列傳》:「彼顯有所出事,乃自以為也故,說者與知焉,則身危。」(2150 / 3)按:也,《札記》:「《雜志》云:『也讀為他,《韓子》作「乃以成他故」。』《志疑》說同。」此以訓詁為校勘也。「他故」為常見詞,如本書《禮書》:「是故刑罰省而威行如流,無他故焉,由其道故也。」可參。

此類異文現象,因訓釋可通,不煩校改文字,校點本無須據改。

《秦本紀》:「伐取趙中都、西陽。」(207 / 10)按:《札記》云:「《志疑》云此與表同誤,《趙世家》作『西都中陽』,是。《漢志》地屬西河郡,若中都屬太原,西都屬山陽,未可相混,《正義》謬。」指史文「中都西陽」為「西

都中陽」之誤。並可訂正《正義》之誤。

《孟子荀卿列傳》：「騶衍其言雖不軌，儻亦有牛鼎之意乎？」（2345／13）按：《索隱》按：「《呂氏春秋》云『函牛之鼎不可以烹雞』，是牛鼎言衍之術迂大，儻若大用之，是有牛鼎之意。而譙周亦云『觀太史公此論，是其愛奇之甚』。」而《札記》：「案：此比鄒子始之泛濫者爲飯牛負鼎之類，鄙之也。《索隱》非。」此訂正三家注之誤。徐仁甫《廣古書疑義舉例》「兩詞誤合例」舉此例云：「『牛』、『鼎』二詞，本承上文『飯牛』、『負鼎』而言。」〔註6〕續證《索隱》之非。可參。

《平原君虞卿列傳》：「今臣爲足下解負親之攻，開關通幣，齊交韓、魏，至來年而王獨取攻於秦，此王之所以事秦必在韓、魏之後也。」（2372／8）按：《索隱》：「言爲足下解其負簪，而親自攻之也。」《札記》出「解負親之攻」條，云：「鮑彪注《策》云『趙嘗親秦而負之，故秦來攻』，意自明。小司馬所據本『之攻』誤倒，因強爲之說。」此亦訂《索隱》之誤。

《魏公子列傳》：「秦兵不敢出。當是時，公子威振天下，諸侯之客進兵法，公子皆名之，故世俗稱《魏公子兵法》。」（2384／3）按：《索隱》：「言公子所得進兵法而必稱其名，以言其恕也。」而《札記》：「淩引董份曰：『客進兵書而總名於公子，故世稱《魏公子兵法》。《索隱》正相反。」此訂《索隱》之誤說。

《酷吏列傳》：「始爲小吏，乾沒，與長安富賈田甲、魚翁叔之屬交私。」（3138／11）按：「乾沒」二字之義，《集解》：「徐廣曰：『隨勢沉浮也。』駰案：服虔曰『射成敗也』。如淳曰『得利爲乾，失利爲沒』。」《索隱》：「如淳曰：『得利爲乾，失利爲沒。』」《正義》：「此二說非也。按：乾沒謂無潤及之而取他人也。又雲陽浮慕爲乾，心內不合爲沒也。」可謂眾說紛紜，而《札記》云：「案：乾沒猶言陸沉，謂陰取其利。《佞倖傳》『長公主賜鄧通吏隨沒入之』是也。舊注皆迂。」張說可參。

此類訂正三家注之誤說者，張文虎《札記》中還有不少，因限於校勘體例，校點本無法採用。而對《史記》研究特別是校勘研究來說，則不可不重視。〔註7〕

〔註6〕徐仁甫：《廣古書疑義舉例》，中華書局，1990年版，第130頁。
〔註7〕本節修改爲《試論張文虎〈史記札記〉的文獻價值》一文，發表於《史記論叢》（第八集），華文出版社，2011年版，第549～560頁。

第二節　校點本與《札記》關係的基本判斷

　　校點本以金陵書局本爲底本，依據張文虎《札記》等，進行分段、標點、校理，對部分古字、異體字進行處理，爲現代讀者提供了方便。同時，《札記出版說明》告訴讀者：「我們出版的點校本《史記》，即以張校金陵書局刻本爲底本，用方圓括號改字之處，也主要依據張文虎的校勘成果。現將《札記》整理印出，這樣不但我們在點校本中所作改動的理由可以一目了然，而且對於研究《史記》、持有其他版本的讀者，也同樣具有參考價值。」可見，探討校點本，不能不重視兩者的關係。《札記》與校點本的關係可粗分爲五類：一、大部分條目與局本本身關係較大，說明局本去取的理由，而對校點本而言，沒有直接的校勘作用；二、一些有價值的條目校點本亦未採用，即善而未擇；三、《札記》所言未必正確，校點本卻採用了，即所擇未善；四、校點本用了《札記》的材料卻不出校改符號。五、《札記》之說未當，校點本不採。校點本對《札記》的採用情況非常複雜。漏校與誤校兩類，在《史記》校勘研究中尤其重要，也是人們非常關注的內容。前人和時賢有許多研究成果，可供我們借鑒。如章培恒在《關於古籍整理工作的規範化問題》〔註8〕一文中，就列舉了善而未擇的一例、所擇未善的兩例。這裡補充數例。

　　《項羽本紀》：「大司馬咎、長史翳、塞王欣皆自剄汜水上。大司馬咎者，故蘄獄掾，史欣亦故櫟陽獄吏，兩人嘗有德於項梁，是以項王信任之。」（330／5）按：「翳塞王」三字，梁玉繩《史記志疑》已指出《高紀》及《漢書》紀傳皆無此三字〔註9〕，此後人妄增。張文虎《札記》等又有論證，確指爲衍文，校點本仍未採納。蔣禮鴻續證之。吳金華先生認爲：「『翳塞王』三字是不是衍文，還須慎重考慮。因爲我們不能排除『互文』因素。『翟王翳』跟『塞王欣』關係很密切。司馬遷以『長史翳』指『翟王翳』，不是沒有可能。《史記》卷八《高祖本紀》載：『二年，漢王東略地，塞王欣、翟王翳、河南王申陽皆降。』卷九十二《淮陰侯列傳》載：『塞王欣、翟王翳亡漢降楚。』我以爲中華本未必屬於『漏校』，未來的修訂本宜只在『校勘記』中說明《志疑》及《札記》的意見，不宜遽刪『翳塞王』三字，除非刪字者已經找到『長史翳』決不存在的鐵證，或者找到了『翟王翳』不死於此時的根據。」可以

〔註8〕　見《中國典籍與文化論叢》（第七輯），北京大學出版社，2002年版，第50～59頁。

〔註9〕　梁玉繩：《史記志疑》，第209頁。

參考。

　　《六國年表》:「（始皇帝五年：）蒙驁取魏酸棗二十城。」（751／1　行 6
列）按：魏，局本作「燕」。張文虎《札記》有校理，云:「案:《始皇紀》『將
軍驁攻魏，定酸棗、燕、虛、長平、雍丘、山陽城，皆拔之，取二十城』。疑
此表有脫文。『燕』下脫『虛』字，淺人誤爲燕國，移置『酸棗』上，淩本遂
據《始皇紀》改爲『魏』字；《志疑》又謂衍『酸棗』二字，何不察之甚也。」
（161 頁）校點本據淩本徑改底本「燕」字爲「魏」，不作標誌；又，細味張
氏之語，以「燕」爲地名，此句宜作「蒙驁取燕、虛、酸棗二十城」也。吳
金華先生揭出致誤之由:「《紀》說『攻魏，定酸棗、燕、虛、長平、雍丘、
山陽城，皆拔之，取二十城』，《表》說『取燕、酸棗二十城』、《傳》說『攻
魏，拔二十城，初置東郡』，或詳或略，互相補充。『燕』，是魏國的縣名，中
華本不明《史記》互文之例而誤改爲『魏』。」

　　《禮書》:「步驟馳騁廣騖不外，是以君子之性守宮庭也。人域是域，士
君子也。外是，民也。」（1173／13）按：本文宜校理者有三：其一，廣騖，
王念孫《讀書雜志・史記第二・廣騖》認爲《索隱》、《正義》所釋未當，云:
「廣騖當爲厲騖，字之誤也……厲字本作厲，《廣雅》曰:『厲、驟、馳、騁，
奔也。』《說文》:『厲，次弟馳也。』」並舉原出處異文云:「《荀子・禮論篇》
曰:『步驟馳騁厲騖，不外是矣，是君子之壇宇宮廷也。』足證今本之誤。」
〔註10〕《荀子》楊倞注:「厲騖，疾騖也。」疾馳之義。池昌海認爲「驟馳騁
厲騖」爲《史記》惟一的「五詞連用式」，即五個同義詞連續組合的表達結構。
〔註11〕張文虎《札記》引王氏之說，但校點本未從，可謂善而未擇。其二，「是
以」二字，宜從《荀子》作「是矣」，「不外是矣」爲一句，言均不外乎此也。
其三，人域是域，《荀子》作「人有是」，王念孫《讀書雜志・荀子第六》曰:
「有，讀爲域。《孟子・公孫丑篇》注曰:『域，居也。』人域是，人居是也，
故與『外是』對文。……是域有古通用。《史記・禮書》正作『人域是』。」
〔註12〕「域是」與「外是」句法相同，下「域」字似可依《荀子》刪。張文
虎《札記》漏採，校點本亦漏校。蔣禮鴻續校之。可參。

　　《孔子世家》《正義》:「顏濁鄒，非七十（七）〔二〕人數也。」（1938／

〔註10〕 王念孫:《讀書雜志》，江蘇古籍出版社，1985 年版，第 87 頁。
〔註11〕 池昌海:《〈史記〉同義詞研究》，上海古籍出版社，2002 年版，第 124 頁。
〔註12〕 王念孫:《讀書雜志》，江蘇古籍出版社，1985 年版，第 713 頁。王引之《經
　　　　傳釋詞》卷三「或」條可參證。

12）按：張文虎《札記》云：「閣本作『七十二人』，與上史文合。」校點本據之而改。趙生群先生據《仲尼弟子列傳》載「顯有年名及受業聞見於書傳」者三十五人，「無年及不見書傳」者四十二人，合之正得七十七人之數，以及相關史料，認爲《孔子世家》《正義》云「七十七人」不誤，《孔子世家》「身通六藝者七十有二人」的「二」爲「七」之訛，「點校本據《札記》改動注文，兩失之」。〔註13〕其說是。校點本既有漏校，又有誤校。

《札記》有不少條目列出異文與取捨結果，仍有待進一步的探討。如《周本紀》「說韓正義蓋或」條：「官本『蓋』，各本作『及』，疑『乃』之訛。」局本已徑改爲「乃」字。「及」與「乃」常互訛，但無版本依據，終難成定說。

第三節　校點本對《札記》具體採擇的研究

張文虎《札記》，包括中華書局編輯部所增補，共有 8957 條，校點本對之吸收的情況非常複雜。這裡主要討論與校點本關係較密切的幾類：一是《札記》之說宜參而校點本未參者，即一些有價值的條目校點本未採用，可能屬善而未擇；二是《札記》所言未必正確而校點本採用者，可能屬所擇未善；三是《札記》有二種或多種說法而校點本徑取一說，或用《札記》之說不完整者；四是校點本與《札記》之說不一，甚至與《札記》之說相反者；五是《札記》之說未當而校點本不採者。

一、《札記》之說宜參者

《札記》校點本校記達 8957 條，而校點本僅有 780 餘處明顯校改，單從數字上看，二者差距非常大。是不是《札記》除校點本所採納的條目外，其他條目沒有可採擇的價值呢？我們在肯定校點本對待張文虎《札記》態度審慎的同時，參考前人和時賢的成果，感到《札記》中有不少條目似有參考的價值。或可據改，或可出校。如：

《五帝本紀》《正義》：「《帝王紀》云：『帝俈高辛，姬姓也。其母生見其神異，自言其名曰夋。嚳亂有聖德，年十五而佐顓頊，三十登位，都亳，以人事紀官也。』」（14／2）按：夋，參本卷第 13 頁有皇甫謐云：「帝嚳名夋也。」

〔註13〕趙生群：《〈史記〉校讀札記》，《漢中師院學報》，1989 年第 4 期。

《札記》已言，校點本漏擇。吳忠匡再證之〔註14〕。《初學記》卷九引《帝王世紀》作「夋」，亦可參。

《夏本紀》《集解》：「孔安國曰：『漆，沮，二水名，亦曰洛水，出馮翊北。』」（74／11）按：《札記》云：「『二』當作『一』，見阮刻《尚書》校勘記。」（24頁）校點本未採納。參本書前文第66頁《索隱》：「漆、沮二水，漆水出右扶風漆縣西，沮水《地理志》無文，而《水經》以濾水出北地直路縣，東過馮翊役翊縣入洛。《說文》亦以漆、沮各是一水名。孔安國獨以爲一，又云是洛水。」可知孔安國是誤以「漆沮」爲一水名的。《札記》之說當從。

《周本紀》：「三十二年，襄王崩，子頃王壬臣立。」（155／12）按：《札記》：「官本云三十三年之誤，合《左傳》及《年表》證之自知。《志疑》說同。」崔適《史記探源》第48頁說爲「三十三年」。校點本未採，似不當。

《秦本紀》：「楚自漢中，南有巴、黔中。」（202／3）按：巴，屬秦，非楚地，當作「巫」，巫爲楚地，《楚世家》多有「巫、黔中」連用之例。《札記》所說：「《志疑》引明程一枝《史詮》曰，一本『巴』作『巫』，巴屬秦，非楚地。」宜從。

《秦本紀》：「始皇帝五十一年而崩，子胡亥立，是爲二世皇帝。」（220／末）按：五十一，《札記》：「疑本作『年五十』，衍『一』字，又誤倒耳。」校點本未從。五，錢大昕以爲當作「立」，始皇爲帝十一年耳。施之勉《史記會注考證訂補》第196頁、李人鑒《太史公書校讀記》第121頁並以錢說爲是。校點本善而未擇也。吳金華先生認爲：「錢大昕以爲當作『立』，益人神智。上文云『秦王政立二十六年』，則此云『始皇帝立十一年』，措辭前後相應。『立』，即位也。上舉謂即秦王之位，此則謂即皇帝之位。李人鑒以錢說爲是，是也。可據改。」

《秦始皇本紀》：「壞城郭，決通堤防。」（251／16）按：《札記》：「《志疑》引陳太僕兆崙云二語與上下不貫，當羨。」《史記會注考證》說七字是「銘辭誤入史文」，爲衍文。可從。

《項羽本紀》《正義》：「《括地志》云：『故邾城在黃州黃岡縣東南二十里』，本春秋是邾國。」（319／1）按：《貨殖列傳》《札記》出「故邾城在潭

〔註14〕吳忠匡：《〈史記〉中華書局點校本訂誤》，《文史》第七輯，中華書局，1979年12月。

州東南百二十里」云：「《項紀》《正義》引《括地志》『故邾城在黃州黃岡縣東南二十里』。此作『潭州』，蓋涉下『長沙』《正義》而誤。而此文『百』字與《郡縣志》合，可補彼注之闕。」（742 頁）訂本文脫「百」字，可參。

《高祖本紀》：「吾以義兵從諸侯誅殘賊，使刑餘罪人擊殺項羽，何苦乃與公挑戰！」（376／末）按：《札記》：「『乃與』疑當乙。」作「乃公」，為漢王劉邦自稱，是與上文「項羽欲與漢王獨身挑戰」相應。疑是。趙生群先生認為：「此句主語為『吾』。《漢書》作『何苦乃與公挑戰』。『乃公』一詞本書的用例有《酈生陸賈列傳》：『乃公居馬上而得之，安事《詩》《書》。』《淮南衡山列傳》：『淮南王乃謂侍者曰：誰謂乃公勇者？』《索隱》：『乃，汝也。汝公，淮南王自謂是也。』同義詞有『而公』，如《留侯世家》：『漢五輟食吐哺，罵曰：豎儒，幾敗而公事。』《索隱》曰：『而公，高祖自謂也。《漢書》作乃公，乃亦汝也。』」可參。

《孝景本紀》：「元年四月乙卯，赦天下。乙巳，賜民爵一級。」（439／6）按：乙巳，《札記》：「《志疑》云：『二字衍。乙巳先乙卯十日，不應賜爵在前，亦不應相隔多日。』案：《漢書》四月赦天下，賜民爵一級，不書日。」若在後，則相隔五十日，不在同一月。《札記》所引衍字之說可參。《資治通鑒》作「夏四月乙卯，赦天下」，可參。

《孝景本紀》：「二年春，封故相國蕭何孫係為武陵侯。」（439／8）按：武陵，《札記》：「《志疑》云《功臣表》及《漢書》表傳皆作『武陽』，此誤。」此為是非校勘記，參《史記·高祖功臣侯者年表》及《漢書·功臣表》、《蕭何傳》，均作「武陽侯」。似可出校。

《孝景本紀》：「八月，以御史大夫開封陶青為丞相。彗星出東北。秋，衡山雨雹，大者五寸，深者二尺。」（439／10）按：秋，《札記》：「《志疑》云上已書『八月』，何又言『秋』，當衍。」「深者」的「者」，王念孫以為涉上而衍，《初學記》、《御覽·天部》引並無，參《札記》第 106 頁，程千帆、徐有富《校讎廣義·校勘編》第 182 頁舉此例。吳金華先生認為：「(1)『秋』字未必是衍文。因為這不是按月敘事，而是獨立的一段。(2)『者』是衍文，王念孫之說可從。說地上積雹之厚，當云『深二尺』，不云『深者二尺』，是約定俗成的說法。類似的記載甚多，例如《秦始皇本紀》：『二十一年……大雨雪，深二尺五寸。』再如《漢書·五行志中》：『宣帝地節四年五月，山陽濟陰雨雹，如雞子，深二尺五寸，殺二十人，蜚鳥皆死。』又如《三國志·

吳書·吳主傳》載赤烏四年正月：『大雪，平地深三尺，鳥獸死者大半。』『深』是泛指，『深者』則屬特指，史家記載積雹、積雪、積水的深，只用泛指，這是通例。」

《孝景本紀》：「中五年夏，立皇子舜爲常山王。封十侯。」（445／10）按：「十侯」之說，《正義》已有疑：「《惠景間年表》云亞谷侯盧他之、隆盧侯陳蟜、乘氏侯劉買、桓邑侯劉明、蓋侯王信。按：其五人是中元五年封，餘檢不獲。中元三年，匈奴王二人降，封爲列侯。《惠景間表》云匈奴王降爲侯者有七人，疑其五人是十侯之數。」《札記》：「《志疑》云『十』乃『五』之訛。」李人鑒續證之〔註15〕。亦可存疑。

《高祖功臣侯者年表》：「以將軍前元年率將二千五百人起薛，別救東阿，至霸上。」（907／2行1列）按：率將，《札記》：「《雜志》云當依《漢表》作『將卒』。」本書「卒」與「率」常互訛。程千帆、徐有富《校讎廣義·校勘編》第123頁舉此例爲「因本有例文而改」，即以王念孫「今本『將卒』二字誤倒，『卒』字又誤作『率』」之說爲據。

《惠景間侯者年表》：「管。劉悼惠王子，侯。」（997／1行3列）按：《索隱》云：「管，古國，今爲縣，屬滎陽。」《札記》引《志疑》：「齊王子何以在河南？《水經》濟水又東北過菅縣南，注引此爲據，是當作『菅』，蓋唐時已誤。」瀧川資言《史記會注考證》：「『管』當作『菅』，菅縣屬濟南。」陳直說：「《齊魯封泥集存》十四頁有『菅侯相印』封泥，與本表正合。」〔註16〕此地名有誤之例。草字頭與竹字頭常互訛，與漢字形體的演變有關，可參蘇傑「竹／艸偏旁混同問題」。〔註17〕

《樂書》：「德輝動乎內而民莫不承聽，理發乎外而民莫不承順，故曰：『知禮樂之道，舉而錯之天下無難矣。』」（1218／4）按：《禮記·樂記》作「致禮樂之道」，參張守節《正義》云：「聖王有能詳審極致禮樂之道，舉而措之於天下，天下悉從，無難爲之事也。」「知」似作「致」。此爲「樂化章」的第一段，段首言「禮樂不可以斯須去身」，下分言「致樂以治心」與「致禮以治躬」，最後結以本句。《札記》：「『知』《記》作『致』。《雜志》云：『《正義》曰「極致禮樂之道」，則本作『致』。」校點本宜據改。蔣禮鴻認爲：「蓋『致』

〔註15〕李人鑒：《太史公書校讀記》，第261頁。

〔註16〕陳直：《史記新證》，第55頁。

〔註17〕蘇傑：《〈三國志〉異文研究》，復旦大學博士學位論文，2001年。後修改擴充，收入《中國典籍與文化研究叢書》第二輯，齊魯書社，2006年出版。

『知』音近，故『致』誤作『知』。」〔註18〕可參。

《衛康叔世家》《索隱》：「音延。延，墓道。又音以戰反。」（1591／10）按：《札記》：「『延』當作『羨』。」指後一「延」字當作「羨」。其說是。此爲正文「共伯入釐侯羨自殺」的注釋，當釋「羨」字，否則，此注即無根。

《晉世家》：「自唐叔至靖侯五世，無其年數。」（1636／10）按：《札記》引《志疑》梁玉繩說：「『靖侯』當作『厲侯』，故云五世。」（398頁）此爲是非校勘記，李學勤以爲是。〔註19〕校點本未採。

《晉世家》《集解》：「服虔曰：『九合：一謂會於戚，二會城棣救陳，三會於�，四會於邢丘，五同盟於戲，六會於柤，七戍鄭虎牢，八同盟於亳城北，九會於蕭魚。』」（1683／2）按：一謂，《札記》：「二字疑倒。」此爲正文「九合諸侯」的注釋，參「二會」至「九會」之說，宜作「謂一會於戚」也。校點本善而未擇。

《趙世家》：「今吾欲繼襄主之跡，開於胡、翟之鄉，而卒世不見也。爲敵弱，用力少而功多，可以毋盡百姓之勞，而序往古之勳。」（1806／14-15）按：「開於」的「於」，《札記》云：「『於』字疑衍，《國策》無。」蔣禮鴻以爲「未必爲衍文」。又「用力少而功多」的「功」字前，《札記》云：「舊刻『功』上有『成』字。」蔣禮鴻以爲「有『成』字是。『用力少』與『成功多』文相對」。蔣說可參。〔註20〕又「序往古」的「序」字，《札記》：「《雜志》云：『張所見本作「厚」，故訓重。當依《策》作「享」。』」今《正義》爲「厚，重也。往古謂趙簡子、襄子也」，則校點本宜爲「厚」字，否則《正義》無根。吳金華先生認爲：「(1)百衲本、殿本也沒有『成』，不宜遽增。此文來源於《戰國策·趙策二》『武靈王平晝閒居章』：『今吾欲繼襄主之業，啓胡翟之鄉，而卒世不見也。敵弱者，用力少而功多，可以無盡百姓之勞，而享往古之勳。』其文也沒有『成』字。《資治通鑑》卷一載司馬光曰：『治其微，則用力寡而功多；救其著，則竭力而不能及也。』其中『用力寡而功多』即本《戰國策》及《史記》，可見北宋人所見古本如是。(2)『開於胡、翟之鄉』的『於』極有可能是衍文，宜出校。『開』（《戰國策》作『啓』，司馬遷避漢景帝諱改）與『繼』對文，其下不須有『於』。」

〔註18〕《蔣禮鴻集》第六卷《集外集》，第28頁。
〔註19〕《學術集林》卷四，第162頁。
〔註20〕蔣禮鴻：《〈史記〉校詁》，見《蔣禮鴻集》第六冊《集外集》，第60頁。

　　《孔子世家》《正義》：「《括地志》云：『漢封夫子十二代孫忠為褒成侯；生光，為丞相，封侯；平帝封孔霸孫莽二千戶為褒成侯；後漢封十七代孫志為褒成侯；魏封二十二代孫羨為崇聖侯；晉封二十三代孫震為奉聖亭侯；後魏封二十七代孫為崇聖大夫。』」（1944／14）按：各朝所封均出人名，而「後魏」朝獨無，《札記》「二十七代孫」條：「《文獻通考》名乘，此脫。」似可據補。

　　《齊悼惠王世家》：「後二年，孝文帝盡封齊悼惠王子罷軍等七人皆為列侯。」（2005／7）按：後二年，《志疑》以為誤，《漢書‧高五王傳》作「明年」是。李人鑒說同。又「七人」，錢大昕《考異》及梁氏《志疑》皆謂「十人」之誤。李人鑒進一步考證說：「《世家》『十人』之所以誤為『七人』者，蓋以下文言文帝王悼惠王子，有『齊凡七王』一語，後人不察，遂妄改『十人』為『七人』。前人之說甚確，而點校本乃猶仍其誤而未能是正。」〔註21〕

　　《商君列傳》：「孝公既用衛鞅，鞅欲變法，恐天下議己。」（2229／6）按：鞅欲變法，《札記》引《雜志》云：「『鞅』字衍。此孝公欲從鞅變法，恐天下疑己，故鞅有『疑事無功』之諫。《商子‧更法篇》孝公曰『今吾欲變法』云云，是其證。《新序‧善謀篇》同。」程千帆、徐有富《校讎廣義》第 182 頁「涉上下文而衍」例中舉此例，本王念孫說「『鞅』字因上文而衍」。

　　《魯仲連鄒陽列傳》：「食人炊骨，士無反外之心，是孫臏之兵也。」（2466／9）按：外，《札記》云：「《雜志》云『外』當為『北』，北古背字，《齊策》作『北』。」「無反北之心」即無二心也。參《正義》：「言孫臏能撫士卒，士卒無二心也。」則作「北」字義長。

　　《酈生陸賈列傳》：「王者以民人為天，而民人以食為天。」（2694／2）按：《札記》：「《漢書》無兩『人』字，《管子》亦無。《索隱》本出上句，無『民』字。《志疑》云：『唐時諱「民」為「人」，後遂併入。《文選‧籍田賦》《注》引《漢書》，上句作「人」，下句作「民」。』」參今《索隱》：「王者以人為天。案：此語出《管子》。」今宜上句刪「民」字，下句刪「人」字。陳垣《史諱舉例》卷四舉此，以為「今本正文，皆作民人，蓋唐人避太宗諱，民作人，後人於人旁注民，其後遂將民人二字連寫，致衍人字」。今程千帆、徐有富《校讎廣義‧校勘編》第 178 頁舉此例為「校者旁記之字誤入正文」。趙生群先生指出，《左傳》稱「民人」者非一。故衍字之說，仍可討論。

〔註21〕李人鑒：《太史公書校讀記》，第 881 頁。

　　《袁盎晁錯列傳》：「盎曰：『臣聞千金之子坐不垂堂，百金之子不騎衡，聖主不乘危而徼倖。』」（2740／5）按：《札記》：「《志疑》云：『《水經注》十九引作『立不依衡』，依上『坐不垂堂』句，似失『立』字。』案：《漢書》『坐』字『立』字皆無。」本書「坐不垂堂」與「不騎衡」不對稱，似宜皆無「坐」「立」二字，或參上「坐」字補「立」字，上下句式統一。李人鑒據《太平御覽》卷五三與《水經・渭水注》引此文均有「立」字，認爲脫「立」字。〔註22〕似可再商。對此類異文如何處理，吳金華先生認爲：「是不是一定要根據後出的《漢書》無『坐』字而刪《史記》之『坐』？不一定；同樣，是不是一定要根據後出的《御覽》有『立』字而補《史記》之『立』？當然也不一定。古代的俗語是『家累千金，坐不垂堂』，《漢書》說『千金之子不垂堂，百金之子不騎衡』，不會因爲沒有『坐』、『立』二字而引發誤解。在現有條件下，《史記》的原文是什麼樣子，還難以推定，所以，到底是應刪『坐』，還是應增『立』，眼下還難於鎖定。既然難以鎖定，當然只宜採取出校記而不改字的方式。」

　　《匈奴列傳》：「匈奴騎，其西方盡白馬，東方盡青駹馬，北方盡烏驪馬，南方盡騂馬。」（2894／5-6）按：青駹馬，烏驪馬，《札記》：「《雜志》云《類聚》、《御覽》《獸部》引『青駹』『烏驪』下皆無『馬』字。」管錫華《校勘學》舉此例爲「不懂修辭妄加而衍」例，並論證說：「首尾二句皆五音節，中二句若用『馬』字，則與前後不諧。因此，作者進行了省略，以使五五相對。」〔註23〕

　　《匈奴列傳》：「漢亦棄上谷之什辟縣造陽地以予胡。」（2906／12）按：「什辟」之「什」，《札記》：「《字類》引『什』作『仏』，皆『斗』之訛。《志疑》云隸書『斗』作『升』，與『什』易混。」董志翹先生進一步論證說：「『斗』乃『陡』之假字，『辟』爲『僻』之古字。『斗辟』即『孤懸偏僻』之義。《集解》、《索隱》皆云『什音斗』，未當。什，古音『定』紐，『緝』韻。斗，古音『端』紐，『侯』韻。聲雖近而韻相去甚遠，無緣通假。實『什』乃『斗』之形訛。」並舉《說文》與《漢書》爲證。〔註24〕其說近是。趙生群先生進一步指出，「斗」同「陡」。《說文》：「斗，十升也。」段注：「此篆叚

〔註22〕李人鑒：《太史公書校讀記》，第1366頁。
〔註23〕管錫華：《校勘學》，第104頁。
〔註24〕董志翹：《訓詁類稿》，第282頁。

借爲斗峭之斗，因斗形方直也。俗乃制斗字。」朱駿聲《說文通訓定聲》：「俗字作陡。」《漢書・匈奴傳上》正作「斗」。「斗」自有懸絕之義。《郊祀志上》「盛山斗入海」，《匈奴傳下》「匈奴有斗入漢地」，顏師古注並云：「斗，絕也。」《後漢書・竇融傳》：「西河絕在羌胡中。」李賢注：「峻絕也。」（李注誤）

　　《司馬相如列傳》：「文君夜亡奔相如，相如乃與馳歸成都。家居徒四壁立。」（3000／10）按：末句「家居徒四壁立」，《集解》：「郭璞曰：『言貧窮也。』」《索隱》：「案：孔文祥云『徒，空也。家空無資儲，但有四壁而已，云就此中以安立也』。」《札記》：「《雜志》云：『居即家也。左思《詠史詩》注引作「居徒四壁立」。』案：《御覽》百八十七引作『家徒四壁立』，與《漢書》合，疑本有異文，後人誤並。」《校讎廣義・校勘編》第 180 頁「校者旁記之字誤入正文」引此例。趙生群先生示知，《說文》：「家，居也。」「家居」爲同義複詞，可合用，亦可單用。「家」指「家產，家業」，《左傳》、《史記》等均有用例。「家居」指「辭去官職或無職業，在家裏閒住」義產生較早，指「家業，家宅」義則產生稍晚，《漢語大詞典》的後一義最早用例見於《晉書》。故衍字說仍未可定論。又，吳金華先生認爲：「『家徒四壁立』之語，爲後世所沿用。《北史・吳逮傳》：『家徒四壁立，冬無被袴，晝則傭賃，夜則伐木燒塼。』不過，『居』字未必是『家』的『旁記之字』，因爲『家』字並不是需要注解的文字，需要注解的，是『徒四壁立』。」

　　《司馬相如列傳》：「太史公曰：《春秋》推見至隱，《易》本隱之以顯，《大雅》言王公大人而德逮黎庶，《小雅》譏小己之得失，其流及上。」（3073／3）按：《札記》：「『之以』《漢書》作『以之』。據《索隱》，則所見《史》本與《漢書》同，今本誤倒，並單本所出正文而改之矣。」今本《索隱》：「韋昭曰：『《易》本陰陽之微妙，出爲人事乃更昭著也。』《虞喜志林》曰：『《春秋》以人事通天道，是推見以至隱也。《易》以天道接人事，是本隱以之明顯也。』」其「本隱以之明顯」句，明顯爲「以之」順序也。其說可參。趙生群先生認爲，「之」有「以」義，亦有「而」義，且用例頗多。

　　《淮南衡山列傳》：「及所置吏，以其郎中春爲丞相，聚收漢諸侯人及有罪亡者，匿與居，爲治家室，賜其財物爵祿田宅，爵或至關內侯，奉以二千石，所不當得，欲以有爲。」（3077／6）按：「奉以二千石，所不當得」，《集解》：「如淳曰：『賜亡畔來者如賜其國二千石也。』瓚曰：『奉以二千石之秩

祿。』」《索隱》：「案：謂有罪之人不得關內侯及二千石。」《札記》：「九字當作一句讀，如說近之，瓚及《索隱》皆失其義。」此訂注釋之誤，標點當從《札記》之說，校點本漏採。

《滑稽列傳》：「優旃曰：『汝雖長，何益，幸雨立。我雖短也，幸休居。』」（3202／12）按：《札記》引《雜志》云：「『幸』字涉下而衍，『雨』下脫『中』字。《初學記・人部》、《御覽》《人事部》、《樂部》引並作『雨中立』。」程千帆、徐有富《校讎廣義》第 76 頁「既脫且衍」例舉此。趙生群先生認爲，「雨立」自可通。《漢書・樓護傳》：「不肯彈諫，反雨立。」亦可存疑。

《太史公自序》：「食土簋，啜土刑，糲粱之食，藜藿之羹。」（3290／15）按：糲粱，三家注爲《集解》：「張晏曰：『一斛粟，七斗米，爲糲。』瓚曰：『五斗粟，三斗米，爲糲。音剌。』韋昭曰：『糲，踳也。』」《索隱》：「服虔云：『糲，粗米也。』《三倉》云：『粱，好粟。』」《正義》：「糲，粗米也，脫粟也。粱，粟也。謂食脫粟之粗飯也。」而《札記》引王念孫《雜志》云：「糲粗糧精，不得連文。『粱』當爲『粢』。《李斯傳》『粢糲之食』，《韓子・五蠹篇》、《淮南・精神篇》、《人間篇》皆『糲粢』與『藜藿』並舉，其證也。」其說可參。又，吳金華先生補充說：「《漢語大詞典》只錄三家注，未錄王念孫之說。今後修訂時，應補錄。」

二、校改可商者

校點本共有 780 餘處有校改符號的改動，這些改動大多數是根據張文虎《札記》校改的。但其中的一些刪改，似乎有可商之處，有不少學者撰文進行深入的探討，筆者也進行了一些探討。這裡選取數例以供研討。

《十二諸侯年表》：「齊平公驚元年：景公（子）〔孫〕也。齊自是稱田氏。」（680／4 行 2 列）按：校點本改「子」爲「孫」，是依據《志疑》之說，確指平公驚爲景公之孫。然「子」有「子孫」義，不確指。此敘血脈關係，可以理解爲「平公驚爲景公的後代子孫」。於原文訓釋可通，不煩改字。周勛初先生在《古文獻問學叢稿》的《序言》中補充說：「《荀子・正論》：『聖王之子也』，楊倞注：『子，子孫也。』《廣韻・止韻》釋『子』亦曰『子息』，足徵此說可信。」吳金華先生也認爲「不改爲宜」。

《李將軍列傳》《索隱》：「案：大顏云『凡將軍謂之（莫）〔幕〕府者，蓋兵行舍於帷帳，故稱府。古字通用，遂作「莫」耳』。《小爾雅》訓莫爲大，

非也。」（2870／10）按：莫，《札記》：「此『莫』字當作『幕』。」校點本據此改字。此釋史文「莫府」，且莫、幕二字古通用，似不必校改。本書二處注文不一，《廉頗藺相如列傳》《索隱》釋「莫府」時說：「『莫』當作『幕』，字之訛耳。」《張釋之馮唐列傳》《索隱》：「『莫』當爲『幕』，古字少耳。」可當作古今字。

《匈奴列傳》：「單于既約和親，於是制詔御史曰：『匈奴大單于遺朕書，言和親已定，亡人不足以益眾廣地，匈奴無入塞，漢無出塞，犯（令）〔今〕約者殺之，可以久親，後無咎，俱便。朕已許之。其布告天下，使明知之。』」（2903／末）按：《札記》：「《雜志》云當依《漢書》作『今約』。」校點本從改。而王先謙《漢書補注》以爲作「令」是。李人鑒認爲「『令約』乃並列式雙音詞，本自可通」〔註25〕。其說可參。此不宜改字。局本出校而不改字的做法是謹慎可行的。吳金華先生進一步論證說：「李人鑒認爲『令約』乃並列式雙音詞，是一個發明。《漢語大詞典》未收，今可補。『令約』的同素逆序詞是『約令』，《漢語大詞典》也沒有收。今舉例如下：『令約』，即『法令約束』的縮略語。《蕭相國世家》：『漢王與諸侯擊楚，何守關中，侍太子，治櫟陽，爲法令約束，立宗廟社稷。』『約令』見《晉書·刑法志》載東漢之初梁統上疏曰：『高帝受命，制約令，定法律，傳之後世，可常施行。』《漢書·溝洫志》『今內史稻田租挈重』，師古注：『收田租之約令也。』『約令』也有作動詞的，《三國志·吳書·孫綝傳》『乃約令部曲，說呂侯以在近道。故皆爲胤盡死，無離散者。』」

《衛將軍驃騎列傳》《索隱》：「小顏云：『即天山也。匈奴謂天〔爲〕祁連。』」（2931／14）按：校點本《札記》增補條：「『天』下當脫『爲』字。」校點本徑補「爲」字。「天」與「祁連」同爲「謂」的賓語，實無「爲」字，義自可通。不勞補字。

《滑稽列傳》：「爲具牛酒飯食，（行）十餘日。」（3211／8）按：此爲據王念孫說所刪。《札記》：「《雜志》云：『行』字衍，《御覽·方術部》引無。」管錫華認爲「這裡王氏把『行』安當作『行走』來理解了，所以認爲是衍文。其實這裡的『行』字，不是『行走』義，而是由『行走』義引申出來的『經過』或『經歷』義」。〔註26〕校點本沿王氏之誤校。《漢語大詞典》「行」下有

〔註25〕李人鑒：《太史公書校讀記》，第 1479 頁。
〔註26〕管錫華：《校勘學》，第 216 頁。

「經歷」之義項，管氏說是。此不明詞義之誤校也。

三、二說取一說或校改不全者

張文虎《札記》時有列二說甚至於多說的情況，這在校勘記中爲常見。校點本在對待這類校勘記時，沒有進一步的校正，時有二說取其一說或校改不全的情況。如：

《項羽本紀》：「項梁起東阿，西（北）〔比〕至定陶，再破秦軍，項羽等又斬李由，益輕秦，有驕色。」（303／10）按：「西」字爲衍文。《讀書雜志・史記第一・項羽本紀》「西北至定陶」條王念孫案：「『西北至定陶』《漢書》作『比至定陶』，是也。考《水經・濟水篇》，濟水自定陶縣東北流至壽張縣西，與汶水會。又北過谷城西。谷城故城即今東阿縣治。東阿故城在其西北，而定陶故城在今定陶縣西北。是定陶在東阿之西南，不得言西北至定陶也。『比』『北』字相近，故『比』誤爲『北』。後人以上文云『項梁已破東阿下軍，數使使趣齊兵，欲與俱西』，因而於『北』上加『西』字耳。《文選・王命論》注引《史記》無『西』字。」《札記》81頁參引王念孫校語，並引及：「《文選・王命論》注引無『西』字。」校點本校改「北」字，而未刪「西」字，當屬校改不全。

《十二諸侯年表》：「（鄭簡公二十三年：）諸公子爭寵相殺子產，子成止之。」（645／13行2列）按：《札記》：「『子產』上疑脫『又欲殺』三字。《志疑》云『相』乃『欲』之誤。」《札記》列脫字與誤字兩說，今校點本取脫三字說，誤字說未採納，本文若取誤字說，不增三字，亦可通。又「子成」，《札記》云：「世家作『公子或』，疑『皮』字訛『成』，轉寫爲『或』也。」則以「成」爲「皮」之訛，未爲校點本所採納。

《秦楚之際月表》：「秦軍圍歇鉅鹿，陳餘出（救）〔收〕兵。」（769／4行2列）按：《札記》：「《志疑》云疑是『不出』，或『救』乃『收』字之訛。」校點本據之擇後一說。吳金華先生補充論證說：「《張耳陳餘列傳》云：『張耳與趙王歇走入鉅鹿城，王離圍之。陳餘北收常山兵，得數萬人，軍鉅鹿北。』表文之『出收兵』，與傳文『北收常山兵』合；作『救』者，『收』之誤也。」

《高祖功臣侯者年表》：「以舍人從起豐，以左司馬入漢，以亞將攻籍，克敵，爲東郡都尉，擊破籍武城，〔侯〕，爲漢中尉，擊布，爲斥丘侯，千戶。」

（923／2 行 2 列）按：《札記》：「《志疑》云：『《漢表》作「成武」，「籍」下有「侯」字。此缺誤。」今校點本「武城」未作「成武」。而取《札記》脫字之說，於「武城」下補「侯」字，補字位置與《札記》所說有異。

四、與《札記》之說不一者

校點本的校改，理論上講應與張文虎《札記》相一致，實際上有不少與《札記》之說不同甚至相反的例子。此類例子正好說明，張文虎《札記》不應作爲校點本的校勘記，校點本應有自己的校勘記。這裡略舉部分校點本校改與《札記》之說不一的例子。

《秦始皇本紀》：「惠公享國十年。葬車里（康景）。生悼公。」（287／5）按：《札記》：「淩云『康景疑衍，或下有闕文。』案，上文康公葬夠社，景公葬丘里南，疑車里在康、景二墓間，脫『間』字。」淩氏是二說存疑，張文虎主張脫「間」字，今校點本卻取衍二字說，與《札記》正相反。

《高祖本紀》《正義》：「京房《易飛候》云：『何以知賢人隱？師曰：「四方常有大雲，五色具而不雨，其下有賢人隱矣。」』故呂后望雲氣而得之。」（349／4）按：《易飛候》，《札記》出條目爲「易兆候」，云：「『兆』當爲『飛』之誤。然《天官書》《正義》引此文亦作『易兆候』，姑仍之。」說明張文虎爲有意不改，今校點本此處與《天官書》《正義》並改，顯與《札記》之說相異。

《秦楚之際月表》：「項羽怨榮，（殺之）分齊爲三國。」（775／5 行 1 列）按：《札記》：「『殺』字《志疑》引一本作『叛』，近是。」校點本《札記》案：「『殺之』二字疑衍，殿本無。」並據之刪二字。與《札記》之說相異。

《封禪書》《索隱》：「述亦未詳，《漢書》作『遂』。」（1375／15）按：遂，局本作「逐」。《史記會注考證》本作「遂」。參《札記》：「官本『逐』，與《郊祀志》合。各本訛『遂』。」（351 頁）此校點本與《札記》之說正相異，而從《史記會注考證》之顯證。

五、《札記》之說未當而不可取者

張文虎《札記》，多有論證允當，可以採擇之處，但也不無可商之處，有一部分可能爲誤說，不可取。這裡舉數例：

《殷本紀》：「殷之大師、少師乃持其祭樂器奔周。」（108／12）按：《札記》：「淩云一本無『祭』字。《志疑》云衍。《周紀》無。」崔適《史記探源》

第 39 頁說同。吳金華先生認爲：「百衲本等也有『祭』。在這種情況下，只宜說明有人懷疑『祭』是衍文。因爲大師、少師雖然是樂官，但祭祀時也必須奏樂，所以他們既抱珍貴樂器、又持貴重祭器，不是不可能的事情。如果既沒有大師、少師決不至於『持祭器』的鐵證，也沒有比宋本更早的文本作爲否定宋本的根據，就不能說『祭』一定是衍文。」

《秦始皇本紀》：「丞相隗林、丞相王綰。」（246／13）按：《索隱》：「隗姓，林名。有本作『狀』者，非。顏之推云：『隋開皇初，京師穿地得鑄秤權，有銘，云始皇時量器，丞相隗狀、王綰二人列名，其作「狀」貌之字，時令校寫，親所按驗。』王劭亦云然。斯遠古之證也。」《札記》對《索隱》之說「疑經後人改竄」，存疑。《索隱》引顏之推所舉出土文獻，亦爲現今出土之秦代權量所證實，陳直以爲可從〔註27〕。《索隱》所引某本作「狀」者，爲不誤之本也。

《秦始皇本紀》：「三十二年，始皇之碣石，使燕人盧生求羨門、高誓。」（251／15）按：羨門、高誓，《史記志疑》說是羨門高一人。《札記》：「梁說是也。然『誓』字不可解，非衍即誤，或有脫文。」陳直《史記新證》以爲諸家之說皆非，高誓，即宋玉《高唐賦》中「有方之士，羨門高谿」之高谿，谿與誓爲一聲之轉〔註28〕。此處指二僊人。此亦《札記》不可從之例。

《惠景間侯者年表》：陽信孝文格：「元年三月辛丑，侯劉揭元年。」（994／5 行 3 列）按：三月，《札記》出條爲「二月」，云：「淩本作『三月』。《志疑》云有本作『十一月』，是。案：《漢表》作『十一月』。」《札記》校點本案：「各本均作『二月』，故張氏云然。然金陵本亦作『三月』，或張氏校勘時依淩本改『二』爲『三』，而寫《札記》時誤憶原文仍作『二月』也。」《札記》有誤不可從。

《惠景間侯者年表》：「元狩六年，侯賁坐爲太常廟犧牲不如令，有罪，國除。」（1013／7 行 2 列）按：《札記》：「『廟』《漢表》作『雍』。《志疑》云『廟』字誤。」陳直認爲：「《漢表》廟作雍，漢代寫雍，多作廱，與廟字形相近，故易致誤。」〔註29〕吳金華先生認爲：「廟字未必是誤文。『爲太常廟』云云屢見於《史記》、《漢書》。」並舉四例：（1）《史記·高祖功臣侯者年表》

〔註27〕 陳直：《史記新證》，第 23 頁。
〔註28〕 陳直：《史記新證》，第 24 頁。
〔註29〕 陳直：《史記新證》，第 55 頁。

廣阿欄載：「建元五年，侯越元年。元鼎二年，侯越坐爲太常廟酒酸，不敬，國除。」《漢書・高惠高后文功臣表》廣阿懿侯任敖欄亦載此事：「建元五年，侯越人嗣；二十一年，元鼎二年，坐爲太常廟酒酸，免。」此事又見於《漢書・百官公卿表》孝武元鼎二年欄：「廣安侯任越人爲太常，坐廟酒酸論。」其中「廣安」之「安」，顏師古注謂「阿」字之誤。而《漢書・任敖傳》的記載則不書國除之年：「傳子，至曾孫越人，坐爲太常廟酒酸不敬，國除。」(2)《漢書・百官公卿表》孝武太初三年欄載：「牧丘侯石德坐爲太常，三年坐廟牲瘦，入穀贖論。」(3)《漢書・百官公卿表》孝武后元二年欄載：「魏不害坐爲太常，六年坐孝文廟風發瓦，免。」(4)《漢書・百官公卿表》孝昭始元六年欄載：「轑陽侯江德爲太常，四年坐廟廊夜飲失火，免。」吳先生之說可參。

　　《孔子世家》《集解》：韋昭曰：「僬僥，西南蠻之別名也。」《正義》按：《括地志》「在大秦國南也」。(1913／末)按：所見局本空三格，無「正義」二字，故《札記》出條時仍爲「僬僥氏集解按括地志在大秦國南也」，校點本徑補「正義」二字而無任何符號。此局本與《札記》相異處爲校點本所掩蓋也。前已有《集解》，且《括地志》晚於《集解》，局本是而《札記》誤。

　　《太史公自序》：「申、呂肖矣，尚父側微，卒歸西伯，文武是師。」(3307／2)按：肖，《札記》引顧炎武《日知錄》云：「『肖』乃『削』字脫其旁，與《孟子》『魯之削』同。」參三家注，《集解》：「徐廣曰：『肖音痟。痟猶衰微。』」《索隱》：「案：徐廣注肖音痟，痟猶衰微，其音訓不可知從出也。今案：肖謂微弱而省少，所謂『申呂雖衰』也。」《正義》：「肖音痟。呂尚之祖封於申。申、呂后痟微，故尚父微賤也。」則「肖」似有「衰落，衰微」義，義自可通，不必改字也。

第三章　校點本校勘問題舉隅

　　校勘是指用同一部書的不同版本以及相關資料進行比較，以審定原文的正誤。其目的在於恢復該書的本來面貌。儘管完全恢復該書原貌的目的是難以達到的，但是盡力逼近這個目的的努力則應持之以恆。校勘所依據的材料，大體可分爲這樣幾類：同一部書的不同版本；本書前後文相關的內容、相同相近的句式、相同的詞語等；類書、它書或它書古注所引本書，本書所引它書，本書與它書所記同一事等；本書古注與正文相關的內容；甲骨、金石文字、竹帛文獻等考古資料，等等。與《史記》相關的校勘材料非常豐富，前人和時賢的校勘成果更是汗牛充棟。隨著《史記》版本研究的發展和考古資料的大量出現，《史記》校勘研究也取得了可喜的成績。古代學者很早就使用出土文獻以考訂《史記》。「西晉時代的有些學者在汲郡（今河南汲縣）戰國古塚的竹書發現後不久，就用其中的‧種編年史，即所謂《竹書紀年》，來糾正《史記》的錯誤。」〔註1〕20世紀出土的大量文獻，更爲《史記》的考訂、校讀提供了人量的資料，對《史記》的整理研究亦大有裨益。王國維利用甲骨文資料系統考證殷商史，從考證帝王系統入手，寫出劃時代的《殷卜辭中所見先公先王考》和《殷卜辭中所見先公先王續考》，證明《史記‧殷本紀》所記商代帝王世系與甲骨文的記載基本吻合，從而確認《史記‧殷本紀》是「實錄」。並訂正了幾處具體的差錯，如《殷本紀》以太戊爲中宗，王國維據卜辭「中宗祖乙牛吉」六字殘片證明《太平御覽》卷八三引《竹書紀年》「祖乙勝即位，是爲中宗」的記載是正確的，中宗當爲祖乙，而《殷本紀》的說法是錯誤的。古今《尚書》家以太戊爲中宗的說法是錯誤

〔註1〕裴錫圭：《古代文史研究新探》，第61頁。

的。再如《殷本紀》:「微卒,子報丁立。報丁卒,子報乙立。報乙卒,子報丙立。」王國維認為微(上甲)之後應是報乙、報丙、報丁。今本《史記》係後人傳抄之誤。這些是經典的考證範例。現代的陳直《史記新證》、賀次君《史記書錄》、裘錫圭、李學勤、安平秋、張大可《〈史記〉文獻研究》、張玉春《〈史記〉版本研究》、趙生群《〈史記〉文獻學叢稿》等也利用出土文獻解決了《史記》中的一些問題。可以說,現代研究《史記》的學者大多有意識地利用出土文獻。略舉一例,《穰侯列傳》:「秦兵可全,而君制之,何索而不得,何為而不成。」(2326 / 14)可全,《戰國策‧魏策三》誤作「已令」或「已合」,有些學者認為當從《史記》作「可全」。裘錫圭據馬王堆三號漢墓出土的帛書《戰國縱橫家書》認為「當從帛書作『苟全』」,苟與句古音同屬見母侯部,例得相通,「『可』字應是『句』的形近誤字」〔註2〕。解決了多處疑難問題。上述成果說明,《史記》校勘研究必須重視對考古資料的參考研究。

　　校書首貴廣羅異本,對校法是校勘方法中最基本、也是最可靠的一種方法。這裡將版本異文校勘部分獨立出來,按《史記》篇次,擇例探討。校點本因客觀原因存在的漏校問題和因主觀臆斷存在的誤校問題,亦復不少。有的前人已有察覺而未受重視,有的時賢已有討論而校點本未及採納,有的為筆者所疑而欲就正於方家,故仍依《史記》篇次,擇舉部分以助研討。

第一節　《史記》版本異文校勘

　　《史記》一書,到六朝時已是「文句不同,有多有少,莫辨其實,而世之惑者,定彼從此,是非相貿,真偽舛雜」(裴駰《史記集解序》)。寫本、刻本的差異甚大,即使是寫本與寫本、刻本與刻本之間差異亦不小。《史記》存在著大量的版本異文,對之進行全面和系統的研究,對推動新世紀《史記》整理研究工作向縱深發展並爭取獲得突破性進展大有幫助。如張元濟《史記校勘記》「所用底本為南宋慶元間建安黃善夫刻三家注本,校本為乾隆間武英殿刻三家注本。前者簡稱『宋』,後者簡稱『殿』。參校本有清劉喜海舊藏百衲本、明末毛氏汲古閣刻單索隱本、明王延喆刻三家注本、近人劉承幹刻宋蜀大字本等,依次簡稱『衲』、『汲』、『王』、『劉』。」「原校勘記共出校四千

〔註 2〕 裘錫圭:《古代文史研究新探》,第 90 頁。

九百餘條，而批『修』、『補』、『削』字者一千八百餘條」，〔註 3〕杜澤遜從水澤利忠《史記會注考證校補》中輯出《補遺》計二百二十六條，總計五千一百一十多條。該書的整理問世，廓清黃善夫本的眞實面貌，揭示眾多的版本異文，澄清了許多積誤，必然有力推動《史記》研究登上一個新的臺階。試以「八書」部分爲例，探討校點本與張元濟所列六種版本異文的關係。六種版本異文，「八書」部分共有 751 條（另《補遺》有 27 條），校點本與宋本同者 242 條，與殿本同者 459 條，其他情況僅 50 條。列表如下：

	禮　書	樂　書	律　書	曆　書	天官書	封禪書	河渠書	平準書	小　計
條　　數	44	141	33	36	251	125	48	73	751
與宋本同	12	43	4	9	104	31	16	23	242
與殿本同	26	90	23	21	135	86	30	44	459
其　　他	6	8	6	6	12	8	2	6	50
補　　遺	1	5		3	6	10	2		27

　　張玉春的《〈史記〉版本研究》雖重在「梳理出歷代《史記》版本的承傳關係與發展軌跡」，而書中有大量的異文研究成果，該書對版本異文特別是魏晉六朝異本、唐寫本的系統考校，充分顯示出版本異文研究的學術價值。如通過對殘存的六朝抄本《史記集解張丞相列傳》、《史記集解酈生陸賈列傳》的考察，探討兩殘卷與今本的關係，以及與《漢書》相關部分的比較，得出結論：「六朝異本與宋刻本不屬一個系統。」（第 65 頁）《史記集解酈生陸賈列傳》「對《史記》版本研究有重要價值。與今本相校，有異文一百十三處。經考證，多以此卷爲是，故可證今本之訛。而此卷爲是之處，往往與《漢書》一致」（第 63 頁）等等，對當代的《史記》校勘研究，大有啓益。

　　內容完整應是古籍整理工作的一個基本要求。史記校勘研究中則主要是廣泛吸取現存《史記》各重要版本的長處，保留重要異文，特別是脫漏的文字。三家注主要是《索隱》和《正義》補遺爲工作重點。

　　關於《索隱》，如趙昌文的碩士學位論文《〈史記索隱〉佚文探索》，選取三種重要版本汲古閣本、殿本、百衲本和兩部類書宋呂祖謙《大事記・解題》、王應麟《玉海》與中華書局校點本進行逐條對校，僅《索隱》部分，中華書局校點本所沒有的就達 390 條。這些佚文涉及體例編次、王侯及相關情況、

<hr>

〔註 3〕見《史記校勘記整理說明》，第 1、2 頁。

行政區域、注音、引文與注釋等許多方面。趙昌文並初步探討《索隱》佚文的價值，認爲主要表現在五個方面：一、瞭解司馬貞的學術思想；二、探求史文與佚文的關係；三、深化三家注研究；四、部分恢復《索隱》原貌；五、考訂史文等。

關於《正義》，20 世紀 30 年代，日本人瀧川資言輯出 1300 多條；50 年代，日本人水澤利忠又輯出 200 多條，並對這些佚文一一注明出處；60 年代，程金造在《吳郡志》中發現 10 條；80 年代，張衍田在前人的基礎上編成《史記正義佚文輯校》一書，方便使用。據張衍田先生《前言》中的統計：《史記會注考證》1418 條；《史記會注考證校補》227 條（有增補瀧川本而未單獨計算的），合計 1645 條。《史記會注考證校補》所收 227 條中，已在瀧川先生《史記正義佚存》中收錄者 108 條（《史記會注考證》未收）。據小澤賢二先生的統計：《史記正義佚存》和《史記會注考證》共收 1533 條，而上述的《史記會注考證》和《史記會注考證校補》合計 1645 條，加上小澤本人收集的 22 條，總計 1667 條〔註4〕。20 世紀 90 年代，田大憲在宋呂祖謙的《大事記·解題》中又發現 90 多條佚文。21 世紀初，尤德豔繼續這一工作，據其碩士學位論文《〈史記正義〉佚文研究》介紹，僅在宋王應麟《玉海》中就發現 100 多條佚文。而其中所載《正義》、《索隱》徵引《博物志》等新發現的材料，有的學者認爲對考定司馬遷的生年很有幫助。《史記正義》佚文問題是一個極爲複雜的問題。其來源本身就是個難解之謎。因爲其來源不明，所以眞僞問題長期以來一直是學術界爭論的焦點。總的來說，中國學者以否定者居多，而日本學者則反之。文獻資料整理方面，水澤利忠先生所編《史記正義の研究》一書最爲重要。該書可稱爲是一部關於《史記正義》的大型索引，不僅包括了《正義》所出現的書名、人名、地名、專有名詞及《正義》注音、注字義的分類索引，而且有水澤利忠、小林賢二兩位先生介紹《史記正義》及「《正義》佚文」研究的兩篇重要文章。同時，還有《正義》佚文的專題索引，詳細記錄「《正義》佚文」的出處。

三家注與《史記》正文，爲《史記》學研究不可分割的組成部分。像司馬貞所撰《三皇本紀》，保留了一些歷史資料；《補史記序》有批評司馬遷體

〔註4〕　《史記正義の研究》，第 777 頁，小澤賢二《史記正義佚存訂補》。小澤先生提出兩種提法：即「刻文正義」和「佚文正義」，「刻文正義」指三家注本出現之後的《正義》，「佚文正義」則單指日本古抄、古刻本上批註中的《正義》。

例安排不當、篇章倒錯等內容,體現了司馬貞的學術思想和獨特的注釋體例。這些材料都是司馬貞研究、唐代《史記》學研究的重要資源。局本沒有《三皇本紀》,而黃善夫、殿本等均有,似宜補。

總之,輯佚成果的吸取,是完整《史記》特別是三家注內容的重要手段,這是應當充分考慮的。如果做一體現現代史記學水準的新的《史記》文本,那麼應當盡可能地為讀者提供可以參考的資料,提供更多的信息。輯佚工作對校勘工作大有助益,本書暫不涉及《史記》輯佚研究,但對相關研究成果給予關注。

在《史記》文獻研究中,相對而言,校勘仍是相對薄弱的環節,前面的路還很長,單是對版本系統的異文「如何擇善」,就有大量的工作要做,更不必說其他系統的異文。這裡選擇一些版本異文校勘成果,加以探討。

《秦本紀》:「是時,諸侯不期而會盟津者八百諸侯。諸侯皆曰:『紂可伐矣。』」(120 / 10)按:八百諸侯,張家英參考《史記會注考證》及《校補》所列十餘種版本不重「諸侯」等,以為衍「諸侯」二字。「標點本未作衍文處理,是一不應出現之疏忽」。〔註5〕李笠《史記訂補》與李人鑒《太史公書校讀記》等也有論證,宜參。

《高祖本紀》:「呂公者,好相人,見高祖狀貌,因重敬之,引入坐。」(344 / 12)按:《史記會注考證》云:「秘閣本入下有上字,楓、三、南本坐下有上坐二字。」而張玉春說唐寫本亦有「上坐」二字。探下有「高祖因狎侮諸客,遂坐上坐」語,《漢書·高帝紀》有「上坐」二字,似可從補。

《十二諸侯年表》:「趙孝成王時,其相虞卿上采《春秋》,下觀近勢,亦著八篇,為《虞氏春秋》。」(510 / 3)按:近勢,淩本、殿本作「近世」。李人鑒認為作「近勢」費解,且《平原君虞卿列傳》有「魏齊已死,不得意,乃著書,上采《春秋》,下觀近世,曰《節義》、《稱號》、《揣摩》、《政謀》,凡八篇,以刺譏國家得失,世傳之曰《虞氏春秋》。」〔註6〕其說可參。本書少見「近勢」,多有用「近世」者,如《淮南衡山列傳》:「今大王見高皇帝得天下之易也,獨不觀近世之吳楚乎?」《太史公自序》:「智足以應近世之變,寬足用得人。」可參證。尋其致誤之由,宋本多為「近勢」,或為承唐抄避諱「世」字而未能回改。

〔註5〕張家英:《〈史記〉十二本紀疑詁》,第232頁。
〔註6〕李人鑒:《太史公書校讀記》,第275頁。

《高祖功臣侯者年表》《集解》：「《漢表》師古曰：『二馬曰駢驪，謂駢兩騎爲軍翼也。……』」（934／2 行 2 列）按：裴駰早於師古二百餘年，何能引後人著作，明顯有誤，《札記》：「案：此蓋後人引《漢書注》，非《集解》文。」校點本無說。而黃善夫本、殿本均無「《集解》」，此係衍文也。秦進才文已揭出之〔註7〕，簡體字本 787 頁仍舊誤。

《天官書》《索隱》：「絕，度也。抵，屬也。又案：《樂汁圖》云『閣道，北斗輔』。」（1291／8）按：《樂汁圖》，《孝武本紀》《索隱》引作《樂汁微圖》（見 456 頁），《封禪書》《索隱》引作《樂汁徵圖》（見 1386 頁），而《文選》李善注多次引用《樂汁圖徵》，清王仁俊《玉函山房輯佚書續編》輯有《樂緯叶圖徵》。殿本《史記》均作「《樂汁圖徵》」，故疑本文脫末「徵」字；本書的《樂汁微圖》、《樂汁徵圖》，均係《樂汁圖徵》之倒訛。蔣禮鴻《史記校詁》有所論證，亦可參。〔註8〕

《天官書》《索隱》：「案：《詩記曆樞》云『更河中招搖爲胡兵』。」（1295／1）按：《文選・陸倕〈新刻漏銘〉》注引書有《詩氾曆樞》。此《詩記曆樞》即爲《詩氾曆樞》之訛。下《詩記曆樞》云「賤人牢，一曰天獄」（1295 頁）、《詩記曆樞》云：「房爲天馬，主車駕。」（1296 頁）等處並當改。《史記》宋本作「紀」、汲古閣本作「記」，均誤，殿本作「氾」不誤。

《天官書》《索隱》：「《天文志》云『作詻』，音五格反，與《史記》及《爾雅》並異也。」（1315／6）按：此爲史文「作鄂歲」的注，「五格反」的「五」字，水澤利忠《校補》：「五，殿而。」即音而格反。蔣禮鴻《史記校詁》云：「鄂字《集韻》十九鐸韻及《類篇》逆各切，而詻字《類篇》鄂格切，皆疑紐字。然詻字《類篇》又有力灼、歷各二切，與而格切皆來紐，則而格切乃詻字之又音。詻有而格、力灼、歷各三切，又鄂格切，章太炎所謂來日二母歸疑也。」〔註9〕「五」字可從殿本改作「而」字。

《天官書》：「冬至短極，縣土炭，炭動，鹿解角，蘭根出，泉水躍，略以知日至，要決晷景。」（1342／5）按：炭動，《札記》：「『炭』字疑涉上而誤，當作『灰』，上脫『葭』字。《漢志》亦誤。《御覽》二十八引《史》作『灰動』。」又，「鹿解角」的「鹿」，《札記》：「《雜志》云：『「鹿」當從《漢志》

〔註7〕 秦進才：《〈高祖功臣侯者年表〉校讀記》，《古籍整理與研究學刊》，1987 年第 2 期。
〔註8〕 《蔣禮鴻集》第六卷《集外集》，第 20 頁。
〔註9〕 《蔣禮鴻集》第六卷《集外集》，第 33 頁。

作「麋」。《御覽・時序部》引作「麋」。』案：今《漢志》作『麋鹿解角』，蓋校者旁注『史』作『鹿』，因誤入正文。」水澤利忠《校補》：「毛『解』『角』互倒。」蔣禮鴻《史記校詁》認為「鹿角解」與下「蘭根出」、「泉水躍」句法一律，毛本是。〔註10〕其說可參。

《封禪書》：「雖受命而功不至，至梁父矣而德不洽，洽矣而日有不暇給，是以即事用希。」（1355／7）按：方苞《史記注補正》曰：「『梁父』二字衍。」殿本謂「監本衍『梁父』二字」，逕刪二字。郭嵩燾《史記札記》亦云二字衍。楊燕起《史記全譯》（1342頁）以為「實似應移至上句『泰山』二字之下即順」。校點本未出校，似未妥。

《封禪書》：「成山斗入海，最居齊東北隅，以迎日出云。」（1367／15）按：東北隅，李人鑒認為「北宋景祐監本、南宋黃善夫本皆作『東北陽』，與《漢・志》同，則似作『東北陽』是」。〔註11〕其說可參。

《封禪書》：「其秋，為伐南越，告禱太一。以牡荊畫幡日月北斗登龍，以象太一三星，為太一鋒，命曰『靈旗』。」（1395／10）按：太一三星，《孝武本紀》作「天一三星」。李人鑒說「北宋景祐監本《封禪書》作『天一三星』，不誤；黃善夫本、殿本等已誤作『太一三星』」。〔註12〕其說可參。吳金華先生提示說《漢語大詞典》「天一」條列有星名、神名、太歲的別名等說，可參閱清王引之《經義述聞・太歲考上》「論太歲之名有六名異而實同」。

《河渠書》：「其後莊熊羆言：臨晉民願穿洛，以溉重泉以東萬餘頃故鹵地；誠得水，可令畝十石。」（1412／3）按：「鹵」字，宋刻本及明清諸本同，而日本殘卷作「惡」。章培恒《〈史記版本研究〉序》中認為「鹵地即使得水也無法種植，自以『惡地』為是。這是客觀條件的限制」。〔註13〕李人鑒認為「唐抄本《河渠書》及《漢書・溝洫志》皆作『惡』字，似當據改」。

《齊太公世家》《索隱》：「《系本》作『𠩄公慈母』。譙周亦曰『祭公慈母』也。」（1481／12）按：𠩄，陳靜認為「當為『祭』」，並據殿本校正。〔註14〕其說近是，疑「𠩄」字為局本刻印之誤。

〔註10〕　《蔣禮鴻集》第六卷《集外集》，第34頁。
〔註11〕　李人鑒：《太史公書校讀記》，第390頁。
〔註12〕　李人鑒：《太史公書校讀記》，第408頁。
〔註13〕　刊於張玉春《〈史記〉版本研究》卷首。
〔註14〕　陳靜：《中華書局點校本〈史記〉校勘評議》，南京師範大學碩士學位論文，2001年，第29頁。

　　《燕召公世家》《索隱》：「《戰國策》云『爰秦』，爰是姓也，卿是其官也。」（1560／8）按：此釋史文「卿秦」也，爰秦，殿本作「慶秦」。上文《正義》引《戰國策》亦作「慶秦」。陳靜說同。檢今本《戰國策・燕策三》，即作「慶秦」。諸祖耿《戰國策集注彙考》引朱起鳳曰：「慶卿古通。」明卿秦、慶秦二說並存，而「爰」字或係局本誤字。爰，古匣母元部字，慶、卿並爲溪母陽部字。可參訂。

　　《陳杞世家》：「及幽、厲之後，諸侯力攻相并。」（1586／9）按：攻，施之勉引《史記會注考證》：「楓山、三條本，攻作政，爲是。」並引張森楷曰：「蜀本，攻作政，讀爲徵，於義爲當，當依改。」〔註15〕「諸侯力政」爲常見搭配，如本書《秦本紀》：「周室微，諸侯力政，爭相并。」《秦始皇本紀》：「周室卑微，五霸既歿，令不得行於天下，是以諸侯力政，強侵弱，眾暴寡，兵革不休，士民罷敝。」《漢書・五行志》：「《京房易傳》曰：『天子弱，諸侯力政。』」可參。「政」或作「徵」，如本書《天官書》：「天子微，諸侯力政。」《集解》：「徐廣曰：一作『徵』。」說明有異文，義通。

　　《晉世家》：「齊桓公益驕，不務德而務遠略，諸侯弗平。」（1648／14）按：平，《札記》：「宋本『萃』。」蔣禮鴻《史記校詁》以爲：「作萃是。諸侯弗萃，言諸侯不歸向也。」〔註16〕其說有版本依據，似可參。

　　《趙世家》：「王遂往之公子成家，因自請之，曰：『夫服者，所以便用也；禮者，所以便事也。』」（1808／13）按：自請，《史記會注考證》曰：「古鈔本、楓山、三條本自請作自謂。」蔣禮鴻以爲「作『自謂』是也，上文『我將自往請之』請字亦當作謂，此謂謂曉諭也。下『夫服者，所以便用也』以下即謂之之語」〔註17〕。其說可疑。《樗里子甘茂列傳》：「我身自請之而不肯，女焉能行之？」本書無「自謂」例，而多「自請之」說，故別本之說未必是。

　　《魏世家》：「夫存韓安魏而利天下，此亦王之天時已。」（1862／8）按：天時，《札記》引《雜志》云：「當依《魏策》作『大時』。《秦策》曰『今攻齊，此君之大時也』。」今帛書作「大」，似可從。

　　《韓世家》《索隱》：「《紀年》及《系本》皆作『景子』，名處。」（1867

〔註15〕施之勉：《史記會注考證訂補》，第 685 頁。
〔註16〕《蔣禮鴻集》第六卷《集外集》，第 50 頁。
〔註17〕《蔣禮鴻集》第六卷《集外集》，第 60 頁。

／7）按：處，殿本作「虔」。陳靜參考《六國年表》「景侯虔元年」（本書 708
頁）等，認爲作「虔」字是。〔註18〕其說可參。

《田敬仲完世家》《索隱》：「鱯音五嫁反。」（1891／2）按：鱯屬曉母，
五屬疑母，曉、疑不相混。「五」字疑有誤。五，水澤利忠《校補》：「五，
耿、慶、彭、凌、游、殿：呼。」《索隱》之文本如是也。參以《廣韻》去聲
四十禡韻：鱯，呼訝切。則「五」字宜作「呼」。蔣禮鴻《史記校詁》續證
之。可參。

《孔子世家》《索隱》：「按：《家語》無「上」字。且《禮》云『適墓不
登隴』，豈合廬於塚上乎？蓋『上』者，亦是邊側之義。」（1946／7）按：「且」
字，水澤利忠《史記會注考證校補》：「且，游曲。」蔣禮鴻《史記校詁》認
爲「游本作曲是也。『適墓不登隴』，《曲禮》上篇文。」〔註19〕可參。

《絳侯周勃世家》：「景帝視而笑曰：『此不足君所乎？』」（2078／8）按：
「此」下，汲古閣本有「非」字，殿、劉本同。探下注文，《集解》：「孟康曰：
『設殽無箸者，此非不足滿於君所乎？嫌恨之。』如淳曰：『非故不足君之食
具也，偶失之。』」《索隱》：「言不設箸者，此蓋非我意，於君有不足乎？故
如淳云『非故不足君之食具，偶失之耳』。蓋當然也，所以帝視而笑也。若本不
爲足，當別有辭，未必爲之笑也。孟康、晉灼雖探古人之情，亦未必能得其
實。顧氏亦同孟氏之說，又引魏武賜荀彧虛器，各記異說也。」有「非」字，
則注釋方有根。《札記》亦云：「《漢》傳有『非』字。」此校點本未探。

《老子韓非列傳》：「自孔子死之後百二十九年，而史記周太史儋見秦獻
公曰：『始秦與周合，合五百歲而離，離七十歲而霸王者出焉。』」（2142／11）
《索隱》：「按《周》《秦》二本紀並云『始周與秦國合而別，別五百載又合，
合七十歲而霸王者出。』」（2142／14）按：七十，《史記會注考證及校補》羅
列博士家本、南化、三、楓本等作「十七」。趙生群先生參考錢大昕《史記考
異》等，認爲：「正文及注文之『七十』皆『十七』之倒。」既有上述版本之
證，又有《周本紀》、《秦本紀》、《封禪書》等作「十七」之本證，且《周本
紀》《索隱》云：「霸王，謂始皇也。自周以邑入秦，至始皇初立，政由太后、
嫪毐，至九年誅毐，正十七年。」〔註20〕其說近是。

〔註18〕陳靜：《中華書局點校本〈史記〉校勘評議》，南京師範大學碩士學位論文，
　　　　2001 年，第 31 頁。

〔註19〕《蔣禮鴻集》第六卷《集外集》，第 72 頁。

〔註20〕趙生群：《〈史記〉校讀札記》，《漢中師院學報》，1989 年第 4 期。

　　《仲尼弟子列傳》《集解》：「孔安國曰：『行仁難，言仁亦不得不訒也。』」（2214／12）按：此為史文「子曰：為之難，言之得無訒乎』的注釋，以「不訒」釋「無訒」，義仍不明，而《札記》云：「北宋、中統、游、王、毛本並作『不難也』。」以「不訒也」三字為「不難也」，義較顯豁。且上文有「《集解》：孔安國曰：訒，難也」之說，則此處《集解》引孔安國之說，以「難」釋「訒」義長，校點本漏擇。

　　《呂不韋列傳》《索隱》：「《地理志》右扶風渭城縣，故咸陽，高帝更名新城，景帝更名渭城。」（2510／15）按：景帝，殿本作「武帝」。陳靜據《漢書・地理志》（1546頁）：「武帝元鼎三年，更名渭城。」認為「當作武帝」。〔註21〕證以本書《高祖本紀》「高祖嘗繇咸陽」《索隱》：「韋昭云：『秦所都，武帝更名渭城。」其說近是。

　　《李將軍列傳》：「居無何，匈奴入殺遼西太守，敗韓將軍，後韓將軍徙右北平。於是天子乃召拜廣為右北平太守。」（2871／8）按：後，百衲本、殿本等皆在「韓將軍」後，為「韓將軍後徙右北平」，《札記》云：「宋本無『後』字，吳校宋本亦無。」不確。局本倒乙之。李人鑑認為：「《漢書・李廣傳》『韓將軍後徙居右北平』下有『死』字，正以韓將軍安國死，天子乃召拜廣為右北平太守也。『死』字不可少，此《傳》傳抄脫去，當據《漢書・李廣傳》補。」〔註22〕其說可參。

　　《酷吏列傳》：「其頗不得失，之旁郡國，黎來，會春，溫舒頓足歎曰：『嗟乎，令冬月益展一月，足吾事矣！』」（3148／6）按：黎來，《札記》：「《索隱》本『黎』，各本作『梨』。凌引一本作『追求』，蓋依《漢書》改。」董志翹校「黎來」為「黎求」，與《漢書》「追求」義近，「來」「求」蓋形近而訛。〔註23〕古書「來」「求」常互訛。其說可參。

第二節　校點本校勘問題舉隅

　　「據統計，歷代以來，研究《史記》的作者2028人，留下的論文有3704篇，著作293部，總字數1億1千多萬字」。〔註24〕前賢和時人的大量成果可

〔註21〕陳靜：《中華書局點校本〈史記〉校勘評議》，南京師範大學碩士學位論文，2001年，第32頁。

〔註22〕李人鑑：《太史公書校讀記》，第1433頁。

〔註23〕董志翹：《訓詁類稿》，第283頁。

〔註24〕安平秋等主編：《史記教程》，第2頁。

以利用。像清代學者何焯《讀史記》、錢大昕《史記考異》、梁玉繩《史記志疑》、王念孫《史記雜志》、郭嵩燾《史記札記》、張文虎《校刊史記集解索隱正義札記》等，均爲可資參考的重要的考訂成果。近世和當代的王國維、張元濟、李笠、魯實先、靳德峻、吳國泰、張森楷、施之勉、王叔岷、朱東潤、李奎耀、賀次君、陳直、徐復、蔣禮鴻、李人鑒、程金造、安平秋、張家英、董志翹、張玉春、趙生群等，在《史記》的考據工作方面，都有一定的成績。校點本產生以後，學術界有了方便的、統一的文本，《史記》研究不斷深入。整體學術研究的提高，也推動《史記》研究的深入。如《律書》（見 1249 頁）有「黃鍾長八寸七分一，宮」的一組律數，至遲從唐代起，人們就把它看作一組弦律資料，並以爲原資料甚誤而不可解，從而校正勘誤。董樹岩、戴念祖、羅琳撰寫的《〈史記·律書〉律數匡正——兼論先秦管律》一文指出，經過嚴格推算後可以認爲：（1）該組律數不是弦律，而是管律；（2）該組律數的原資料基本上沒有錯，尤其是「黃鍾長八寸七分一」是完全正確的黃鍾管長，由於歷代校勘家不辨弦律與管律之別，將「七」字改爲「十」字，從而認爲《律書》中這段文字「誤七字、衍二字」，歷代的校改本質上是錯誤的；（3）在歷代傳抄翻刻《史記》的過程中，律數原資料中有三律的律位與數值被竄亂。〔註 25〕今校點本按「誤七字、衍二字」所作的改動頗可商榷。校點本出版以來，有一百篇以上的商榷文章，討論校點本的校勘、標點等問題，大量的與文字校勘有關的研究成果，需要消化吸收。筆者在讀書過程中也有一些疑誤之處，吳金華先生在爲拙著《古文獻問學叢稿》審閱作序時又加有許多按語。這裡列舉部分，以助進一步研討。

　　《五帝本紀》《正義》：「母曰附寶，之祁野，見大電繞北斗樞星，感而懷孕，二十四月而生黃帝於壽丘。」（2／5）按：王叔岷《史記斠證》據《太平御覽》卷一三五所引《河圖》和《帝王世紀》，認爲「祁」當作「郊」，「電」當作「霓」。〔註 26〕今參《初學記》卷一引《帝王世紀》在「虹流」、「電繞」題下，「虹流」事屬白帝，「電繞」事屬黃帝，爲「見大電光繞北斗，樞星照郊」；卷九「總敘帝王」引《帝王世紀》文字略同，「郊」作「野」；卷十引《帝王世紀》在「流虹」、「繞電」題下，文字略同，爲「樞星照郊野」，有

〔註 25〕董樹岩、戴念祖、羅琳：《〈史記·律書〉律數匡正——兼論先秦管律》，載《自然科學史研究》，1994 年第 1 期。
〔註 26〕《史記斠證》卷一，第 25 頁。

「郊」有「野」。〔註27〕可知，作「郊」之說近是；作「霓」之說證據不足，可存疑。

《五帝本紀》：「黃帝居軒轅之丘，而娶於西陵之女，是爲嫘祖。」（10／1）按：「西陵」下，王念孫據《太平御覽·皇王部》、《皇親部》和《大戴禮記·帝繫篇》引作「西陵氏」，以及「下文『昌意娶蜀山氏女』、『帝嚳娶陳鋒氏女』，皆有『氏』字」，下結論爲「『西陵』下脫『氏』字」。〔註28〕張文虎《札記》引《雜志》說，表明有異文，而局本不補字，比較審慎。瀧川資言《史記會注考證》卷一曰：「陵下氏字，各本脫，依古鈔本、楓山本、三條本及《御覽》引《史記》補，《大戴禮·帝繫篇》亦有。」（第15頁）王叔岷《史記斠證》卷一曰：「案《考證》於西陵下補氏字，是也。」（第33頁）補字之說較多。然張森楷《史記新校注稿》認爲：「《路史·後紀》五亦作『西陵氏女』，不云『之』，據下『蜀山氏女』、『陳鋒氏女』，並不云『之』，疑此『之』爲『氏』字之訛，非必脫『氏』字也。」（第55頁）從相關書證和上下文來看，訛字之說似更合理。

《五帝本紀》：「其民夷易，鳥獸毛毨。」（17／1）按：張家英《〈史記〉十二本紀疑詁》第216頁以爲《集解》只引孔安國曰：「夷，平也。老壯者在田，與夏平也。」而未加釋「易」字。古代「夷」與「易」同義，此「易」字當是由旁注同義字而隨之混入正文的。此「易」字疑爲衍文。施之勉《訂補》以爲不衍。吳金華先生據《文選·司馬相如〈封禪文〉》：「故軌跡夷易，易遵也。」李善注：「夷、易，皆平也。言周之軌跡平易，易可遵奉也。」認爲：「對於構成復音詞的兩個語素，古人往往只解釋其中一個語素。這種情況，是我們校本文時不能不考慮的。」

《五帝本紀》《正義》：「《括地志》云：『……鄘元注《水經》云幹橋東北有虞城，堯以女嬪於虞之地也。』」（31／13）按：幹橋，《水經·河水注》作「軨橋」，據《水經注》「傅巖東北十餘里，即巓軨坂也，《春秋左傳》所謂『入自巓軨』者也。有東西絕澗，左右幽空，窮深地壑，中則築以成道，指南北之路，謂之爲軨橋也。橋之東北有虞原，原上道東有虞城，堯妻舜以嬪於虞者也」，〔註29〕可知「軨橋」由「巓軨」得名。《通鑑·梁紀八·武帝大通二

〔註27〕《初學記》，中華書局，1985年1版3次。卷一，第12頁；卷九，第196頁；卷十，第220頁。

〔註28〕《讀書雜志·史記第一》，第71頁。

〔註29〕《水經注疏》卷四，第351頁。

年》「宗正珍孫守虞坂不得進」胡《注》引《水經注》亦作「幹橋」，可參證。
張森楷《新校注稿》第 101 頁徑作「幹」字。

　　《五帝本紀》《索隱》：「言以笠自扞己身，有似鳥張翅而輕下，得不損傷。
皇甫謐云『兩傘』，傘，笠類。」（34／16）按：蔣禮鴻認為，當作「兩笠，
笠，傘類」。〔註30〕「笠」與「傘」互訛，其說可參。

　　《夏本紀》《正義》：「《河渠書》云『於吳則通渠三江、五湖』。《貨殖傳》
云『夫吳有三江、五湖之利』。又《太史公自敘傳》云『登姑蘇，望五湖』是
也。」（59／14-15）按：張家英《〈史記〉十二本紀疑詁》認為：「登姑蘇，望
五湖」二句，今本《史記》出現在《河渠書・贊》中，只是「登」作「上」
而已，見校點本第 1415 頁。《太史公自序》中未見有此二句。因而，「《太史
公自敘傳》」六字為衍文，當加圜括弧；同時將脫文「《河渠書》」補出，並
加方括號。另外，以上兩個句子之末「五湖」、「利」下的句號宜改為逗號。
〔註31〕

　　《夏本紀》《集解》：「少長曰夭。喬，高也。」（59／17）按：張家英《〈史
記〉十二本紀疑詁》認為：「『少長曰夭』二句，是孔安國對《禹貢》『厥草
惟夭，厥木惟喬』中『夭、喬』二字的釋語（《十三經注疏》148 頁下）。應
按規定補出『孔安國曰』四字。」〔註32〕其說是。否則，此二句變成了裴駰
的注語。

　　《夏本紀》：「予欲聞六律五聲八音，來始滑，以出入五言，女聽。」（79
／末）按：來始滑，蔣禮鴻《史記校詁》以為，察其治理與滑亂也。「來始」
二字乃「采治」之誤。《索隱》：古文《尚書》作「在治忽」，今文作「采政忽」，
先儒各隨字解之。今此云「來始滑」，於義無所通。蓋來、采字相近，滑、忽
聲相亂，始又與治相似，因誤為「來始滑」，今依今文音「采政忽」三字。劉
伯莊云「聽諸侯能為政及怠忽者」，是也。五言謂仁、義、禮、智、信五德之
言，鄭玄以為「出納政教五官」，非也。〔註33〕其說可參。

　　《殷本紀》：「冥卒，子振立。振卒，子微立。」（92／6）按：振，《索隱》：
「《系本》作『核』。」而《三代世表》云：「冥卒，子振立；振卒，子微立。」
《索隱》：「《系年》作『垓』。」參《漢書・古今人表》作「核」。甲骨文中屢

〔註30〕　《蔣禮鴻集》第六卷《集外集》，第 5 頁。
〔註31〕　張家英：《〈史記〉十二本紀疑詁》，第 224 頁。
〔註32〕　張家英：《〈史記〉十二本紀疑詁》，第 224 頁。
〔註33〕　《蔣禮鴻集》第六卷《集外集》，第 7 頁。

見「王亥」。管錫華舉此例說：「王國維《殷卜辭中所見先公先王考》一文根據甲骨刻辭中屢見的『王亥』乃商之先王先公的事實，校定了《史記》之『振』即『核』或『垓』之訛。」〔註34〕據此可以推論，「振」當作「垓」或「核」；據王國維說，亥是正字，而核、垓爲同音假借。

《周本紀》：「五年，鄭忽，與魯易許田。」（150／5）按：參《正義》：「宛，鄭大夫。」則「忽」似爲「宛」之訛。管錫華《校勘學》漏校之例舉此〔註35〕。吳金華先生進一步指出：「早在清朝乾隆時代，修纂《四庫全書》的館臣就揭示了『忽』字之誤並把它校改爲『宛』。我想，管錫華《校勘學》之所以以此爲『漏校之例』，可能受到下面這一事實的啓發——宋本、明監本《周本紀》均作『鄭忽與魯易許田』，殿本改『忽』爲『宛』，並在《考證》中說明：『宛，監本訛作忽，今改正。』通過驗證，我認爲殿本《考證》的做法值得重視，只可惜沒有展開論證，今略補論證如下。《史記》的記載，淵源於《春秋》、《左傳》等文獻。《春秋》載魯隱公八年事曰：『三月，鄭伯使宛來歸祊。』晉杜預注：『宛，鄭大夫。不書氏，未賜族。祊，鄭祀泰山之邑，在琅邪費縣東南。』《左傳·隱公八年》：『鄭伯請釋泰山之祀而祀周公，以泰山之祊易許田。三月，鄭伯使宛來歸祊，不祀泰山也。』由此可見，周桓王五年（公元前715）三月，鄭莊公用泰山附近的『祊』換取魯隱公的『許田』，所派的使者是名叫『宛』的大夫。不過，除了殿本以外，舊本均作『鄭忽』，也不是毫無道理。《史記·鄭世家》載莊公事云：『二十七年，始朝周桓王。桓王怒其取禾，弗禮也。二十九年，莊公怒周弗禮，與魯易祊許田。』《周本紀》從周王朝的角度說『鄭忽』，《鄭世家》站在鄭國的立場說『莊公怒』，內容上似乎是互相映照的。所以，對於『鄭忽』二字，我以爲是用『出校而不改字』的方式比較穩妥。附帶說一下，我懷疑《周本紀》的原文是『鄭使宛與魯易許田』。大約在傳寫過程中先脫落了『使』，後來的讀者覺得『鄭宛』不大象話，又把『宛』改成了『忽』，就成了看似文從字順的『鄭忽』云云。」

《秦本紀》《正義》：「《括地志》云：『寶雞（神）〔祠〕在岐州陳倉縣東二十里故陳倉城中。《晉太康地志》云：「秦文公時，陳倉人獵得獸，若彘，不知名，牽以獻之。逢二童子，童子曰：此名爲媦，常在地中，食死人腦。」即欲殺之，拍捶其首。媦亦語曰……』」（180／11-13）按：本文可商討者有三。

〔註34〕管錫華：《校勘學》，第133頁。
〔註35〕管錫華：《校勘學》，第231頁。

一、寶雞（神）〔祠〕，《札記》：「疑當作『祠』。」未經論證，校點本即採納。

二、「得陳寶」事，本書《封禪書》《索隱》引《列異傳》以及《搜神記》卷八、《宋書・符瑞志》、南朝任昉《述異記》卷下、宋代李石《續博物志》卷六等，均有記載。「即欲殺之，拍捶其首」八字，爲童子之語，宜入括弧內。

三、「拍捶」一詞，不見於《漢語大詞典》，疑有誤。《搜神記》作「若欲殺之，柏插其首」，《宋書》作「若欲殺之，以柏東南枝指之，則死矣」，《述異記》作「若以柏木穿其首則死。故今種柏在墓中，以防其害也」。《續博物志》作「若欲殺之，以柏東南枝捶其首。由是墓皆植柏」。捶、插有別，而於義皆通；「拍」則均作「柏」，古來柏有辟邪作用，例多不舉，又舊刻木旁字與提手旁字常互訛，「拍捶」或爲「柏捶」之形訛。

　　《秦本紀》：「三十三年……擊芒卯華陽，破之，斬首十五萬。」（213／7-8）按：《史記・趙世家》同樣將此事記於秦昭王三十三年，而《韓世家》、《白起列傳》及《史記・六國年表・秦表》記秦昭王三十四年云：「白起擊魏華陽軍，芒卯走，得三晉將，斬首十五萬。」兩者前後相差一年。梁玉繩《史記志疑》認爲，白起攻華陽應該在三十四年，不是三十三年，而無確證。新出土的秦簡「大事記」云：「秦昭王三十四年，攻華陽」，秦簡爲當時人所記，顯然不會有誤。由此可以斷定，《史記・六國年表・秦表》、《韓世家》、《白起列傳》及梁玉繩的判斷是正確的，秦簡以第一手資料糾正了《史記》的錯誤。

　　《秦本紀》《正義》：「言能撫養軍士，戰必剋，得百姓安集，故號武安。故城在（潞）〔洺〕州武安縣西南五十里。七國時趙邑，即趙奢救閼與處也。」（216／1）按：錢穆《史記地名考》云：「武安故城在今河南武安西南。」未說明距離。五十里，《札記》：「案：《元和郡縣志》作『五里』，未知孰誤。」今檢得《外戚世家》第 1977 頁：「《正義》：《括地志》云：『武安故城在洺州武安縣西南七里，六國時趙邑，漢武安縣城也。」作「七里」。本處張守節所釋當本於《括地志》，又「七」與「十」常互訛，頗疑校者於「五」旁注「七」字，而誤衍爲「五十」。「十」字似爲衍文。

　　《項羽本紀》《索隱》：「《汲冢古文》云『盤庚自奄遷於北蒙，曰殷虛，南去鄴州三十里』，是殷虛南舊地名號北蒙也。」（310／6）按：張家英《〈史記〉十二本紀疑詁》云：「『殷虛』下的『南』字爲衍文，當加圓括號表示之，否則訓難以理解了。」（第 240 頁）此說亦見《札記》增補條：「『南』字疑衍。」

　　《項羽本紀》：「項王曰：『壯士，賜之卮酒。』則與斗卮酒。噲拜謝，起，立而飲之。項王曰：『賜之彘肩。』則與一生彘肩。」（313／7-8）按：裘錫圭認為「斗卮酒與生彘肩為對，斗卮自然是指容量為一斗的酒卮」，李笠等以「斗」字為衍文及王伯祥等以「斗」為酒器，長沙馬王堆漢墓出土的遺冊與實物證明，「斗」字衍文說、「斗」為酒器說均誤。〔註36〕

　　《項羽本紀》：「又以齊、梁反書遺項王曰：『齊欲與趙并滅楚。』」（321／8）按：《史記會注考證》以為「齊、梁」當作「齊、趙」，下文「齊欲與趙并滅楚」一語可證，其說是也。李人鑒更為申證，並云上文「項羽聞漢王皆已并關中，且東，齊、趙叛之，大怒」的「齊、趙叛之」，即指此事。並謂梁玉繩依《漢書》而改為「齊、梁叛之」，為「未能詳考」，並宜訂正。〔註37〕

　　《項羽本紀》：「漢之二年冬，項羽遂北至城陽，田榮亦將兵會戰。田榮不勝，走至平原，平原民殺之。」（321／10）按：梁玉繩曰：「案：『冬』當作『春』，事在春也。」（《志疑》卷六）施之勉《史記會注考證訂補》說：「按：《月表》項籍擊榮，走平原，平原民殺之，在漢之二年正月。《漢書・高紀》亦在二年春正月。是羽擊田榮，在漢之二年春也。」〔註38〕此為時間有誤之例。

　　《高祖本紀》：「袁生說漢王曰：『漢與楚相距滎陽數歲，漢常困。願君王出武關，項羽必引兵南走，王深壁，令滎陽成皋間且得休。』」（373／13）按：且得休，李人鑒疑本作「得且休」，傳抄者誤倒。「且休」一詞，亦見於《樂毅列傳》、《淮陰侯列傳》、《酈生陸賈列傳》。《漢語大詞典》第1冊第508頁釋為「暫且休整，暫且休息」。《漢書・高帝紀》作「且得休息」，李人鑒以為「似非班氏書之舊」。〔註39〕吳金華先生認為：「李說可商。(1)《史記・高祖本紀》載袁生說漢王之語，『得休』兩見。除了上面所引的幾句之外，下面還有幾句：『使韓信等輯河北趙地，連燕齊，君王乃復走滎陽，未晚也。如此，則楚所備者多，力分；漢得休，復與之戰，破楚必矣。』其中的『得休』作為短語，跟上文的意思相同。上述兩個『得休』，在《漢書・高帝紀》中均被擴展為『得休息』，口語性更明顯。李人鑒在懷疑『且得休』是『得且休』誤

〔註36〕裘錫圭：《考古發現的秦漢文字資料對於校讀古籍的重要性》，《中國社會科學》，1980年第5期。
〔註37〕李人鑒：《太史公書校讀記》，第160頁。
〔註38〕施之勉：《史記會注考證訂補》，第258頁。
〔註39〕李人鑒：《太史公書校讀記》，第199頁。

倒，我認爲沒有必要，因爲袁生口中兩次出現的短語『得休』並不是講不通。
（2）見於《樂毅列傳》、《淮陰侯列傳》、《酈生陸賈列傳》的『且休』，既不是
一個復音詞，也不是結構比較緊密的短語。《樂毅列傳》載燕惠王語曰：『寡
人之使騎劫代將軍者，爲將軍久暴露於外，故召將軍且休，計事。』《淮陰侯
列傳》載韓信語曰：『先生且休矣，吾將念之。』《酈生陸賈列傳》載陸賈語
曰：『王天子憐百姓新勞苦，故且休之。』從末例的『且休之』不難看出，『且』
跟『休』並沒有形成結構較緊的片語，『休之』作爲短語，換成今語就是『讓
他們休息休息』。相對於『且休』而言，『得休』倒顯示出短語化的特點。《漢
書‧高帝紀》載令曰『兵不得休八年，萬民與苦甚』。這類『得休』指脫離戰
爭期間必須承當的勞役而得到了休息的機會。《後漢書‧彭脩傳》：『年十五時，
父爲郡吏，得休，與脩俱歸。』這類『得休』指有公職的人員得到了休假的
機會。上述『得休』雖然還沒有辭彙化，但畢竟顯示出短語化的特點，說它
是片語也未嘗不可。基於上述原因，我認爲目前還無從證明『且得休』是『得
且休』的誤倒。」

　　《高祖本紀》：「陳平、灌嬰將十萬守滎陽，樊噲、周勃將二十萬定燕、
代，此聞帝崩，諸將皆誅，必連兵還鄉以攻關中。」（392／8）按：此聞帝崩，
義未安。此爲酈商將軍往見審食其語，對「四日不發喪」加以勸阻，「此」字，
李人鑒據《漢書》閩本等以爲作「比」，等到義〔註40〕。吳金華先生認爲：「『此
聞帝崩』一句，又見於《漢書‧高帝紀》。最早將『此』改成『比』的，是南
宋學者王益之，他根據《史》、《漢》等書編撰的《西漢年紀》卷二即作『比
聞帝崩』。其實，『此』作爲指示代詞，可以表示複數，用在這裡未必不通，
這個『此』字可以擴張爲『此輩』、『此四人』。所以，《史》、《漢》的『此聞
帝崩』一句，到了東晉袁宏《後漢紀》卷四就被擴張爲『此四人聞帝崩』。我
的結論是，『此』字宜釋不宜校。（1）南宋王益之改『此』爲『比』，實際上已
將『此』字看成校勘問題，還值得進一步研究；（2）東晉袁宏把『此』字擴張
成『此四人』，也就是把它理解爲指代陳平、灌嬰、樊噲、周勃四人的代詞，
值得參考。袁宏比王益之更接近於漢代，跟古代口頭語言及文獻語言的距離
比王益之短得多，他不改『此』爲『比』，而把『此』字擴張成『此四人』，
至少說明東晉時代的士大夫所看到的善本《史》、《漢》均作『此聞帝崩』，而
且也不覺得『此』字需要校勘。」

〔註40〕李人鑒：《太史公書校讀記》，第212頁。

　　《呂太后本紀》《集解》：「《漢書・百官表》曰：『典客，秦官也，掌諸侯，歸義蠻夷也。』」（409／11）按：《漢書・百官公卿表上》有：「典客，秦官，掌諸歸義蠻夷。」無「侯」字。張家英據《漢書》認爲「此『侯』字與其下的頓號當一併刪去」〔註41〕。其說可參。

　　《十二諸侯年表》：「呂不韋者，秦莊襄王相，亦上觀尙古，刪拾《春秋》，集六國時事，以爲《八覽》、《六論》、《十二紀》，爲《呂氏春秋》。及如荀卿、孟子、公孫固、韓非。」《索隱》：「荀況、孟軻、韓非皆著書，自稱『子』。宋有公孫固，無所述。此固，齊人韓固，傳詩者。」（511／6）按：《漢書・藝文志》諸子略儒家類著錄《公孫固》一篇。班固注：「十八章。齊閔王失國，問之固，因爲陳古今成敗也。」則公孫固有所述也。此非韓固，而是公孫固。梁啓超《諸子略考釋》引《史記・十二諸侯年表》云：「『公孫固、韓非之徒，各往往捃摭《春秋》之文以著書。』當即此人。」其說是。

　　《十二諸侯年表》：「晉景公六年：救宋，執解揚，有使節。」（619／5行1列）按：「宋」字下，崔適《史記探源》云：「各本脫『楚』字，今依《世家》補。」〔註42〕其說可參。

　　《漢興以來諸侯王表》：「三月丁巳哀王乘元年。景帝子。」（848／19行1列）按：《漢書・諸侯王表》（標點本第417頁）「清河哀王乘」下云：「中三年三月丁酉立，十二年薨，亡後。」三月壬申朔，則三月無丁巳。三月丁酉，爲三月二十六日。似可據《漢書》以訂《史記》之訛。

　　《漢興以來將相名臣年表》：「御史大夫蚡。」（1131／5行2列）按：此書於孝景四年御史大夫格，陳直認爲：「《漢書・百官公卿表》作御史大夫介。介字與蚡字右旁形相似，疑本作介字，因建元六年田蚡爲丞相條牽連而誤。」〔註43〕其說可參。

　　《曆書》：「民是以能有信，神是以能有明德。」（1256／9）按：上句《國語・楚語下》作「民是以能有忠信」，與其下句「神是以能有明德」偶對，李人鑒《太史公書校讀記》據以爲「此篇『信』上脫一『忠』字」（第330頁）。似可從。

　　《曆書》：「因詔御史曰：『乃者，有司言星度之未定也，廣延宣問，以理

〔註41〕張家英：《〈史記〉十二本紀疑詁》，第243頁。
〔註42〕崔適：《史記探源》，第76頁。
〔註43〕陳直：《史記新證》，第65頁。

星度，未能詹也。』」（1260／11）按：參三家注及蔣禮鴻《史記校詁》說：「詹自是讋字形近之誤，其訓當如小顏。」〔註44〕「詹」字宜校作「讋」。

《天官書》《集解》：「晉灼曰：『如鼎之句曲。』」（1297／10）按：此爲「其兩旁各有三星，鼎足句之，曰攝提」之注。「鼎」下脫「足」字，董志翹認爲「鼎非句曲之物，故無『足』字則文意不通。《漢書・天文志》引晉灼注。正作『如鼎足之句曲也』」〔註45〕。可參。

《天官書》：「尾爲九子，曰君臣；斥絕，不和。箕爲敖客，曰口舌。」（1298／4）按：錢大昕《三史拾遺》、梁玉繩《志疑》並引王孝廉之語云：「尾主後宮，『君臣』疑『群姬』之訛。」楊燕起《史記全譯》第 1256 頁據王孝廉說校作「群姬」。又蔣禮鴻以爲「曰口舌」前，張守節所見《史記》本有「后妃之府」四字，今脫（第 30 頁）。

《天官書》：「東井爲水事，其西曲星曰鉞。鉞北，北河；南，南河。」（1302／2）按：《漢書・天文志》不重「鉞」字，參《正義》「南河三星，北河三星，分夾東井南北，置而爲戒」之語，可知以「東井」爲區分南北之界，李人鑒認爲當刪除後一「鉞」字。〔註46〕吳金華先生據唐《開元占經》卷六十六「南北河戍占」三十九引《春秋緯》：「井鉞北曰北河，南曰南河。」認爲：「如果不否定《春秋緯》的文獻價值，就不能肯定《天官書》衍一『鉞』字。如果不能肯定《天官書》衍一『鉞』字，我們倒有理由懷疑《漢書・天文志》不重「鉞」字，或許是因爲傳寫過程中失落了重文符號。」可備一說。

《天官書》：「下有四星曰弧，直狼。」（1306／15）按：「四」字，梁玉繩《史記志疑》以爲作「九」。參《正義》「弧九星，在狼東南，天之弓也」等，似可從改。弧，弧矢星的簡稱，又稱「天弓」、「狼狐」，共九星，呈弓矢狀，即「形似張弓發矢」。內三顆二等，其餘的爲三至四等，屬井宿。在今大犬、船尾座。

《天官書》《集解》：「孟康曰：『青中赤表，下有二彗縱橫，亦塡星之精。』《漢書・天文志》獄漢一名咸漢。」（1334／11）按：二，陳靜認爲「當爲『三』字，形近而訛。『二』、『三』字常常相混」。舉出《漢書・天文志》注及《太

〔註44〕《蔣禮鴻集》第六卷《集外集》，第 29 頁。
〔註45〕董志翹：《訓詁類稿》，第 280 頁。
〔註46〕李人鑒：《太史公書校讀記》，第 334 頁。

平御覽》引《史記·天官書》「獄漢星」注並作「三」，並有南宋紹興本作「三」。〔註47〕既有版本依據，又有旁證，作「三」之說似可從。

《天官書》：「其見也，不種而獲；不有土功，必有大害。」（1335／13）按：梁玉繩說，《漢》《晉》諸志「害」作「客」。今《漢書·天文志》：「不有土功，必有大客。」清王先謙《漢書補注》曰：「《天官書》作大害，《隋志》、《占經》並作大客。《黃帝占》云：『必有客自鄰國來者，期一年遠二年。』明大害誤也。」言之較詳，可參證。吳金華先生說，「客」（《廣韻·入聲·陌韻》苦格切）與「獲」（《廣韻·入聲·鐸韻》胡郭切）爲韻，古韻均在鐸部。「害」（《廣韻·去聲·泰韻》）古韻在月部，在押韻方面不如「客」字和諧，此可爲王先謙之說增一旁證。

《天官書》《正義》：「又太微，天子宮庭也。太微爲衡，衡主平也，爲天庭理，法平辭理也。」（1352／16）按：「天庭理」義難明，參《晉書·天文志上》：「太微，天子庭也。……一曰太微爲衡。衡，主平也。又爲天庭，理法平辭，監升授德，列宿受符，諸神考節，舒情稽疑也。」〔註48〕可知「理」字屬下，且後一「理」字疑爲衍文。《史記會注考證》以前一「理」字屬下讀，可參證。孫畢以爲「因失校而斷句有誤」。〔註49〕

《封禪書》《正義》：「召音邵。《括地志》云：『召陵故城在豫州郾城縣東四十五里也。』」（1363／1）按：郾城縣，本書《魏世家》注引（1858）作「鄢城縣」，兩處異文。錢穆《史記地名考》以爲作「鄢城縣」（596），並云：「召陵故城，今鄢城縣東三十五里。」〔註50〕其說可參。

《河渠書》《集解》：「《漢書音義》曰：『廝，分也。二渠，其一出貝丘西南二折者也，其一則漯川。』」（1406／9）按：董志翹據《漢書·溝洫志》師古注引孟康《漢書音義》，校「其一出貝丘西南二折者也」的「二」字係「南」字重文符號，代表「南」字。「南折」而非「二折」。〔註51〕其說可從。二短橫作重文號，甲骨、金文中已出現，清杭世駿《訂訛類編》卷三《字訛》「重文不可作二」條也曾談到：「篆書凡重疊字皆不復書，但作二，偏於字右，二

〔註47〕陳靜：《中華書局點校本〈史記〉校勘評議》，南京師範大學碩士學位論文，2001年，第28頁。
〔註48〕《晉書》，中華書局校點本，第291～292頁。
〔註49〕孫畢：《中華書局本〈史記〉標點商榷》，《古籍研究》，2003年第1期。
〔註50〕錢穆：《史記地名考》，第596頁。
〔註51〕董志翹：《訓詁類稿》，第280頁。

乃古文『上』字，言同於上也。」有助於人們對重文號的認識。

《燕召公世家》《索隱》：「譙周曰：『《系本》謂燕自宣侯已上皆父子相傳無及，故系家桓侯已下並不言屬，以其難明故也。』按：今《系本》無燕代系，宋忠依《太史公書》以補其闕，尋徐廣作音尚引《系本》，蓋近代始散佚耳。」（1551／11）按：尋徐廣作音尚引系本，王永吉博士見告，「音」下脫「義」字。徐廣作《史記音義》，史有明文。其說近是。

《管蔡世家》《索隱》：「按：《左傳》成十五年，晉屬公執負芻，歸於京師。晉立宣公弟子臧，子臧曰『聖達節，次守節，下失節。爲君非吾節也』。」（1572／15）按：參楊伯峻《春秋左傳注》可知，「聖達節」以下三句，乃子臧引「《前志》」語，《前志》爲古書。《索隱》脫了「子臧曰」後「《前志》有之曰」五字，致使「《前志》」語變爲了子臧語的一部分。力之說同，並指出：「類此將引者所引之文（詩）當引者文（詩）之例子，先唐尤多。」〔註52〕又「成公三年」，《札記》引《志疑》云：「三當作二。」

《留侯世家》《正義》：「《括地志》云：『褒谷在梁州褒城縣北五十里南中山。昔秦欲伐蜀，路無由入，乃刻石爲牛五頭，置金於後，僞言此牛能屎金，以遺蜀。蜀侯貪，信之，乃令五丁共引牛，塹山堙谷，致之成都。秦遂尋道伐之，因號曰石牛道。《蜀賦》以石門在漢中之西，褒中之北是。』」（2039／6）按：「以石門在漢中之西，褒中之北是」，爲注語，「《蜀賦》」二字，陳冠明以爲「蜀都賦注」之脫〔註53〕。其說可參。

《伯夷列傳》《索隱》：「《老子》曰：『國家昏亂，始有忠臣』，是舉代混濁，則士之清絜者乃彰見，故上文『歲寒然後知松柏之後彫』，先爲此言張本也。」（2127／3）按：此爲史文「舉世混濁，清士乃見」下注釋，「舉代」疑爲「舉世」的諱改字。

《伯夷列傳》：「同明相照，同類相求。」「雲從龍，風從虎，聖人作而萬物睹。」（2127／8）按：「同明相照」下有「《索隱》：已下並《易‧繫辭》文也」；「雲從龍，風從虎，聖人作而萬物睹」下有「《正義》：此以上至『同明相照』是《周易‧乾‧象辭》也」一段話。《索隱》與《正義》之說矛盾。核之《周易》，此兩句並爲《乾卦‧文言》之文也，兩說皆誤。力之說

〔註52〕力之：《〈史記〉、〈漢書〉、〈後漢書〉注札記》，《內蒙古師大學報》，1999年第1期。
〔註53〕陳冠明：《〈史記〉校讀釐正》，《古籍整理研究學刊》，1997年第6期。

同。〔註54〕

《老子韓非列傳》《正義》：「阮孝緒《七略》云《申子》三卷也。」（2146／9）按：《七略》爲劉歆所撰，史有明文。阮孝緒所撰爲《七錄》，已佚，而唐釋道宣《廣弘明集》卷三收其《序》，《七錄序》爲我國早期研究目錄分類理論的非常重要的文獻。疑《正義》的「阮孝緒《七略》」爲「阮孝緒《七錄》」之誤。後文「韓非者」下「《正義》：阮孝緒《七略》云《韓子》二十卷」。誤同。施之勉《史記會注考證訂補》云：「張森楷曰，各本『錄』誤『略』。按《梁書》本傳，《隋書·經籍志》，阮孝緒書名《七錄》，不名《七略》。《七略》，漢劉歆作也。今依合刻本正。」〔註55〕亦可證。

《仲尼弟子列傳》《正義》：「孔子周遊，常以家車五乘從孔子。《孔子世家》亦云語在三十五人中，今在四十二人數，恐太史公誤也。「（2222／1）按：「亦云」下，趙生群先生認爲脫「家」字，「家語」爲《孔子家語》的簡稱。〔註56〕其說疑是。

《張儀列傳》：「大王不事秦，秦下兵攻河外，據卷、衍、〔燕〕、酸棗，劫衛取陽晉，則趙不南，趙不南而梁不北，梁不北則從道絕，從道絕則大王之國欲毋危不可得也。」（2285／末）按：《札記》據《志疑》云：「《國策》『衍』下有『燕』字。《正義》亦有，故云『燕，滑州胙城縣』，傳寫失之。」校點本據補「燕」字。檢今《正義》仍有「河外即卷、衍、燕、酸棗」、「卷、衍屬鄭州；燕，滑州胙城縣；酸棗屬滑州：皆黃河南岸地」二條，說明《正義》本有「燕」字。陳直《史記新證》認爲「本文燕下奪虛字」，此「燕虛」與《秦始皇本紀》「五年，取魏酸棗、燕虛、長平」的「燕虛」同。〔註57〕吳金華先生認爲陳直之說可商：「《史記新證》以『燕虛』連文，好像『燕虛』是一個不容分裂的雙音詞，我認爲值得商榷。根據《秦始皇本紀》、《索隱》及《秦始皇本紀》、《正義》可知，『燕』與『虛』是兩個各自獨立的地名。既然是兩個地名，那麼，《秦始皇本紀》有『虛』而《張儀列傳》無『虛』，未嘗不可以視爲互文關係。正因爲『燕』與『虛』是兩個地名，史家就不一定非把『燕』與『虛』綁在一起，讀者也不必把『燕』下無『虛』的現象鎖定爲脫文現象。

〔註54〕力之：《〈史記〉、〈漢書〉、〈後漢書〉注札記》，《內蒙古師大學報》，1999年第1期。

〔註55〕施之勉：《史記會注考證訂補》，第1085頁。

〔註56〕趙生群：《〈史記〉校讀札記》，《漢中師院學報》，1989年第4期。

〔註57〕陳直：《史記新證》，第128頁。

陳直之所以認為『燕』下當補『虛』字，似乎是因為忽略了《史記索隱》及《正義》的有關解說而把『燕虛』理解為復音詞了。在沒有證據反駁《史記索隱》及《正義》的之前，我寧可相信《史記索隱》及《正義》，也不敢相信近、現代人的新說。這是因為，地理的古今演變給我們留下的疑問實在太多了，近、現代人由於距離古代太遠而太缺乏地理知識了，所以我認為，對於古代地理名詞的解說，如果近、現代人拿不出過硬的新資料而自立新說，千萬不可貿然信從；就『燕』、『虛』二字而言，我們還是以姑取唐人之說為好。此外，《史記》的本紀、表、志在同敘一事時，往往採用『互文』的筆法——這裡多出某個人名、地名，那裡少了某個人名、地名，這並不是此衍彼脫的關係，而是此詳彼略的手法。」吳先生之說對我們正確《史記》各體異文及《史》《漢》異文等，頗有啓發。

　　《孟嘗君列傳》：「明旦，側肩爭門而入；日暮之後，過市朝者掉臂而不顧。非好朝而惡暮，所期物忘其中。」（2362／12）按：《索隱》：「按：期物謂入市心中所期之物利，故平明側肩爭門而入，今日暮，所期忘其中。忘者，無也。其中，市朝之中。言日暮物盡，故掉臂不顧也。」李人鑒據《戰國策·齊策四》與《淮南子·說林訓》，所述相同而用「亡」字，認為「《史記會注考證》已改《傳》文中『忘』字及《索隱》注文中兩『忘』字為『亡』，而點校本猶仍其舊，未能訂正誤字」。〔註58〕吳金華先生認為「李說可商」：「現代漢語中表示『喪失』意義而讀音為 wàng 的單音詞，在先秦、兩漢古書中往往用『亡』、『忘』兩個字來記錄。這『亡』、『忘』二字是同音通假的關係，不是一正一誤的關係。從古籍校釋學的角度說，古書中的『亡』、『忘』混用現象不屬於文獻學方面必須的校勘問題，而屬於語言文字學方面的應當解說的問題，也就是傳統語言學家所說的『訓詁問題』。李人鑒把『忘』字視為必須訂正的誤字，是因為忽略了『亡』、『忘』通用之例，把訓詁的問題當成了校勘的問題。以『忘』為『亡』，古書常見，限於篇幅，僅舉五例，並附以解說。例（1）傳世本《周易·泰·九二》：『亡，得尚於中行。』馬王堆西漢墓出土的帛書與之對應的文句是：『弗忘，得尚於中行。』由此可見，傳世本的『亡』是本字，出土帛書的『忘』是通借字。例（2）傳世本《老子》第 33 章：『死而不亡者壽。』其中『亡』字，馬王堆西漢墓出土的帛書作『忘』。帛書的抄手，文化水準決不會很低，由此可見，西漢前期乃至先秦時代的往往用『忘』、『亡』

並用，無所謂彼是此非。例(3)《漢書・戾太子劉據傳》：『子胥盡忠而忘其號，比干盡仁而遺其身。』顏師古注：『忘，亡也。吳王殺之，被以惡名，失其善稱號。』顏師古沒有把『忘』當成校勘問題來處理，他是對的。例(4)《文選・陸機〈歎逝賦〉》：『樂隤心其如忘，哀緣情而來宅。』李善注：『忘，失也。』李善把『忘』當成訓詁問題來處理，他是對的。例(5)《書・大誥》：『敷前人受命，茲不忘大功。』王引之《經義述聞・尚書上》：『忘，與亡同，言不失前人之大功也。』王引之說『忘，與亡同』，也就是認為屬於同一個詞用不同的字來記錄，可謂知言之論。」

《春申君列傳》：「人民不聊生，族類離散，流亡為僕妾者，盈滿海內矣。」（2391／5）按：人民不聊生，疑衍「人」字。蓋「民」字諱改為「人」字，後人於「人」字旁注「民」字，誤混入。本書有誤混之例。

《廉頗藺相如列傳》：「後七年，秦破殺趙將扈輒於武遂，斬首十萬。」（2451／1）按：武遂，《索隱》按：「劉氏云『武遂本韓地，在趙西，恐非《地理志》河間武遂也』。」而《札記》云：「各本下衍『城』字，《索隱》本無。《考異》云世家作『武城』。」參《趙世家》作「城」字，疑是。此蓋涉上文而誤。梁玉繩《史記志疑》以為衍「遂」字。李人鑒認為張文虎：「以《索隱》單行本無『城』字，遂以為『城』字衍而刪去之，點校本亦從其說而刪『城』字。此皆非是。」〔註59〕可參。武城，趙邑，在今山西武成。張文虎取捨不當。

《屈原賈生列傳》《正義》：「本，常也。鄙，恥也。言人遭世不道，變易初行，違離光道，君子所鄙。」（2488／1）按：光道，陳靜認為：「『光』字殿本作『常』，正合『本』義。」〔註60〕其說可參。此為正文「易初本由兮，君子所鄙」的注，「常道」與「初行」義近，均指原來的軌道。

《屈原賈生列傳》《索隱》：「音介。《漢書》作『介』。張楫云：『遴介，鯁刺也。以言細微事故不足遴介我心，故云「何足以疑」也。』」（2502／14）按：《札記》引《考異》云：「『薊』不成字，當作『薊』。」未引完整，實《考異》仍有：「『薊』『芥』聲相近，故《漢書》作『芥』。」〔註61〕錢氏之說可

〔註59〕李人鑒：《太史公書校讀記》，第 1186 頁。
〔註60〕陳靜：《中華書局點校本〈史記〉校勘評議》，南京師範大學碩士學位論文，2001 年，第 32 頁。
〔註61〕錢大昕《史記考異》，《嘉定錢大昕全集》第二冊，江蘇古籍出版社，1997 年版，第 87 頁。

參。又「張榤」，當作「張揖」。又「以言細微事故不足遷介我心，故云『何足以疑』也」一節，非張揖語，而是司馬貞的解釋。原文標點當改正。參程金造說。〔註62〕

《韓信盧綰列傳》《集解》：「如淳曰：『觖音「決別」之「決」。望猶怨也。』瓚曰：『觖謂相觖而怨望也。』韋昭曰：『觖猶冀也。』」（2638／1）按：此爲史文「爲群臣觖望」句下注釋，「觖謂相觖而怨望也」當爲「觖望」的注，前一「觖」後疑脫「望」字。

《韓信盧綰列傳》：「十二月，上自擊東垣，東垣不下，卒罵上；東垣降，卒罵者斬之，不罵者黥之。」（2641／10）按：黥，陳直《漢書新證》認爲：「王說是也。本文應從《漢書》作『不罵者原之』，所以致誤之由，因『黥』字在漢代可簡寫作『京』，《史記》『原』字，傳抄時誤作『京』，後人又改『京』爲『黥』也。《敦煌漢簡校文》一一五頁簡文云：『右肩左黥，皆四歲京。』可證。」〔註63〕王說指王念孫說：「『黥』當從《高祖紀》作『原』，原之者謂宥之也，若不罵者黥之，則人不免於罪矣。」此說可參。吳金華先生認爲：「表出於修訂本《校勘記》則可，若欲改字，最好進一步尋求證據。有兩個問題必須考慮：（1）《本紀》從正面作概述，《列傳》微露具體眞相，這是史家最常見的手法。東垣造反而堅守，是守卒爲反者賣命也；不曾『罵上』的守卒只黥面而不屠戮，算不算受到原宥？如果不算，王念孫的說法就完全成立了。（2）《本紀》所謂『原』，是不是僅指免於『斬』？也就是說，《盧綰列傳》的『黥』，是不是記錄這樣的事實：在劉邦看來，沒有被指派『罵上』的守卒雖然死罪可免，但黥面以示有別於東垣城中的大多數良民還是必要的。如果是這樣，那麼，王念孫的說法還有待進一步論證。」

《扁鵲倉公列傳》《正義》：「臾附二音。應劭云：『黃帝時將也。』」（2789／8）按：此爲史文「俞跗」的注。《韓詩外傳十》作「逾跗」，揚雄《解嘲》作「臾跗」，《漢書‧藝文志》作「俞拊」，《說苑‧辨物篇》作「俞跗」同。雖時代不一，字形有異，但所指爲同一人。其身份多不是「將」，而是「醫」。李人鑒云：「檢《漢書‧藝文志》『泰始黃帝扁鵲俞拊方二十三卷』下注引應劭曰『黃帝時醫也』，則《正義》注文中『將』字乃『醫』字之誤也。點校本乃沿其誤而不能是正。類此者甚多，其亦有負於『點校』之名矣，可慨也！」

〔註62〕程金造：《史記索隱引書考實》，中華書局，1998年版，第209頁。
〔註63〕陳直：《漢書新證》，第152頁。

〔註64〕其說可參。

《扁鵲倉公列傳》：「凡此數事，皆五藏蹙中之時暴作也。」（2791／3）按：許學東以爲「蹙」字，當爲「蹙」字之誤。「蹙」通「厥」，逆氣也。《二十五史》本有不誤者。〔註65〕其說是。上文有「暴蹙而死」之說，亦可證。又，本書第2799頁：「齊郎中令循病，眾醫皆以爲蹙入中，而刺之。」「蹙」字，《札記》校點本有「蹙入中」條，猶作「蹙」字不誤。可知校點本兩處誤同，並宜正之。局本與校點本初版不誤。此爲二版新生之誤。

《韓長孺列傳》：「蚡言安國太后，天子亦素聞其賢，即召以爲北地都尉，遷爲大司農。」（2860／12）按：梁玉繩《志疑》卷三三說：「（大司農）當爲大農令。」據《百官公卿表》，景帝後元年治粟內史更名大農令，武帝太初元年更名大司農。大司農爲主管錢糧之官。韓安國之卒在元朔二年，不當有大司農之名。此官名有誤之例。或史書追書之失。參《史記教程》第400頁。《魏其武安侯列傳》：「以武安侯蚡爲丞相，以大司農韓安國爲御史大夫。」（2843頁）「大司農」亦宜作「大農令」。吳金華先生認爲，此類問題，只宜出校，不可改字。

《匈奴列傳》：「夫力耕桑以求衣食，築城郭以自備，故其民急則不習戰功，緩則罷於作業。」（2900／6）按：戰功，李人鑒認爲：「『功』當作『攻』。《漢書‧匈奴傳》作『攻』。此《傳》上文云：『急則人習戰攻以侵伐。』又云：『匈奴明以戰攻爲事。』《傳》文『功』當作『攻』甚明。」〔註66〕其說近是。本書《魏世家》：「彼勸太子戰攻，欲啜汁者眾。」《樂毅列傳》：「練於兵甲，習於戰攻。」亦可證。此蓋後人惑於「功」「業」相對應而妄改。吳金華先生詳細考證說：「中華本兩版作『功』，均沿襲舊本，並非訛字，是假借字；《漢書‧匈奴傳》此文作『攻』，用的是本字。『功』、『攻』二字古通用，李人鑒忽略了古書中二字互相通假之例，故有彼是此非之論。請看事實：（1）比《史記》更早的文獻，有以「功」爲「攻」之例。例如今本《戰國策‧燕策二》：『天下不攻齊』，其中『攻』字，馬王堆西漢墓出土的帛書《戰國縱橫家書》作『功』；又如今本《戰國策‧趙策》：『且秦以三軍攻王之上黨而危其北，則句注之西非王之有也』。其中『攻』字，，馬王堆西漢墓帛書《戰國縱

〔註64〕李人鑒：《太史公書校讀記》，第1391頁。

〔註65〕許學東：《〈史記〉勘誤二則》，載《古漢語研究》，1992年第1期。

〔註66〕李人鑒：《太史公書校讀記》，第1477頁。

橫家書》也作『功』，這都是西漢或先秦人以『功』爲『攻』（軍事進攻）的鐵證。(2)從上古到中古，文獻中均有以『攻』爲『功』之例。例如《金石古文・周齊侯鎛鍾銘》：『汝肇勳於戎攻。』這是上古時代以『攻』爲『功』（功勳）的鐵證。又如《敦煌曲子詞・定風波》：『功書學劍能幾何，爭如沙塞騁僂儸。』這是中古時代的仍然以『功』爲『攻』（致力學習或研究）的明證。『功』、『攻』二字古通用，例多不具引。所以說，《史記》中以『功』爲『攻』的字，很可能像馬王堆西漢墓出土的帛書一樣，出自古老的寫本，我們不必把『功』定爲『攻』的訛字，它也不一定是『後人惑於功、業相對應而妄改』的結果。」吳先生之說可從。

《匈奴列傳》：「太史公曰：孔氏著《春秋》，隱桓之間則章，至定哀之際則微，爲其切當世之文而罔褒，忌諱之辭也。」（2919／6）按：此末兩句舊訓紛紜，徐復先生校理如下：「此當以『文罔』二字連文，本書《游俠列傳》：『雖時扞當世之文罔。』罔即網字，此『罔』字誤倒在『而』字下，遂致歧說。《史通・惑經》引此，一本正作『爲其切當世之文罔』，知唐時傳本尚有不誤者。又『褒諱』二字連文，本書《十二諸侯年表》：『爲有所刺譏褒諱挹損之文辭。』《漢書・藝文志》：『仲尼有所褒諱貶損，不可書見。』此文『褒諱』二字間又疑衍一『忌』字，上又脫一『多』字，當作合理增刪，下句當爲『而多褒諱之辭也』，其義自通。」〔註67〕此處既倒且衍，得徐先生之校理，文從字順。可從改。

《南越列傳》《索隱》：「躶國。音和寡反。躶，露形也。」（2970／12）按：《札記》：「案：躶裸字同，《集韻》魯果切，無和寡之音。」「裸」爲來母字，「利」亦爲來母字，且與「和」形近，故疑「和」字爲「利」字之訛。

《司馬相如列傳》《索隱》：「文穎曰：『《小雅》之人材志狹小，先道己之憂苦，其末流及上政之得失也。故《禮緯》云《小雅》譏己得失，及之於上也。』」（3073／12-13）按：《禮緯》，程金造認爲是《詩緯》之誤。〔註68〕此注係注釋史文「《小雅》譏小己之得失，其流及上」，明與《詩》有關，程先生之說可參。

《淮南衡山列傳》《正義》：「《括地志》云：『亶州在東海中，秦始皇遣徐

〔註67〕徐復：《史記雜志》，載《後讀書雜志》，上海古籍出版社，1996年版，第34頁。
〔註68〕程金造：《汲古閣單本史記索隱之來源和價值》，載《史記管窺》，陝西人民出版社，1985年版，第231頁。

福將童男女，遂止此州。其後復有數洲萬家，其上人有至會稽市易者。』闕文。」（3087 / 13）按：《札記》：「警云此及後『武關』《正義》皆有『闕文』二字，蓋後人所記。」其說是。陳冠明認爲《正義》所引《括地志》闕文，可據《秦始皇本紀》《正義》（248 頁）補 13 字。〔註69〕且本卷下文《正義》：「故武關在商州商洛縣東九十里。春秋時。闕文。」（3091 / ）「闕文」也可據《秦始皇本紀》（249 頁）《正義》補字。楊海崢《漢唐〈史記〉研究論稿》第 167 頁說：「最後的『闕文』兩字，顯然是後人在閱讀《正義》至此，發現殘缺後所加。」楊說近是，然未能參考陳說而作進一步的補正。

　　《儒林列傳》：「於是景帝曰：食肉不食馬肝，不爲不知味；言學者無言湯武革命，不爲愚。」（3123 / 5）按：徐復先生曰：「亦見《漢書·儒林傳》，已出校記，定『言』字爲『善』字隸書之脫誤。善學者，與上句食肉六字亦爲對文。」〔註70〕徐先生之說可參。

　　《大宛列傳》《正義》：「宋膺《異物志》云秦之北附庸小邑，有羊羔自然生於土中，候其欲萌，築牆繞之，恐獸所食。」（3163 / 12）按：陳冠明以爲「宋膺《異物志》」有誤，《異物志》的作者當爲「朱應」。〔註71〕其說可參。

　　《大宛列傳》《正義》：「《漢書》云：『條支出師子、犀牛、孔雀、大雀，其卵如甕。和帝永元十三年，安息王滿屈獻師子、大鳥，世謂之安息雀』。」（3164 / 2）按：趙生群先生認爲：「『漢書』當作『後漢書』。《漢書》終於王莽之事，距和帝百有餘年，且其書除八表及《天文志》外，皆經班固之手而成，固死於和帝永元四年（西元 92 年），不得載永元十三年（101 年）事甚明。《後漢書·西域傳》：『條支國……出師子、犀牛、封牛、孔雀、大雀。大雀其卵如甕。』又云：『（永元）十三年，安息王滿屈復獻師子及條支大鳥，時謂之安息鳥。』是《正義》所本。」〔註72〕其說是。校點本漏校。

〔註69〕陳冠明：《〈史記〉校讀釐正》，《古籍整理研究學刊》，1997 年第 4 期。
〔註70〕徐復：《史記雜志》，載《後讀書雜志》，第 35 頁。
〔註71〕陳冠明：《〈史記〉校讀釐正》，《古籍整理研究學刊》，1997 年第 4 期。
〔註72〕趙生群：《〈史記〉校讀札記》，《漢中師院學報》，1989 年第 4 期。

第四章　校點本標點問題舉隅

　　古籍標點是古籍整理與研究最起碼的工作，也是最基本的工作。對古籍的標點校勘，現有中華書局總編辦公室草擬的《古籍校點通例》（初稿）可以參考，〔註1〕它實際上是對古籍校點工作作出規範，並爲多數古籍整理和出版工作者所採納。我們討論《史記》校點本的問題，基本上參照《古籍校點通例》〔註2〕。關於《史記》的標點，賀次君的一段話應予高度重視：「明代以前研究《史記》的不下數十家，或宗議論，或詮義法，或講體裁，或主注釋，對於句讀則視爲淺近，很少加以注意；自歸有光、方苞等人先後用色筆圈點，後吳汝綸繼之，於是《史記》的句讀也算是一門專業了。但是句讀的困難不在注解之下，必須先通過校勘、考證、疏解各方面的工作以後，才能掌握一句一段的意義，才能做到句讀無誤，用以表達原著的精神意境。因爲圈點《史記》，必須具備以上的條件，所以過去圈點《史記》的人，是失敗的多，成功的少。」〔註3〕校點本的新突破，主要表現在分段、專名線、引號和校勘符號

〔註1〕原載《古籍整理出版情況簡報》、《書品》（1991年第4期），程毅中《古籍的標點與校勘》全文引錄。

〔註2〕關於《史記》的標點體例，校點本《點校後記》說：「《史記》一向有斷句的本子，如凌稚隆的《史記評林》，吳見思的《史記論文》，張裕釗校刊的歸方評點本和吳汝綸的點勘本，我們都取作參考。各家句讀往往大有出入，我們擇善而從，有時也不得不自作主張。」蔡美彪《二十四史校點緣起存件》文談到，1958年9月13日商議工作辦法如下：「(1)《史記》已有顧頡剛用金陵本爲底本的標點底稿，由中國科學院歷史研究所第三所負責復校。……(2)四史的標點分段體例應予統一，以《資治通鑑》標點體例爲標準，由中華書局草擬印發。」《資治通鑑》由古籍出版社，1956年出版，爲學術界所重。

〔註3〕《〈史記札記〉校後記》，商務印書館，1957年版，第475頁。

的應用等方面。但是，如果不充分注意前人的工作成績，仍會發生局部的倒退現象。吳金華先生在研究校點本《三國志》的新標點時，發現在斷句上不如舊本的現象時有發生，《史記》的情況如何呢？校點本《史記》在標點方面也存在不少值得探討的地方。

第一節　校點本標點問題舉隅

　　古籍標點的目的，是要幫助讀者準確無誤地讀懂古書，排除一部分障礙，節省許多時間和精力。這就要求人們在標點古書時必須從語言的結構和語言所表達的內容兩個方面來考慮，用標點符號把句子之間的關係、語氣和應該停頓之處，準確而清晰地表現出來，將作者所要表達的內容明白無誤地體現出來。校點本《史記》基本上符合了上述要求，但不無可商之處。並且，校點本問世後，不斷有學者提出商榷，校點本在重印之時也不斷修改，逐步完善。可見《史記》標點之不易。這裡從專名、書名號、與引號相關的標點符號、語詞等角度，列舉時賢及自己發現的一些可商之處，供大家討論。

一、專名問題

　　專名指人名、地名、國名、民族名、朝代名等。專名當作非專名是錯，非專名當作專名也是錯。與專名相關的錯誤主要表現爲兩種形式，一是斷句不當，一是專名線不當。爲古籍中的人名、地名、國名、民族名、朝代名等專名加上專名號，對讀者幫助很大。但加上專名號的工作，可以說是古籍整理中一項比較繁瑣而難度較大的工作。專名線既不能長，也不能短，還不能斷。稍有不慎，就會出錯。

（一）專名斷句問題例

　　《夏本紀》《集解》：「孔安國曰：『地在安邑之西。』鄭玄曰：『南夷，地名。』」（88／16）按：此爲「桀走鳴條」句下注，無「南夷」二字，趙新德以爲「南夷地名」是注釋「鳴條」的，「南夷」下不宜斷開。並舉《尚書·湯誓》《正義》引鄭玄云：「鳴條，南夷地名。」〔註4〕其說可從。

　　《秦本紀》《正義》：「韋昭曰：『晉正卿士蔿之孫，成伯之子季武子也。

〔註4〕趙新德：《校點本〈史記〉標點疑誤》，《古籍整理出版情況簡報》總第174期，
　　　　1987年4月。

食采於隨范，故曰隨會，或曰范會。季，范子字也。』」（196 / 2）按：趙新德以爲，「卿」下宜斷，「隨范」宜斷爲二。〔註5〕此爲「隨會」的注釋，「晉正卿」指隨會，當斷。淩本前有「隨會」二字，更加明確。

　　《六國年表》：「秦取曲沃，平周女化爲丈夫。」（730 / 3 行 5 列）按：當標點爲「秦取曲沃、平周。女化爲丈夫」。司馬朝軍、謝秉洪等均有論證。〔註6〕可參。

　　《河渠書》：太史公曰：余南登廬山，觀禹疏九江，遂至於會稽太湟，上姑蘇，望五湖；東窺洛汭、大邳、迎河，行淮、泗、濟、漯洛渠；西瞻蜀之岷山及離碓；北自龍門至於朔方。（1415 / 3）按：以「漯洛」爲一渠，誤。漯爲漯水，即上文禹分河爲二渠，「北載之高地」之一的漯水，源自河南武陟縣，流經河北、山東入海；洛水即《禹貢》所說「導洛自熊耳」中的洛水，是伊、洛之洛，非陝西境內的渭、洛之洛水。漯洛，中間宜加頓號分開。此水名斷句不當例。吳金華先生說：「《禹貢》：『浮於濟、漯，達於河。』漯，顯然與『濟』並列。」

　　《蘇秦列傳》：「我下軹，道南陽，封冀，包兩周。」（2273 / 8）按：「南陽，封冀」，當爲「南陽、封、冀」。參《索隱》：「按：魏之南陽即河內也。封，封陵也。冀，冀邑。皆在魏境。」可知。《集解》徐廣曰：「霸陵有軹道亭，河東皮氏有冀亭也。」《札記》：「《考異》云道謂取道南陽，徐誤。」並可參。

　　《魏其武安侯列傳》：「孝景崩，即日太子立，稱制，所鎮撫多有田蚡賓客計筴，蚡弟田勝，皆以太后弟，孝景後三年封蚡爲武安侯，勝爲周陽侯。」（2842 / 1-2）按：後半段李人鑒認爲宜標點爲：「蚡、弟田勝，皆以太后弟孝景後三年封：蚡爲武安侯，勝爲周陽侯。」「蚡」與「弟出勝」之間斷開，「皆以太后弟」的「弟」後逗號去掉，「封蚡爲武安侯，勝爲周陽侯」的「封」字屬上讀，「封」下加冒號。〔註7〕參下文「蚡爲武安侯，勝爲周陽侯」，則受封實爲二人，而不是田蚡之弟田勝一人，況有「皆」字明非一人。李說可參。「封」字屬下讀，亦沿《集解》之誤也。並宜正之。

〔註5〕　趙新德：《校點本〈史記〉標點疑誤》，《古籍整理出版情況簡報》總第 174 期，1987 年 4 月。

〔註6〕　司馬朝軍：《〈史記〉中華書局標點四則》，《古漢語研究》，2001 年第 1 期。謝秉洪：《〈史記〉標點正誤》，《江海學刊》，2002 年第 6 期。

〔註7〕　李人鑒：《太史公書校讀記》，第 1417 頁。

（二）專名線問題例

《秦始皇本紀》：「以黔首葬二世杜南宜春苑中。」（275／6）按：杜南，中華本作一專名線。而《項羽本紀》有「杜南」，僅「杜」下標有專名線，參其下《正義》引韋昭云：「杜，今陵邑。」引《括地志》：「杜陵故城在雍州萬年縣東南十五里。漢杜陵邑，宣帝陵邑也，北去宣帝陵五里。《廟記》云故杜伯國。」可知「南」字不宜加專名線。

《秦本紀》：「二十三年，與魏晉戰少梁，虜其將公孫痤。」（201／4）按：安平秋（19頁）以爲「魏」字衍。其說本於《札記》：「《雜志》云『魏』字後人所加，『晉』即『魏』也，魏得晉故都，故自稱晉國。」韓趙魏三家分晉後，晉不復存在。校點本於「魏晉」二字分加兩條專名線，讀者易誤以爲二國，屬不當。張家英續證之，亦可參。

《高祖本紀》：「到豐西澤中，止飲，夜乃解縱所送徒。」（347／5）按：澤中，《漢書·高帝紀》爲「澤中亭」，加專名線，師古注：「豐邑之西，其亭在澤中，因以爲名。」則「澤中」似爲亭名，宜加專名線。下文「高祖被酒，夜徑澤中，令一人前行。」此澤中爲泛指，則可不加專名線。

《高祖本紀》《正義》：「韋昭云：『杜，今陵邑。』」（367／9）按：陵邑，校點本標專名線，不妥。張家英認爲，「陵邑」爲一種地區統稱，並非具體的專用地名，所以，原有「陵邑」旁的地名專用號應予刪去。〔註8〕其說可參。

《鄭世家》：「公怒，漑逐群公子。」（1766／7）按：漑，《集解》：徐廣曰：「一作『瑕』。」《索隱》：「音蔇。《左傳》作『瑕』。」字雖不一，然爲人名，當加專名線。孫懍亭有論證，可參。〔註9〕

《李斯列傳》：「君聽臣之計，即長有封侯，世世稱孤，必有喬松之壽，孔、墨之智。」（2550／13）按：必有喬松之壽，喬、松指王子喬、赤松子，二人都是傳說中的僊人，不是泛指，當分別加專名線。

《袁盎晁錯列傳》：「學申商刑名於軹張恢先所，與雒陽宋孟及劉禮同師。以文學爲太常掌故。」（2745／7）按：張恢先，校點本標一專名線，參下《集解》：「徐廣曰：『先即先生。』」可知「先」不宜入專名線，下文《索隱》：「軹張恢生所。軹縣人張恢先生所學申商之法。」其中「張恢生」的

「生」與「張恢先生」的「先生」，均不宜標專名線。陳直《漢書新證》說：「直按：《漢舊儀》云：『博士稱先生。』或簡稱爲先，如《梅福傳》之叔孫先，《李尋傳》之正先，本傳之鄧先是也。或簡稱爲生，如伏生，轅固生，賈生是也。此獨稱張恢生，在姓名下加以生了，尚屬創見。張恢疑爲秦代之博士，故《史記》稱爲張恢先。」〔註10〕亦可證。《史記人名索引》第 39 頁列爲「張恢先」，可商。

《田叔列傳》：「安以爲武功小邑，無豪，易高也，安留，代人爲求盜亭父。」（2780／5）按：「安留」的「安」有專名線，是；上文「安以爲」的「安」無專名線，漏。下文《正義》：「安留武功，替人爲求盜亭父也。」「安」字亦未標專名線。「安」字指「任安」，爲人名，二處宜補專名線。

《衛將軍驃騎列傳》《集解》：「蔡邕曰：『……在長安則曰奏長安宮，在泰山，則曰奉高宮，唯當時所在。』」（2928／7）按：「奉高宮」標有專名線，實誤。奉，局本作「奏」，與上文「奏長安宮」句式一律，當從改。「高宮」爲一專名。「在泰山」下逗號亦可去，以與上句句式一律。簡體字本第 2239 頁仍誤。

《酷吏列傳》：「太后乃告上，拜義姁弟縱爲中郎，補上黨郡中令。」（3145／1）按：「縱」爲人名，即義縱，當加專名線。簡體字本 2388 頁已補。又，郡，《札記》：「《雜志》云『郡』字衍，《索隱》本無。」參《索隱》：「案：謂補上黨郡中之令，史失其縣名。」則不宜有「郡」字。

二、書名號問題

《孝武本紀》《索隱》：「《三輔故事》曰『建章宮承露盤高三十丈，大七圍，以銅爲之。上有僊人掌承露，和玉屑飲之』。故《張衡賦》曰『立脩莖之仙掌，承雲表之清露』是也。」（459／11）按：將「張衡賦」標上篇名，顯係失誤。此二句出自張衡《西京賦》，可不加書名號，要加也只能標爲「張衡《賦》」。參張家英《〈史記〉十二本紀》第 243 頁。《史記三家注引書索引》第 13 頁列出《張衡賦》一書一次用例，蓋因標點之誤而誤出條目。程金造《史記索隱引書考實》第 748 頁列目「張衡《西京賦》」，引此不誤，可參。

《三代世表》：「余讀諜記，黃帝以來皆有年數。稽其曆譜諜終始五德之傳，古文咸不同，乖異。夫子之弗論次其年月，豈虛哉！於是以《五帝系諜》、

〔註10〕陳直：《漢書新證》，第 293 頁。

《尙書》集世而紀黃帝以來訖共和爲《世表》。」（488／1）按：參李人鑒校勘及白平等標點〔註11〕，當標點爲「余讀諜，記黃帝以來皆有年數。稽其《曆譜諜》、《終始五德之傳》，古文咸不同，乖異。夫子之弗論次其年月，豈虛哉！於是以《五帝系諜》、《尙書》，集（世）〔而〕紀黃帝以來，訖共和，爲《世表》」。吳金華先生加按語說：「只看上面的按語，我仍有懷疑：(1)《佩文韻府》立『諜記』之目。以往的學者以『諜記』連讀，是否都錯了，應仔細考證。我們只相信實證。(2)『終始五德之傳』像不像書名、是不是書名，姑且不論；從字面看，指五帝相傳，基於五德；『傳』讀爲『相傳』之傳，有何不可？不知視爲『書名』者，有何實證？」則此處仍可討論。

《伯夷列傳》《索隱》：「謂見逸詩之文，即下《采薇》之詩是也。不編入三百篇，故云逸詩也。」（2123／11）按：三百篇，本文專指《詩經》，宜加書名號。

《張耳陳餘列傳》《索隱》：「郭璞《三倉》注云：『簏輿，土器。』」（2585／7）按：《三倉》爲字書，非郭璞所著，郭璞爲《三倉》作注釋。據古籍標點符號使用慣例，宜標點爲「郭璞《三倉注》云」。

《日者列傳》：「自伏羲作《八卦》，周文王演三百八十四《爻》而天下治。越王句踐放文王《八卦》以破敵國，霸天下。」（3218／11-12）按：「八卦」與「爻」，爲專用名詞術語，一般不加書名號。

三、與引號相關的問題

古人行文，表示引用時多用文字加以說明，如使用「所謂」、「以上皆某書之文」等。現代爲古書加標點，引號的用法與現代書面語基本相同，最主要的有兩種：第一種是人物的語言、轉引他人、他書的原話，要用引號標明。第二種是在一些專門術語以及表示強調的詞語上加引號。〔註12〕

《禮書》《集解》：「服虔曰：『鸞在鑣，和在衡。《續漢書‧輿服志》曰鸞雀（立）〔在〕衡也。』」（1162／11）按：服虔是漢人，早於《續漢書》作者司馬彪。《隋志》正史類列《續漢書》83卷，原注曰：「晉司馬彪撰。」《晉書》本傳云：「爲紀、志、傳凡八十篇，號曰《續漢書》。」紀、傳已佚，汪文臺

〔註11〕 李人鑒之說見《太史公書校讀記》，第273頁；白平之說見《〈史記〉標點商榷》，《古漢語研究》，1992年第4期。
〔註12〕 時永樂：《古籍整理教程》第四章「古書的標點」，第151頁。

有輯本，其志已併入范曄《後漢書》中。此處前人引後人也，大誤。宜分爲二條，《續漢書・輿服志》亦爲《集解》所引。此引語下斷限後延之誤例。

　　《吳太伯世家》《索隱》云：「《左傳》曰：『楚公子圍……入問王疾，縊而殺之。孫卿曰：以冠纓絞之。遂殺其子幕及平夏。……』」（1460／5）按：此爲史文「楚公子圍弑其王夾敖而代立，是爲靈王」下注，「荀卿曰『以冠纓絞之』」八字，是杜預的注語。蔣禮鴻引楊伯峻《春秋左傳注》「今《荀子》無此文」。下文「楚之亡臣伍子胥來奔，公子光客之」句下《索隱》云：《左傳》昭二十年曰：「伍員如吳，言伐楚之利於州于。杜預曰：州于，吳子僚也。公子光曰：『是宗爲戮，而欲反其仇，不可也。』……」（1461 頁）「杜預曰『州于，吳子僚也』」一語，顯爲注文，非《左傳》文。校點本誤混。

　　《孔子世家》：「異日，景公止孔子曰：『奉子以季氏，吾不能。』以季孟之間待之。」（1911／13）按：此段見載於《論語・微子》，楊伯峻《論語譯注》將「以季孟之間待之」視爲景公語，入引號內。〔註 13〕參以《集解》所引孔安國曰：「魯三卿，季氏爲上卿，最貴；孟氏爲下卿，不用事。言待之以二者之間也。」楊氏標點法似可從。

　　《陳涉世家》《索隱》：「官也。《漢舊儀》『大縣二人，其尉將屯九百人』，故云將尉也。」（1952／10）按：此爲史文「將尉」下的注文，白平等認爲「其尉將屯九百人」非《漢舊儀》語，當出引號外。〔註 14〕似可從。

　　《范睢蔡澤列傳》：「語曰『日中則移，月滿則虧』。物盛則衰，天地之常數也。進退盈縮，與時變化，聖人之常道也。故『國有道則仕，國無道則隱』。」（2422／4-5）按：參上下文，「物盛則衰」，「進退盈縮，與時變化」，亦當分別加引號，爲引古語也。此可參徐仁甫說。〔註 15〕

　　《李斯列傳》《索隱》：「《說文》云：『甕，汲瓶也。於貢反。缶，瓦器也；秦人鼓之以節樂。』瓵音甫有反。」（2545／3）按：如此標點，有兩項錯誤：出現了《索隱》引《說文》中有反切，這是錯誤的。《說文》中反切爲後人所加。這是一。甕，瓦部字；缶，缶部字。二字不同部，不連文。這是二。宜標點爲：《說文》云：「甕，汲瓶也。」於貢反。「缶，瓦器也；秦人鼓之以節樂。」瓵音甫有反。

〔註 13〕楊伯峻：《論語譯注》，中華書局，1984 年第 2 版第 9 次印本，第 192 頁。
〔註 14〕《〈史記〉標點商榷》，《古漢語研究》，1992 年第 4 期。
〔註 15〕徐仁甫：《廣古書疑義舉例》，第 100～101 頁。

　　《匈奴列傳》：「其明年，單于遺漢書曰：『天所立匈奴大單于敬問皇帝無恙。……使者至，即遺之。』以六月中來至薪望之地。書至，漢議擊與和親孰便。」（2896／2-10）按：「書至」前「以六月中來至薪望之地」一句，亦是單于書中語，當入引號內。李人鑒說似可參〔註16〕。吳金華先生認爲：「中華本以『以六月中來至薪望之地』一句爲史家敘事語，未必有誤；李人鑒之說可商。（1）『來至』是漢人的口吻，跟下面的敘事語『書至』的『至』前後呼應。如果那一句是單于書中之語，就應當說『往』（送往）或『往之』（『之』亦往也），而不應當說『來至』。我以爲，『以六月中來至薪望之地』所省略的主語，是『匈奴使者』；其中『以六月中』四字，也顯示出史家的敘事語的特點，此不贅。（2）清代學者嚴可均《全漢文》卷63收錄此文，止於『即遺之』，可從。《史記》『以六月中來至薪望之地』一句，《漢書・匈奴傳》無『以』字，中華本的斷句是：『六月中，來至新望之地。』也沒有視爲單于書中語，我以爲符合語言事實。」由此可見，對校點本標點的改動必須審愼。

　　《司馬相如列傳》《索隱》：「郭璞云：『似白楊，葉圓而岐，有脂而香。犍爲舍人曰「楓爲樹厚葉弱莖，大風則鳴，故曰楓」。』」（3030／9-10）按：郭璞爲東晉時人，早於犍爲舍人，前人不可能引後人之說。故「郭璞云」下引號當在犍爲舍人前。此引語斷限不當，爲引號下溢也。參陳冠明說。〔註17〕

　　《太史公自序》《索隱》：案：桓譚云「遷所著書成，以示東方朔，朔皆署曰『太史公』，則謂『太史公』是朔稱也。亦恐其說未盡。蓋遷自尊其父著述，稱之曰『公』。或云遷外孫楊惲所稱，事或當爾也。」（3320／16）按：此段語意不明，《孝武本紀》《索隱》有「而桓譚《新論》以爲太史公造書，書成示東方朔，朔爲平定，因署其下。太史公者，皆朔所加之者也」一段，可證《索隱》所引桓譚的話當到「朔皆署曰『太史公』」爲止，「則謂」以下爲司馬貞的話。此處引語下限有誤。

四、與語詞相關的問題

　　《五帝本紀》《正義》：「杜預云：『內諸夏，外夷狄也。』」（36／12）按：張家英認爲，此《正義》釋「內平外成」句。所引杜預語釋「內、外」二詞

〔註16〕李人鑒：《太史公書校讀記》，第1475頁。
〔註17〕陳冠明：《〈史記〉及三家注引語斷限指誤》，《古籍整理研究學刊》，1995年第6期。

之義，應標點爲「內，諸夏；外，夷狄也。」〔註18〕其說可從。否則，「內、外」二方位名詞將誤以爲動詞，語意就完全改變了。

《項羽本紀》《集解》：「李奇曰：『軍中巢櫓方面，人謂之俎也。』」（328／4）按：董志翹認爲「方面」屬下讀。「方面」在漢時有「一方」之義。下文《索隱》引姚察按：「故李氏云『軍中巢櫓』，又引時人亦謂此爲俎也。」表明姚察亦於「軍中巢櫓」下斷句，其說可參。此句與「方面」一詞詞義理解相關。

《三代世表》：至於序《尙書》則略，無年月；或頗有，然多闕，不可錄。（487／6）按：汪維輝認爲，略後逗號當去。略，作副詞，當「基本上，差不多」講。〔註19〕

《樂書》《正義》：「廉，隅也。若外境尊高，故己心悚敬，悚敬在內，則樂聲直而有廉角也。」（1181／2）按：參下文「絲聲哀，哀以立廉」句《集解》引鄭玄注：「廉，廉隅。」（1226 頁）可知本處「廉隅也」乃釋正文「其聲直以廉」之「廉」字，不當點斷。董志翹指出：「蓋古人引注文，或有出被釋詞，或不出被釋詞。」〔註20〕此處不出被釋詞也。「廉隅」爲陳詞，比喻好的品行。如《禮記・儒行》：「近文章，砥厲廉隅。」《漢書・揚雄傳上》：「不汲汲於富貴，不戚戚於貧賤，不修廉隅以徼名當世。」本書《陳丞相列傳》：「士之頑鈍」下《集解》引如淳曰：「猶無廉隅。」並可參。

《鄭世家》：「十一年，定公如晉。晉與鄭謀，誅周亂臣，入敬王於周。」（1774／16）按：參《索隱》：「王避弟子朝之亂出居狄泉，在昭二十三年；至二十四，晉、鄭入之。《經》曰『天王入於成周』是也。」可知「二十六年」即鄭定公十四年，「入敬王於周」，此時爲十一年，尙在「謀議」之時，故「謀」下逗號宜去掉。否則，易誤以「誅周亂臣，入敬王於周」的謀議之事爲已然之事。

《貨殖列傳》：「漢興，海內爲一，開關梁，弛山澤之禁，是以富商大賈周流天下，交易之物莫不通，得其所欲，而徙豪傑諸侯強族於京師。」（3261／7）按：通，《詞詮》、《漢語大字典》釋爲「皆也，共也」，爲表示全部範圍的範圍副詞，本文即用此義。後半宜標點爲「是以富商大賈，周流天下；交

〔註18〕張家英：《〈史記〉十二本紀疑詁》，第 219 頁。

〔註19〕汪維輝等：《〈史記〉標點商榷》，《古漢語研究》，1992 年第 4 期。

〔註20〕董志翹：《訓詁類稿》，第 276 頁。

易之物，莫不通得其所欲，而徙豪傑諸侯強族於京師」。〔註21〕

《貨殖列傳》:「至若家貧親老，妻子軟弱，歲時無以祭祀進醵，飲食被服不足以自通。」（3272／9）按:徐復先生引黃季剛先生曰:「俗本祭祀進，醵飲食，分兩句讀，非也。」並進一步論證說:「進醵連文，與祭祀、飲食合爲一句，不當分開。」〔註22〕依徐先生之說，則「飲食」二字屬上。校點本可能因注於「進醵」下有《集解》《索隱》而誤斷。

五、其他問題

《夏本紀》:「六府甚脩，衆土交正，致愼財賦，咸則三壤成賦。中國賜土姓:『祗臺德先，不距朕行。』」（75／2）按:「咸則三壤成賦。中國賜土姓」，張家英以爲參照《尚書‧禹貢》孔氏傳，宜標點爲「咸則三壤，成賦中國，賜土、姓」。「中國」，《禹貢》作「中邦」，避諱改字也，先秦文獻所說「中國」係對「四夷」而言，指九州。賦稅規定在九州中徵取，所以說「成賦中國」。土、姓爲二事，參《集解》引鄭玄語:「中即九州也。天子建其國，諸侯祚之土，賜之姓，命之氏，其敬悅天子之德既先，又不距違我天子政教所行。」亦可知。《國語‧周語》下敘述禹治水功績，說:「皇天嘉之，祚以天下，賜姓曰姒，氏曰有夏。」即《左傳》隱公八年所說「因生以賜姓，祚之土而命之氏」。「賜土、姓」，是說上帝給禹賞賜了土和姓氏。此可參顧炎武《日知錄》卷二「錫土姓」條。〔註23〕

《殷本紀》:「伊尹名阿衡。阿衡欲奸湯而無由，乃爲有莘氏媵臣，負鼎俎，以滋味說湯，致於王道。或曰，伊尹處士，湯使人聘迎之，五反然後肯往從湯，言素王及九主之事。」（94／4-5）按:張家英認爲標點可商處衆:一，「致於王道」是「說湯」的內容，非其結果，故不應分讀。二，以「或曰」即另一種說法領起，故應該用冒號標明，「或曰」下應改用冒號。三，「五反」之「反」與「返」同，「五反」即五次往返，亦即前往迎聘五次。「從湯」之「從」表「向」之義，「從湯」即「向湯」，應以下讀爲宜。重新標點爲:「阿衡欲奸湯而無由，乃爲有莘氏媵臣，負鼎俎，以滋味說湯致於王道。或曰:伊尹處士，湯使人聘迎之，五反，然後肯往，從湯言素王及九主之事。」〔註24〕

〔註21〕此說參管錫華:《史記單音詞研究》，第33頁。
〔註22〕徐復:《史記雜志》，載《後讀書雜志》，第35頁。
〔註23〕張家英:《〈史記〉十二本紀疑詁》，第226～227頁。
〔註24〕張家英:《〈史記〉十二本紀疑詁》，第229頁。

　　《周本紀》《集解》:「韋昭曰:『言號令也。』」（137／16）按:張家英《〈史記〉十二本紀標點舉誤》認爲:「韋昭語是對『有不祀則修言』句中『言』字的訓釋,當讀爲『言,號令也』。應在『言』字下補逗號。」其說可從,「言」爲被釋詞,宜與釋詞「號令也」斷開。此與注例相關。

　　《秦始皇本紀》:「嫪毐封爲長信侯。予之山陽地,令毐居之。宮室車馬衣服苑囿馳獵恣毐。事無小大皆決於毐。又以河西太原郡更爲毐國。」（227／2-3）按:張家英認爲第一句「嫪毐封爲長信侯」爲總起,其下句號改冒號。以下三層並列,「居之」、「恣毐」、「於毐」下各用分號。末句「毐國」非國名,「國」字不當用專名線。校改爲「嫪毐封爲長信侯:予之山陽地,令毐居之;宮室、車馬、衣服、苑囿馳獵恣毐;事無小大皆決於毐;又以河西太原郡更爲毐國」。其說可參。〔註25〕

　　《曆書》:「至今上即位,招致方士唐都,分其天部;而巴落下閎運算轉曆,然後日辰之度與夏正同。」（1260／9）按:當時廣招天下方士,「唐都」宜屬下,「天部」下分號改逗號,表明所招方士並非僅「唐都」一人。標點改動後,「唐都分其天部」正與「落下閎運算轉曆」相對。

　　《天官書》《正義》:「太一一星次天一南,亦天帝之神,主使十六神,知風雨、水旱、兵革,飢饉、疾疫。」（1291／2）按:參上下文,「風雨、水旱、兵革、飢饉、疾疫」五者並列,可知「兵革」下逗號當改頓號。

　　《鄭世家》:「而周武王克紂後,成王封叔虞於唐,其地阻險,以此有德與周衰並,亦必興矣。」（1758／1）按:施之勉訂正《史記會注考證》所引岡白駒之說,認爲後兩句宜標點爲:「以此有德,與周衰,並亦必興矣。」並引王叔岷說,「其地阻險,以此有德」,單承上文唐而言;「與周衰並,亦必興矣」,「並」字當屬下讀;「並亦必興矣」,兼上齊秦晉楚言之;「與周衰,並亦必興矣」,謂若周衰,則齊秦晉楚必興矣。此說可參。〔註26〕

第二節　標點致誤的原因分析

　　古籍標點錯誤形式多樣,而致誤的原因,多種多樣。程毅中認爲大致有兩方面的原因:「一是知識的局限,包括古代漢語、古代文化或某一方面的專業知識不足。這個問題不是一朝一夕所能解決的,有待於刻苦讀書,長期積

〔註25〕張家英:《〈史記〉十二本紀疑詁》,第237頁。
〔註26〕施之勉:《史記會注考證訂補》,第788頁。

纍。一是工作粗疏，掉以輕心，整理工作者和編輯工作者的作風不嚴謹。這方面的問題應該說還是比較容易解決的，我們首先要避免或爭取減少這方面的錯誤。」〔註27〕這代表了多數學者的看法。關於《史記》標點致誤的原因，我們從語言、文化知識、古書體例等角度略舉數例。

《六國年表》：「卜相，李克、翟璜爭。」（709／3 行 3 列）按：據《魏世家》，魏文侯卜相於李克，問季成與翟璜孰可爲相，李克認爲應任季成爲相。劉向《新序》卷四亦記此事，云：「魏文侯弟曰季成，友曰翟璜，文侯欲相之而未能決，以問李克。」本文「卜相」後省略「於」字，宜標點爲「卜相李克，翟璜爭。」〔註28〕此不明古史之誤。

《天官書》：「牽牛，婺女，揚州。」（1330／9）按：董志翹先生校正說：「此言星宿之分野，『牽牛』、『婺女』之分野揚州，故『牽牛、婺女』之間不當用逗號，而應改爲頓號，以與上下文一致。」〔註29〕其說可從。此不明天文之誤。

《齊太公世家》《索隱》：「且，即餘反。」（1505／5）按：正文無「且」字，有「鉏」字。按注例爲出異文也，「且」下當爲句號。「即餘反」爲「鉏」的反切。此不明注例之誤。

《趙世家》：「成侯與魏惠王遇葛孽。」（1801／3）按：葛孽，校點本標一專名線，田大憲據宋呂祖謙《大事記·解題》卷三所載《史記正義》佚文：「《括地志》云：『葛、孽，二城名，在魏州魏縣西南。』」認爲是二城名，宜分標。〔註30〕此不明地理之誤。

《曹相國世家》《索隱》：「天柱侯不知其誰封。衍氏，魏邑。《地理志》云天柱在廬江潛縣。」（2026／12）按：此爲史文「柱天侯反於衍氏」的注，「天柱侯」三字爲《索隱》所列異文，表示史文爲「柱天侯」，《索隱》爲「天柱侯」。「天柱侯」下宜加句號。此不明注例之誤。

《屈原賈生列傳》《集解》：「應劭曰：『其氣块軋，非有限齊也。』块音若。央軋音若乙。」（2499／13）按：央軋音若乙，央字當屬上，爲「块音若

〔註27〕程毅中：《古籍的標點與校勘》，載《古籍整理出版十講》，嶽麓書社，2002年版，第 173、174 頁。
〔註28〕此說可參馬斗全：《〈史記〉標點訂誤一則》，《人文雜誌》，1988 年第 2 期。
〔註29〕董志翹：《訓詁類稿》，第 277 頁。
〔註30〕田大憲：《〈史記正義〉佚文考釋》，《司馬遷與史記論集》（第三輯），陝西人民出版社，1996 年版，第 528 頁。

央」，與「軋音若乙」同。此不明注音之例而誤。

　　《魏其武安侯列傳》《集解》：「《漢書音義》曰『官主千人，如候司馬』。」
（2846／9）按：「候司馬」連為一句，則為一官，而「候」與「司馬」為二
職，宜斷開。此不明官制之誤。

　　《匈奴列傳》《索隱》：「服虔云：『刀割面也，音烏八反。』鄧展云：『歷
也。』如淳云：『㨨，抶也。』」（2893／6）按：趙新德以為「㨨」下不宜斷
〔註31〕。此為「有罪小者軋」句下注，史文中無「㨨」字，「㨨抶也」為「軋」
的釋文。趙說近是。此不明注例之誤。

　　《司馬相如列傳》《集解》：「徐廣曰：『胝音竹移反。胈，踵也。一作「膝」，
音湊。膚，理也。胈音魃。』」（3050／15）按：趙新德以為「膚，理也」不
宜斷〔註32〕。其說是。史文無「膚」字，則無被釋詞「膚」字，「膚理」為一
詞，是「膝」的釋詞。此不明注例之誤。

　　《貨殖列傳》《集解》：「《漢書音義》曰：『儉，嗇也。』」（3279／末）按：
此為「周人既纖」句注，無被釋詞「儉」字，「儉嗇也」當為「纖」字釋文。
參上文有「魯人俗儉嗇」及《索隱》「乃勝於細碎儉嗇之賈也」句，則「儉嗇」
為一詞，本句「儉嗇也」不當斷。董志翹先生說可參〔註33〕。又，本書《禮
書》《索隱》：「墨者不尚禮義而任儉嗇，無仁恩，故使人兩失之。」亦有「儉
嗇」一詞，可參證。此不明注例之誤也。

　　《太史公自序》《索隱》：「杬巧，上五官反；下苦孝反。」（3306／14）
按：正文為「玩巧」，據注例，《索隱》「杬巧」下當用句號，表示「杬巧」二
字為《索隱》所出異文也。此不明注例之誤。

〔註31〕趙新德：《校點本〈史記〉標點疑誤》，《古籍整理出版情況簡報》總第174期，
　　　　1987年4月。
〔註32〕趙新德：《校點本〈史記〉標點疑誤》。
〔註33〕董志翹：《訓詁類稿》，第272頁。

餘　論

從著述角度看，《史記》從撰寫到定型，經過了司馬談、司馬遷父子兩代人艱辛的努力，由於資料的來源問題、史料的取捨原則，寫作的方法，以及個人對事件、史料的理解，個人的情感因素，歷史的局限性，等等，雖說具有「史家之絕唱，無韻之《離騷》」之美譽，而內容方面未必盡善盡美；從流傳角度來看，既有亡缺與續補的問題，更有傳鈔與刊刻過程中的訛誤問題；從注釋角度來看，幾與《史記》正文合璧的三家注，也是問題多多〔註1〕。因此，《史記》校勘研究既非常必要，也任重道遠。上述四章以中華書局校點本為中心，做了一些探索，揭示了一些問題。除了宏觀的理論探討、微觀的實例剖析外，《史記》校勘研究還有著許多實際的應用價值。還可以從許多方面展開，也就是說《史記》校勘研究還有許多方面有待開拓，比如：

1. 《史記》校勘與《史記》版本關係研究。可以選取一些體現版本源流和差別的重要異文，進行分析，以說明這些異文對理清版本傳承和判別版本優劣的研究價值。如《秦本紀》：「二十三年，與晉戰少梁，虜其將公孫痤，取寵。」宋刻本「晉」上有「魏」字，而唐寫本無。王念孫考證說：「魏字後人所加也。與晉戰少梁者，晉即魏也。魏得晉之故都，故魏人自稱晉國，而韓趙則否……後人不達，又於晉上加魏字，其失甚矣。」唐寫本與宋刻本不一，清人已提出這一問題，應如何對待。關於版本的研究，過去多側重文本

〔註 1〕 清章學誠《文史通義·知難》說：「然讀《史》《漢》之書，而察徐廣、裴駰、服虔、應劭諸家之詁釋，其間不得遷、固之意者，十常三四焉。以專門之攻習，猶未達古人之精微，況泛濫所及，愛憎由己耶？」安平秋先生將三家注的注釋問題歸納為七大類，詳見《史記三家注簡論》，載《史記論叢》第一集，華文出版社，2004 年版，第 41～55 頁。

形態的考究，對文字的異同、訛誤的研究相對薄弱，因此，張玉春提出：「版本研究不僅僅是文本形態的研究，更重要的是文字異同的研究。這就要求必須與校勘學、目錄學有機結合起來。如此方能有助於理清一部書的版本系統。」〔註2〕張玉春先生的《史記版本研究》寫到明代，清代至今還有大量的版本需要研究，金陵書局本的取校範圍、工作底本、錢泰吉校本的作用、唐仁壽等所起作用、刊刻過程、與《校刊札記》的關係等等，還需要進一步探討，對現代通行讀本中華書局校點本的研究，更是還有大量的工作要做。

2.《史記》異文與《史記》語言研究。《史記》異文對通假字、異體字的辨別，對詞義訓釋，對古音韻研究，對語法學研究等，均有極大的作用。如通過《史記》與《漢書》的對比，前人得出「《史記》多用俗字，《漢書》喜用古字」的結論（參王鳴盛《十七史商榷》卷二十八，管雄《〈漢書〉古字論列》，周名輝《〈漢書〉古字淺證》等）。前代有成就的語言學家多已注意運用異文於語言研究，並取得豐碩的成果。王念孫父子、錢大昕、段玉裁等為其代表。如《五帝本紀》：「眚栽過，赦；怙終賊，刑。」徐廣曰：「（終）一作『眾』。」《集解》引鄭玄曰：「怙其姦邪，終身以為殘賊，則用刑之。」參考《說文》段玉裁注，可知於義，二字均有終、盡義，並為「冬」字的假借字。於音，二字上古為同音字，並屬冬韻、章母、平聲。吳金華先生根據《三國志》異文研究的情況，強調在研究過程中切實注意共時與歷時相結合。宋、元、明、清版本及宋以前的其他文獻異文，具有歷時變化的特點，這是研究時必須特別注意的。《史記》的文字富有西漢語言文化的特點，只有從共時角度研究，才能有所體會。因此，我們在充分利用前人、今人研究成果的同時，應將兩種方法結合起來。由於過去研究版本的學者往往來不及從事語言文化的研究，而側重語言文化研究的成果又無暇顧及版本，所以有許多問題還須進一步研究。忽略了版本問題，難免失校；忽略了語言文化的研究，難免誤校。在新的歷史條件下，如何推進古文獻的校勘水準，似宜特別關注上述兩個方面。

3.《史記》校勘與詞典編纂。〔註3〕古文獻的校理工作，與詞典編纂的立目、釋義、書證等關係密切。《史記》作為一部較早的重要的文獻更常為辭書

〔註2〕 張玉春：《〈史記〉版本研究》，「引言」第2頁。
〔註3〕 關於此問題，筆者近年嘗試撰寫《〈史記〉整理研究與辭書編纂》一文，載《中華字典研究》第二輯（下），中國社會科學出版社，2010年版，第703～712頁。

所參考。《史記》的異文研究也就顯得非常重要和必要。此舉一些與《漢語大詞典》相關的例子。如《樂書》《正義》:「樂理周足,象德可尊,以此教世,何往而不可,君子聞之則好善,小從聞之則改過也。」(1217／11)足,局本作「是」。周足,完備義。周是,辭書不載。疑「周足」爲是,而校點本改字當出標識。《漢語大詞典》「周足」條溯源至宋代。晚於唐張守節《正義》之年代。《平準書》:「而不軌逐利之民,蓄積餘業以稽市物,物甚騰糶,米至石萬錢,馬一匹則百金。」(1417／7)《漢語大詞典》據此孤證立「騰糶」條目,而有關學者考證,此有校勘問題,「騰糶」不辭,屬假目。再如《蘇秦列傳》:「齊紫,敗素也,而賈十倍。」(2270／1)「齊紫」後不當斷,《辭源》據之立假目,此可參董志翹先生說。〔註4〕

4.《史記》校勘與古籍整理。中華書局校點本《史記》,被譽爲「是學術界繼唐代三家注定本以來最精善的一次整理,集千餘年來學術研究之大成的善本,在《史記》版本校勘學研究發展史上,是一個重要的里程碑」。發現校點本與其所據底本金陵書局本有大量異文,有大量的前人已有的成果未曾採用,另有一些校改仍存在可議之處。說明古籍整理非常不易,其中許多規律性的東西仍需進一步探討。以中華書局校點本《史記》爲底本的各種整理本、譯注本、選注本、選文,多有延用校點本之誤處,需要有心人去訂正。與《史記》相關的大量的文獻的整理研究,也與《史記》的校勘有著互動的關係,也需要加以關注。

5.《史記》校勘與出土文獻。《史記》殘簡與鈔本固然是校勘所關注的對象,而新的考古發現和重要研究成果,更應當反映到新的《史記》文本研究上來。考古發現可以有效地起到證史、補史和糾史的作用,古人已有了一些嘗試,並取得一定的成績,《司馬遷與〈史記〉研究年鑒》也專列「考古發現與研究」欄目,做了「有關《史記》的考古發現」、「《史記》考古發現的研究」兩個細目。但總的來說,系統性的研究成果不多,還可以做《史記》校勘與出土文獻的專題研究。

通過對《史記》校勘研究的歷史和現狀的考察,加強《史記》校勘應用研究的理論性探索,可以說,仍是有待進一步關注的課題。

本書只是對《史記》校勘研究進行初步的嘗試,並側重在具體問題的分析研究上,還有很多問題有待擴大和深入,如張文虎校刊《史記》值得取法

〔註4〕董志翹:《訓詁類稿》,第268頁。

的經驗有哪些？其時代局限有哪幾點？他在本校、他校、理校方面，究竟有多少突破性的成果？《史記》版本異文如何鑒定？異文總量有多少？呈現出什麼樣的特點？如何對待這些異文？能否依文義而定？﹝註5﹞《史記》校勘研究中有哪些經驗教訓？古籍整理中如何避免產生新的異文？校點本《史記》被認爲是古籍整理的典範之作，它取得了多少突破性的成果？點校本形成的過程是怎樣的，各印本之間的關係是怎樣的？﹝註6﹞校點本《史記》尚且有不少值得探討的問題，其他古籍整理專案又是如何？《史記》校勘研究對古文獻學理論研究、對古籍整理實踐有何價值？等等，這些都將是筆者今後繼續關注和探討的課題。

﹝註5﹞ 張玉春《史記版本研究》第 45 頁：「今本與異本大段文字迥異，與單文隻字的差異性質不同，前者是在傳抄過程中或以本字代替假借字，或因形近而產生訛字；後者形成的原因較爲複雜，或錯簡所致，或旁注混入正文，或抄寫人以己意增減。至於何本是《史記》之舊，在無其他根據時，只能依文義作出判斷。」

﹝註6﹞ 關於《史記》點校本的產生過程和起主要作用者，新的表述爲中華書局徐俊編審所撰《宋雲彬：點校本「二十四史」責任編輯第一人》一文，首載於《中華讀書報》2012 年 2 月 22 日第 7 版，又載《書品》2012 年第 2 輯。徐先生認爲：「可見《史記》點校本成稿過程非常複雜，由賀次君初點，顧頡剛覆點，宋雲彬過錄重點，轟崇岐外審，凝聚了四位先生的辛勤勞作和智慧學識。」見《書品》2012 年第 2 輯第 12 頁。而錢伯城先生認爲：「點校本《二十四史》除《史記》與《後漢書》係宋雲彬自任點校外，其他經由宋雲彬做責任編輯或參與點校體例討論的，按日記所記，有《漢書》、《三國志》，以及《晉書》、《宋書》、《南史》、《南齊書》、《梁書》、《陳書》等。」分見《從宋雲彬日記看一個高層「右派」的經歷》，載《東方文化》2002 年年第 5 期，《宋雲彬與〈二十四史〉點校本》，載《文匯報》2006 年 5 月 28 日。本人的想法是，作爲顧頡剛先生助手的賀次君先生初點，顧先生審校一部分後交中華書局，因既有體例不合（原爲古籍出版社做的），又有標點等問題，金燦然先生不滿意，委由轟崇岐覆校。轟先生也未全做，在宋雲彬重起爐竈，在另一金陵書局本上標點後，轟氏校完全稿。宋先生在點校定稿過程中，葉聖陶和王伯祥等先生也有貢獻。今本之《出版說明》、《點校後記》，均出自宋氏之手。因不斷勘誤、修改，甚至個別頁面重排等，各印本之間也有一些差異。其間複雜情況，容另文詳細探討。

參考文獻

一、《史記》校勘研究論著目錄

1. 司馬遷:《史記》,清同治五年金陵書局本。
2. 司馬遷:《史記》,百衲本,浙江古籍出版社影印《二十五史》本。
3. 司馬遷:《史記》,清武英殿本,上海古籍出版社影印本,1987年版。
4. 司馬遷:《史記》,中華書局,1982年11月第2版、1985年10月北京第9次印刷本、1999年11月第16次印刷本。
5. 張文虎:《校刊史記集解索隱正義札記》,中華書局,1977年版。
6. 郭嵩燾:《史記札記》,商務印書館,1957年版。
7. 賀次君:《史記書錄》,商務印書館,1959年版。
8. 施之勉:《史記會注考證訂補》,臺北華崗出版有限公司,1976年版。
9. 鍾華:《史記人名索引》,中華書局,1977年版。
10. 陳直:《史記新證》,天津人民出版社,1979年版。
11. 梁玉繩:《史記志疑》,中華書局,1981年版。
12. 錢泰吉:《甘泉鄉人稿》(附餘稿、年譜),沈雲龍主編《近代中國史料叢刊》第九十六輯,文海出版社版。
13. 段書安:《史記三家注引書索引》,中華書局,1982年版。
14. 江越‧梁工繩等:《史記漢書諸表訂補十種》,中華書局,1982年版。
15. 徐朔方:《史漢論稿》,江蘇古籍出版社,1984年版。
16. 王念孫:《讀書雜志》,江蘇古籍出版社,1985年影印本。
17. 程金造:《史記管窺》,陝西人民出版社,1985年版。
18. 張衍田:《史記正義佚文輯校》,北京大學出版社,1985年版。

19. 瀧川資言、水澤利忠：《史記會注考證附校補》，上海古籍出版社，1986
    年版。

20. 崔適：《史記探源》，張烈點校，中華書局，1986 年版。

21. 吳汝煜：《史記論稿》，江蘇教育出版社，1986 年版。

22. 魯實先：《史記會注考證駁議》，俞樟華點校，嶽麓書社，1986 年版。

23. 吳見思：《史記論文》、李景星：《史記評議》，陸永品點校整理，東北師
    範大學出版社，1986 年版。

24. 楊燕起、俞樟華：《史記研究資料索引和論文、專著提要》，蘭州大學出
    版社，1988 年版。

25. 倉修良：《史記辭典》，山東教育出版社，1991 年版。

26. 趙生群：《太史公書研究》，陝西人民出版社，1994 年版。

27. 張大可：《司馬遷評傳》，南京大學出版社，1994 年版。

28. 易國傑：《〈史記〉語言藝術探求》，南京大學出版社，1994 年版。

29. 陝西省司馬遷研究會等編：《司馬遷與史記論文集》（第一輯），陝西人民
    出版社，1994 年版。

30. 徐興海：《司馬遷與〈史記〉研究論著專題索引》，陝西人民教育出版社，
    1995 年版。

31. 袁仲一等主編：《司馬遷與史記論集》（第三輯），陝西人民出版社，1996
    年版。

32. 朱東潤：《史記考索》（外二種），華東師範大學出版社，1996 年版。

33. 錢大昕：《史記考異》，江蘇古籍出版社，1997 年版《嘉定錢大昕全集》
    本。

34. 張元濟：《史記校勘記》，王紹曾、杜澤遜、趙統等整理，商務印書館，
    1997 年版。

35. 張家英：《〈史記〉十二本紀疑詁》，黑龍江教育出版社，1997 年版。

36. 王子今：《史記的文化發掘》，湖北人民出版社，1997 年版。

37. 李人鑒：《太史公書校讀記》，甘肅人民出版社，1998 年版。

38. 程金造：《史記索隱引書考實》，中華書局，1998 年版。

39. 張大可：《〈史記〉文獻研究》，民族出版社，1999 年版。

40. 趙生群：《〈史記〉文獻學叢稿》，江蘇古籍出版社，2000 年版。

41. 徐日輝：《史記八書與中國文化研究》，陝西人民教育出版社，2000 年
    版。

42. 管錫華：《〈史記〉單音詞研究》，巴蜀書社，2000 年版。

43. 張玉春：《〈史記〉版本研究》，商務印書館，2001 年版。

44. 錢穆：《史記地名考》，商務印書館，2001 年版。

45. 李笠著、李繼芬整理：《廣史記訂補》，復旦大學出版社，2001 年版。

46. 李曉光、李波編：《史記索引》（修訂版），中國廣播電視出版社，2001 年版。

47. 張文虎：《張文虎日記》，陳大康整理，上海書店出版社，2001 年版。

48. 張大可：《史記研究》，華文出版社，2002 年版。

49. 安平秋、張大可、俞樟華主編：《史記教程》，華文出版社，2002 年版。

50. 宋雲彬：《紅塵冷眼》，山西人民出版社，2002 年版。

51. 楊海崢：《漢唐〈史記〉研究論稿》，齊魯書社，2003 年版。

52. 張新科：《史記學概論》，商務印書館，2003 年版。

53. 池田英雄：《史記學 50 年——日中〈史記〉研究的動向》，日本明德出版社平成七年版。

二、《史記》校勘研究論文目錄

1. 武雷：《校勘小議——談〈史記〉一條史料的校勘》，《文史》第五輯，中華書局，1978 年 12 月。

2. 葉幼明：《〈史記〉校點本句讀商榷》，《湖南師院學報》，1979 年第 2 期。

3. 吳忠匡：《〈史記〉中華書局點校本訂誤》，《文史》第七輯，中華書局，1979 年 12 月。

4. 孫欽善：《〈史記〉採用文獻史料的特點》，《文獻》，1980 年第 2 期。

5. 陳鐵民：《〈史記〉校勘正誤一例》，《文史》第十輯，中華書局，1980 年 10 月。

6. 張仲良：《〈史記〉校勘二則》，《社會科學戰線》，1982 年第 1 期。

7. 張仲良：《〈史記〉校記三條》，《社會科學輯刊》，1982 年第 4 期。

8. 周洪：《〈左傳〉〈史記〉〈漢書〉點校商榷》，《圖書館雜誌》，1982 年第 4 期。

9. 張仲良：《中華書局點校本〈史記〉標點訂誤》，《貴州民族學院學報》，1983 年第 1 期。

10. 施偉忠：《〈史記〉標點商榷一則》，《淮北煤炭師院學報》，1983 年第 3 期。

11. 吳靜容：《〈史記〉（本紀部分）標點商榷》，《瀋陽師範學院學報》，1984 年第 2 期。

12. 劉家鈺：《關於〈史記〉標點問題的札記》，《天津商學院學報》，1984 年第 2 期。

13. 張大可：《勘正新點校本廿四史頓號誤用兩則》，中國歷史文獻研究會《古籍整理論文集》，甘肅人民出版社，1984 年版。

14. 陳蔚松：《〈史記〉〈新序〉校勘記》，《華中師院學報》，1984 年第 5 期。

15. 王瑞來：《〈史記〉辨誤（二則）》，《北京師院學報》，1985 年第 1 期。

16. 淩培：《中華書局標點本〈史記〉句讀校勘商榷》，《南昌師專學報》，1985 年第 1 期。

17. 張豔國：《〈史記〉校勘一則》，《史學月刊》，1986 年第 4 期。

18. 姚之若：《〈史記〉標點商榷一則》，《史學月刊》，1986 年第 6 期。

19. 安平秋：《〈史記〉版本述要》，《古籍整理與研究》，1987 年第 1 期，上海古籍出版社，1987 年。

20. 秦進才：《〈高祖功臣侯者年表〉校讀記》，《古籍整理與研究學刊》，1987 年第 2 期。

21. 趙新德：《校點本〈史記〉標點疑誤》，《古籍整理出版情況簡報》總第 174 期，1987 年 4 月。

22. 馬斗全：《〈史記〉標點訂誤一則》，《人文雜誌》，1988 年第 2 期。

23. 董志翹：《〈史記〉校點疑誤》，《貴州文史叢刊》，1988 年第 3 期。

24. 岳慶平：《〈史記〉〈漢書〉點校異議》，《中國歷史文獻研究集刊》，1988 年 8 月。

25. 宋懷仁：《〈史記〉〈漢書〉〈通鑒〉標點芻議》，《中國歷史文獻研究集刊》，1988 年 8 月。

26. 趙生群：《〈史記〉校讀札記》，《漢中師院學報》，1989 年第 4 期。

27. 董志翹：《〈史記〉校點疑誤（續）》，《貴州文史叢刊》，1990 年第 2 期。

28. 許學東：《〈史記〉勘誤二則》，載《古漢語研究》，1992 年第 1 期。

29. 汪維輝等：《〈史記〉標點商榷》，《古漢語研究》，1992 年第 4 期。

30. 董樹岩、戴念祖、羅琳：《〈史記·律書〉律數匡正——兼論先秦管律》，《自然科學史研究》，1994 年第 1 期。

31. 范學輝：《〈史記〉訂誤一則》，《中國史研究》，1994 年第 1 期。

32. 袁津琥：《〈史記〉點校拾誤》，《綿陽師範高等專科學校學報》，1994 年第 1 期。

33. 張家英：《〈史記·禮書、樂書〉的標點舉誤》，《綏化師專學報》，1994 年第 1 期。

34. 張家英：《〈史記·晉世家〉標點舉誤》，《山西師大學報》（社會科學版），1994 年第 2 期。

35. 章林：《〈史記·秦本記〉標點正誤一則》，《中國歷史地理論叢》，1994 年第 2 期。

36. 張家英：《讀〈讀書雜志・史記雜志〉》，《克山師專學報》，1994 年第 3 期。

37. 張家英：《中華點校本〈史記〉標點舉誤》，《哈爾濱師專學報》，1994 年第 4 期。

38. 阿其圖：《〈漢書・匈奴傳〉與〈史記・匈奴列傳〉對校芻議》，《內蒙古師大學報》（哲學社會科學版），1994 年第 3 期。

39. 岳慶平：《〈史記・六國年表〉中「取南方越地」辨正》，《史學月刊》，1994 年第 5 期。

40. 陳國生、李映輝：《〈史記・貨殖列傳〉札記》，《益陽師專學報》，1995 年第 1 期。

41. 張家英：《〈史記・封禪、河渠、平準書〉標點舉誤》，《克山師專學報》，1995 年第 1 期。

42. 張家英：《〈史記〉年表部分標點舉誤》，《哈爾濱學院學報》，1995 年第 2 期。

43. 張家英：《〈史記・孔子世家〉標點舉誤》，《哈爾濱學院學報》，1995 年第 4 期。

44. 阿桂：《〈史記・周本紀〉標點獻疑一則》，《重慶師院學報》，1995 年第 4 期。

45. 陳冠明：《〈史記〉及三家注引語斷限指誤》，《古籍整理研究學刊》，1995 年第 6 期。

46. 孫愫婷：《〈史記〉標點商榷》，《古籍整理研究學刊》，1995 年第 6 期。

47. 梁建邦：《〈史記〉勘誤七則》，《渭南師專學報》，1996 年第 2 期。

48. 龔維英：《〈史記・屈原列傳〉的錯簡整理及其他》，《古籍研究》，1996 年第 3 期。

49. 董澤宏：《〈史記・扁鵲傳〉析疑一則》，《北京中醫藥大學學報》，1996 年第 5 期。

50. 郭瑞林：《〈史記・屈原列傳〉疑誤新證》，《湘潭師範學院學報》（社會科學版），1996 年第 4 期。

51. 馬玉山：《〈史記・天官書〉獻疑》（二），《商丘師範學院學報》，1997 年第 1 期。

52. 余行達：《讀〈四史〉筆記》，《古籍研究》，1997 年第 2 期。

53. 張家英：《讀〈讀書雜志・史記雜志〉札記》，《綏化師專學報》，1997 年第 2 期。

54. 東湖：《〈史記・秦本紀〉「渭南」標點正誤》，《中國歷史地理論叢》，1997 年第 4 期。

55. 陳冠明：《〈史記〉校讀釐正》，《古籍整理研究學刊》，1997年第6期。

56. 何善周：《〈史記·司馬穰苴列傳〉點注》，《古籍整理研究學刊》，1997年第6期。

57. 王洪瑞：《〈史記正義〉糾誤一則》，《中國歷史地理論叢》，1998 年第 1期。

58. 朱鳳相：《〈史記〉、〈漢書〉景帝至武帝間年表中民族史料考異與訂誤》，《西藏民族學院學報》，1998年第1期。

59. 力之：《〈史記〉、〈漢書〉、〈後漢書〉注札記》，《內蒙古師大學報》，1999年第1期。

60. 朱茂漢：《〈史記〉釋文商兌》，《語文建設》，1999年第1期。

61. 楊海崢：《王若虛的〈史記辨惑〉》，《北京大學古文獻研究所集刊》1，北京燕山出版社，1999年版。

62. 陳桐生：《〈史記〉八書考源》，《學術研究》，2000年第9期。

63. 朱永傑：《〈史記·秦本紀〉標點糾誤兩則》，《中國歷史地理論叢》，2000年第4期。

64. 陳靜：《〈史記〉注釋異文考辨一則》，《文教資料》，2000年第4期。

65. 陳桐生：《百年〈史記〉研究的回顧與前瞻》，《文學遺產》，2001年第1期。

66. 司馬朝軍：《〈史記〉中華書局標點四則》，《古漢語研究》，2001 年第 1期。

67. 陳靜：《〈史記〉中華書局點校本〈集解〉訂誤》，《古籍研究》，2001 年第2期。

68. 陳靜：《中華書局點校本〈史記〉校勘評議》，南京師範大學碩士學位論文，2001年。

69. 趙昌文：《〈史記索隱〉佚文探索》，南京師範大學碩士學位論文，2001年。

70. 尤德豔：《〈史記正義〉佚文研究》，南京師範大學碩士學位論文，2001年。

71. 毛遠明：《〈史記〉田完、趙衰、趙盾諡辨正》，《文獻》，2001年第3期。

72. 惠富平：《〈史記·趙世家〉標點及譯文商榷》，《中國農史》，2001年第4期。

73. 周文德：《〈史記·封禪書〉〈晉世家〉標點、校勘商兌》，《文史》，2001年第4期。

74. 馮玉濤、蔣曉蘭：《〈史記〉標點獻疑》，《西北第二民族學院學報》，2002年第1期。

75. 張俊之：《〈史記〉點校四則》，《四川師範大學學報》，2002 年第 2 期。

76. 張玉春：《〈史記〉徐廣注研究》，《暨南學報》，2002 年第 3 期。

77. 徐曉青：《〈史記〉、〈漢書〉正誤六則》，《山東教育學院學報》，2002 年第 4 期。

78. 周文德：《〈史記〉標點校勘再商》，《古籍整理研究學刊》，2002 年第 4 期。

79. 謝秉洪：《〈史記〉標點正誤》，《江海學刊》，2002 年第 6 期。

80. 馬玉山：《〈史記・天官書〉獻疑》（三），《商丘師範學院學報》，2002 年第 6 期。

81. 相宇劍、王海平：《〈史記〉〈漢書〉用字異對應分析》，《淮北煤炭師範學院學報》，2003 年第 1 期。

82. 孫畢：《中華書局本〈史記〉標點商榷》，《古籍研究》，2003 年第 1 期。

83. 姬孟昭：《〈顏氏家訓・書證篇〉校勘類例》，《古籍研究》，2003 年第 4 期。

三、《史記》校勘研究參考書目

1. 《諸子集成》，中華書局影印世界書局排印本，1958 年版。

2. 清孫楷撰、徐復訂補：《秦會要訂補》，中華書局，1959 年版。

3. 《文選》，中華書局影印胡刻李善注本，1977 年版。

4. 徐天麟：《西漢會要》，上海人民出版社，1977 年版。

5. 張忱石、吳樹平：《二十四史紀傳人名索引》，中華書局，1980 年版。

6. 俞樾等：《古書疑義舉例五種》，中華書局，1983 年 1 版 4 次。

7. 吳恂：《漢書注商》，上海古籍出版社，1983 年版。

8. 楊樹達：《漢書窺管》，上海古籍出版社，1984 年版。

9. 楊伯峻、徐提：《春秋左傳詞典》，中華書局，1985 年版。

10. 諸祖耿：《戰國策集注彙考》，江蘇古籍出版社，1985 年版。鳳凰出版社，2008 年出版「增補本」，增加大量論文，並修訂正文部分誤字。

11. 吳承仕：《經籍舊音辨證》，中華書局，1986 年版。

12. 班固：《漢書》（點校本），中華書局，1987 年版。

13. 王先謙：《漢書補注》，上海古籍出版社，1992 年影印《四部精要》本。

14. 阮元刻：《十三經注疏》（影印本），中華書局，1987 年版。

15. 錢玄：《校勘學》，江蘇古籍出版社，1988 年版。

16. 徐復：《徐復語言文字學叢稿》，江蘇古籍出版社，1990 年版。

17. 吳金華：《三國志校詁》，江蘇古籍出版社，1990 年版。

18. 張元濟：《校史隨筆》，商務印書館影印，1938 年本，1990 年版。

19. 徐仁甫：《廣古書疑義舉例》，中華書局，1990 年版。

20. 楊伯峻：《春秋左傳注》（修訂本），中華書局，1990 年版。

21. 趙國璋、潘樹廣：《文獻學辭典》，江西教育出版社，1991 年版；廣陵書社，2005 年修訂再版，書名改爲《文獻學大辭典》。

22. 管錫華：《校勘學》，安徽教育出版社，1991 年版。

23. 裘錫圭：《古代文史研究新探》，江蘇古籍出版社，1992 年版。

24. 王益之：《西漢年紀》，王根林點校，中州古籍出版社，1993 年版。

25. 孫欽善：《中國古文獻學史》，中華書局，1994 年版。

26. 上海師大古籍研究所：《國語》，上海古籍出版社，1995 年版。

27. 徐復：《徐復語言文字學論稿》，江蘇教育出版社，1996 年版。

28. 徐復：《後讀書雜志》，上海古籍出版社，1996 年版。

29. 錢玄：《三禮通論》，南京師範大學出版社，1996 年版。

30. 李學勤：《古文獻叢論》，上海遠東出版社，1996 年版。

31. 余嘉錫：《余嘉錫文史論集》，嶽麓書社，1997 年版。

32. 程千帆、徐有富：《校讎廣義·校勘篇》，齊魯書社，1998 年版。

33. 王繼如：《敦煌問學叢稿》，甘肅文化出版社，1999 年版。

34. 董志翹：《訓詁類稿》，四川大學出版社，1999 年版。

35. 方向東：《賈誼集彙校集解》，河海大學出版社，2000 年版。

36. 吳金華：《古文獻整理與古漢語研究》，江蘇古籍出版社，2001 年版。

37. 王繼如：《訓詁問學叢稿》，江蘇古籍出版社，2001 年版。

38. 蘇傑：《〈三國志〉異文研究》，復旦大學博士學位論文，2001 年；齊魯書社，2006 年版。

39. 《兩漢紀》，張烈點校，中華書局，2002 年版。

40. 國務院古籍整理出版規劃小組：《古籍點校疑誤彙錄》（一至六冊），中華書局，2002 年版。

41. 全國古籍整理出版規劃領導小組辦公室：《古籍整理出版十講》，嶽麓書社，2002 年版。

42. 魯國堯：《魯國堯語言學論文集》，江蘇教育出版社，2003 年。

43. 馬景侖、薛正興：《樸學之路——徐復教授九十壽辰學術討論會論文集》，江蘇教育出版社，2004 年版。

44. 王華寶：《古文獻問學叢稿》，中華書局，2009 年版。

後　記

　　本書是在學位論文的基礎上修訂而成。2001 年入學之初，我很是愜意地品嘗讀書學習和不斷發現的喜悅，用了 11 個月的時間，將中華書局校點本與用作底本的金陵書局本逐字對校一遍。然後用了半年的時間，將張文虎《史記札記》與校點本逐條對比一遍。同時廣泛收集《史記》研究的各種成果，特別是最新成果。因爲徐復老師曾教導說，研究傳統學問的人，如果不學習先秦的東西，就不知道學術的源頭；不熟悉清人的成果，則不知道學術的高峰；不瞭解最新的成果，便不知道學術的前沿。

　　不過，《史記》校勘研究實非易事。這不僅涉及到校勘學、版本學、史事考證、語言研究等眾多方面，還與《尚書》、《左傳》、《國語》、《戰國策》、《漢書》等相關文獻的研究關係較大，與出土文獻研究等也關係甚密，甚至可以說與整個上古文化史、思想史等的研究均不無關係。《史記》的研究成果更是不可勝計。面對如此高難度的課題和豐厚的學術積纍，爲了能在有限的時間內做出階段性的成果，完成學業，當時只能作出一種策略性的界定，限以中華書局校點本爲中心。當時做了 26 萬字的讀書札記，並在《古籍整理研究學刊》、《中國典籍與文化》、《南京師大學報》等學術刊物上發表了一點階段性的成果。

　　2004 年 6 月，在趙生群先生的指導下，順利通過答辯。論文答辯委員會主席北京大學安平秋教授，論文審閱和答辯委員南京大學卞孝萱教授、程章燦教授，蘇州大學王繼如教授，南京師範大學董志翹教授、黃徵教授、方向東教授等，對論文給予了較高的評價，同時提出很好的修改意見。南京師範大學徐復先生、南京大學周勛初教授、魯國堯教授、鳳凰出版社薛正興編審

等也給予切實的指導。如北京大學安平秋先生的論文評閱意見爲：「王華寶的博士論文《〈史記〉校勘研究》對上個世紀五十年代中華書局出版的校點本《史記》的校勘、標點，做了全面剖析與清理，選題具有很強的現實學術價值。論文將中華書局校點本與其所依據的清代金陵書局做了細緻的比勘、分析，並比對整理金陵書局本的清代學者張文虎的《校刊史記集解索隱正義札記》，做了研究與判別，使論文既有堅實的資料基礎，又有縱深的歷史發展脈絡作依據，在此基礎上所得出的中華書局校點本的各項疏誤和失當，具有無可辯駁的科學性。論文以紮實、科學的治學精神與方法證明了近四十年來被認爲是『集千餘來學術研究之大成的善本』的中華書局校點本應由一個新的、更好的整理本所代替。這是在《史記》研究領域具有突破性的學術見解。論文從對中華書局校點本的研究而引申的有關《史記》的校勘問題的論述，亦有普遍性和指導意義。這是一篇堅實的、運用實證方法論析的優秀博士論文。」南京大學程章燦先生評閱意見認爲：「論文結構縝密，從緒論、底本對校、札記對勘到具體校勘問題的研究，層層深入，例證豐富，立論審慎，操作規範，是一篇優秀的博士學位論文。作者用心之細、用功之勤、用思之深，在同類學位論文中是不多見的。本文不僅對《史記》校點本作了相當系統的校勘研究，而且從中總結、歸納了古文獻校勘所必須遵循的理論原則和科學方法，這對於將《史記》文獻整理工作推向一個新的學術高度，對於豐富和發展古文獻學基礎理論，特別是完善校勘學理論，都具有極重要的學術意義。」錢玄先生、許惟賢教授、趙航教授、李建國教授、李開教授、張大可教授、徐興海教授、彭林教授、陸林教授、陳錫勇教授等惠賜大作，或提供幫助。這些鼓勵和關愛，都是我銘感在心的，當然更是一種鞭策，讓我更加堅定信念，堅守在中華傳統文化領域。

2006 年，參加了趙生群先生主持的《史記》點校本的修訂工作。許多年來，參加中國史記研究會、中國訓詁學研究會學術年會，或參加其他的學術活動時，也常圍繞《史記》做一些文章，並有做《史記匯校集注》的長遠規劃。個人相關《史記》的研究文章有了十多篇，即(1)《〈史記〉新整理本芻議》，首發於《淮陰師範學院學報》，2002 年第 6 期，與趙生群先生合署。又收入安平秋、閻崇東主編《史記論叢》（華文出版社，2004 年 8 月版），單署王華寶。(2)《史記·司馬相如列傳校讀札記》，刊於《中國典籍與文化》，2003 年第 4 期。(3)《史記校點本訛誤辨正》，刊於《古籍整理研究學刊》，2003

年 3 期。(4)《〈史記〉三家注音切疑誤辨正》,刊於《中國典籍與文化》,
2003 年第 1 期。(5)《〈史記〉整理平議》,刊於《南京師大學報》,2003 年第
5 期。(6)《〈史記・八書〉校讀札記》,與趙生群先生合署,收入馬景侖、
薛正興編《樸學之路》,江蘇教育出版社,2004 年版。(7)《試論〈史記〉校
勘的原則》,首發於安徽大學《古籍研究》2005 年上卷,安徽大學出版社,
2005 年版。又收入趙生群、方向東主編《古文獻研究集刊》第一輯,鳳凰出
版社,2006 年版。(8)《〈史記〉正文校議》,與趙生群先生合署,刊於中華書
局《文史》,2006 年第 3 期。(9)《校點本〈史記〉標點問題舉隅》,收入安平
秋、趙生群、張強主編《史記論叢》第四集,甘肅人民出版社,2008 年 7 月
版。(10)《〈史記〉校點補遺》,收入趙生群、方向東主編《古文獻研究集刊》
第二輯,鳳凰出版社,2008 年 11 月版。(11)《海峽兩岸〈史記〉整理研究的
現狀與展望》,收入《中華傳統文化研究與評論》第三輯,人民教育出版社,
2009 年 10 月版。(12)《〈史記〉整理研究與辭書編纂》,收入《中華字典研究》
第二輯,中國社會科學出版社,2010 年 8 月版。(13)《四史學》,收入卞孝
萱、胡阿祥、劉進寶主編《新國學三十講》,鳳凰出版社,2011 年 1 月版。
(14)《試論張文虎〈史記札記〉的文獻價值》,收入《史記論叢》第八集,華
文出版社,2011 年版。(15)《百衲本史記・前言》,載《百衲本史記》線裝
本,廣陵書社,2011 年 3 月版。(16)《〈項羽本紀〉校釋匯證》(節錄),收入
《項羽研究》第一輯,鳳凰出版社,2011 年 5 月版。(17)《王念孫〈史記雜
誌〉平議》,收入《中國訓詁學報》第二輯,商務印書館,2012 年版。《〈史記〉
局本吸收王念孫〈史記雜誌〉成果之研究》、《〈史記〉金陵書局本研究》系列
論文等也在撰寫之中。積纍的《史記校勘研究資料長編》已有近 80 萬字了。
而在編輯事務繁重的狀況下,在承接了《2011～2020 年國家古籍整理出版規
劃》項目《王念孫集》等之後,要想在短時間之內重新系統整理相關《史記》
校勘研究成果,以呈現當前最新的研究現狀,還真有不少困難。

　　2012 年 5 月,趙生群教授來電說,花木蘭文化出版社在徵求書稿,已與
他聯繫並請他推薦。作為南京師範大學中國古典文獻學首屆本科和博士畢業
生,我義不容辭支持趙老師。況且 2005 年 11 月,尊敬的徐復先生已為拙稿題
簽,花木蘭文化出版社也破例答應在扉頁上使用。當初論文用簡體字之憾亦
可彌補。可以說,出版拙稿的機緣已至,那就讓她作為一個階段性的小結成
果面世吧。這樣也便於我向同行專家和廣大讀者請教。

　　本書是我進行專書研究、打陣地戰的初步嘗試。論文得到了導師趙生群教授許多切實和有益的指導和幫助。本科時期《史記》課老師復旦大學吳金華先生，在 2008 年爲拙稿《古文獻問學叢稿》作序過程中，將治學經驗與《史記》讀書心得等寫成系列札記惠示，啓益良多。《史記》修訂過程中，與北京大學安平秋先生等《史記》研究專家、中華書局總編輯徐俊先生等有了較多的接觸，他們學術視野之宏通，文獻把握之精熟，處事待人之圓融，嚴謹求實之學風，等等，也令我敬佩之至！

　　許多老師的關心和幫助，學友的鼓勵和支持，特別是家人的理解和關愛，讓我在繁忙的工作之餘，能夠一直堅守在傳統文化研究領域，體會到生活的情趣，讀書的樂趣。我在此深表謝意，並祝福大家！

　　花木蘭文化出版社以對學術文化事業的擔當精神，以獨特的方式，將小眾讀者的學術論著，做成廣受關注的大製作，確實令人敬佩！有合作的機會，也是我很樂意的事情。

　　最後，還是錄 2004 年學位論文的結語來表達我一以貫之的追求：

　　《史記》校勘研究雖說難度不小，已耗去並將會繼續耗去我多年的精力，但若干年前記下的一句話「但得讀書原是福，也能藏酒不爲貧」已然讓我沉醉於書香之中，並「但願長醉不常醒」，惟期待有緣見到拙文的老師和同道有以教之，並期望更多的人關注《史記》，開展《史記》研究，弘揚我國的優秀傳統文化。

王華寶

2012 年 9 月於南京龍江